TRANZLATY
La lingua è per tutti
Mae iaith i bawb

Il richiamo della foresta

Galwad y Gwyllt

Jack London

Italiano / Cymraeg

Copyright © 2025 Tranzlaty
All rights reserved
Published by Tranzlaty
ISBN: 978-1-80572-913-6
Original text by Jack London
The Call of the Wild
First published in 1903
www.tranzlaty.com

Nel primitivo
I'r Cyntefig

Buck non leggeva i giornali.
Nid oedd Buck yn darllen y papurau newydd.
Se avesse letto i giornali avrebbe saputo che i guai si stavano avvicinando.
Pe bai wedi darllen y papurau newydd byddai wedi gwybod bod trafferth yn codi.
Non erano guai solo per lui, ma per tutti i cani da caccia.
Roedd trafferth nid iddo ef ei hun yn unig, ond i bob ci dŵr llanw.
Ogni cane con muscoli forti e pelo lungo e caldo sarebbe stato nei guai.
Byddai pob ci cryf o gyhyrau a gwallt hir, cynnes mewn trafferth.
Da Puget Bay a San Diego nessun cane poteva sfuggire a ciò che stava per accadere.
O Fae Puget i San Diego ni allai unrhyw gi ddianc rhag yr hyn oedd i ddod.
Gli uomini, brancolando nell'oscurità artica, avevano trovato un metallo giallo.
Roedd dynion, yn chwilota yn nhywyllwch yr Arctig, wedi dod o hyd i fetel melyn.
Le compagnie di navigazione a vapore e di trasporto erano alla ricerca della scoperta.
Roedd cwmnïau llongau stêm a chludiant yn mynd ar ôl y darganfyddiad.
Migliaia di uomini si riversarono nel Nord.
Roedd miloedd o ddynion yn rhuthro i'r Gogledd.
Questi uomini volevano dei cani, e i cani che volevano erano cani pesanti.
Roedd y dynion hyn eisiau cŵn, a'r cŵn roedden nhw eu heisiau oedd cŵn trwm.
Cani dotati di muscoli forti per lavorare duro.
Cŵn â chyhyrau cryf i llafurio â nhw.
Cani con il pelo folto che li protegge dal gelo.

Cŵn â chotiau blewog i'w hamddiffyn rhag y rhew.

Buck viveva in una grande casa nella soleggiata Santa Clara Valley.
Roedd Buck yn byw mewn tŷ mawr yn Nyffryn Santa Clara, sydd wedi'i gusanu gan yr heul.
La casa del giudice Miller era chiamata così.
Lle'r Barnwr Miller, galwyd ei dŷ.
La sua casa era nascosta tra gli alberi, lontana dalla strada.
Roedd ei dŷ yn sefyll yn ôl o'r ffordd, hanner cuddiedig ymhlith y coed.
Si poteva intravedere l'ampia veranda che circondava la casa.
Gallai rhywun gael cipolwg ar y feranda eang oedd yn rhedeg o amgylch y tŷ.
Si accedeva alla casa tramite vialetti ghiaiosi.
Roedd modd cyrraedd y tŷ drwy ffyrdd gyrru graeanog.
I sentieri si snodavano attraverso ampi prati.
Roedd y llwybrau'n troelli trwy lawntiau eang.
In alto si intrecciavano i rami degli alti pioppi.
Uwchben roedd canghennau plethedig y poplys tal.
Nella parte posteriore della casa le cose erano ancora più spaziose.
Yng nghefn y tŷ roedd pethau hyd yn oed yn fwy eang.
C'erano grandi scuderie, dove una dozzina di stallieri chiacchieravano
Roedd stablau gwych, lle'r oedd dwsin o briodferched yn sgwrsio
C'erano file di cottage per i servi ricoperti di vite
Roedd rhesi o fythynnod gweision wedi'u gorchuddio â gwinwydd
E c'era una serie infinita e ordinata di latrine
Ac roedd yna amrywiaeth ddiddiwedd a threfnus o dai allan
Lunghi pergolati d'uva, pascoli verdi, frutteti e campi di bacche.
Perllannau grawnwin hir, porfeydd gwyrdd, perllannau, a chlytiau aeron.
Poi c'era l'impianto di pompaggio per il pozzo artesiano.

Yna roedd y gwaith pwmpio ar gyfer y ffynnon artesaidd.
E c'era la grande cisterna di cemento piena d'acqua.
Ac yno yr oedd y tanc sment mawr yn llawn dŵr.
Qui i ragazzi del giudice Miller hanno fatto il loro tuffo mattutino.
Yma y cymerodd bechgyn y Barnwr Miller eu plymiad boreol.
E lì si rinfrescavano anche nel caldo pomeriggio.
Ac fe wnaethon nhw oeri yno yn y prynhawn poeth hefyd.
E su questo grande dominio, Buck era colui che lo governava tutto.
A thros y parth mawr hwn, Buck oedd yr un a reolodd y cyfan.
Buck nacque su questa terra e visse qui tutti i suoi quattro anni.
Ganwyd Buck ar y tir hwn a bu'n byw yma ei holl bedair blynedd.
C'erano effettivamente altri cani, ma non avevano molta importanza.
Roedd cŵn eraill yn wir, ond doedden nhw ddim yn wirioneddol bwysig.
In un posto vasto come questo ci si aspettava la presenza di altri cani.
Roedd disgwyl cŵn eraill mewn lle mor eang â hwn.
Questi cani andavano e venivano oppure vivevano nei canili affollati.
Byddai'r cŵn hyn yn dod ac yn mynd, neu'n byw y tu mewn i'r cŵn prysur.
Alcuni cani vivevano nascosti in casa, come Toots e Ysabel.
Roedd rhai cŵn yn byw'n gudd yn y tŷ, fel roedd Toots ac Ysabel yn ei wneud.
Toots era un carlino giapponese, Ysabel una cagnolina messicana senza pelo.
Roedd Toots yn gi pug Japaneaidd, ac Ysabel yn gi di-flew Mecsicanaidd.
Queste strane creature raramente uscivano di casa.
Anaml y byddai'r creaduriaid rhyfedd hyn yn camu allan o'r tŷ.

Non toccarono terra né annusarono l'aria esterna.
Ni wnaethant gyffwrdd â'r ddaear, nac arogli'r awyr agored y tu allan.
C'erano anche i fox terrier, almeno una ventina.
Roedd yna hefyd y daeargis fox, o leiaf ugain mewn nifer.
Questi terrier abbaiavano ferocemente a Toots e Ysabel in casa.
Roedd y daeargi hyn yn cyfarth yn ffyrnig ar Toots ac Ysabel dan do.
Toots e Ysabel rimasero dietro le finestre, al sicuro da ogni pericolo.
Arhosodd Toots ac Ysabel y tu ôl i ffenestri, yn ddiogel rhag niwed.
Erano sorvegliati da domestiche armate di scope e stracci.
Roeddent yn cael eu gwarchod gan forynion tŷ gyda ysgubau a mopiau.
Ma Buck non era un cane da casa e nemmeno da canile.
Ond nid ci tŷ oedd Buck, ac nid ci cŵn oedd e chwaith.
L'intera proprietà apparteneva a Buck come suo legittimo regno.
Roedd yr eiddo cyfan yn eiddo i Buck fel ei deyrnas gyfreithiol.
Buck nuotava nella vasca o andava a caccia con i figli del giudice.
Nofiodd Buck yn y tanc neu aeth i hela gyda meibion y Barnwr.
Camminava con Mollie e Alice nelle prime ore del mattino o tardi.
Cerddodd gyda Mollie ac Alice yn oriau mân neu hwyr y bore.
Nelle notti fredde si sdraiava davanti al fuoco della biblioteca insieme al giudice.
Ar nosweithiau oer byddai'n gorwedd o flaen tân y llyfrgell gyda'r Barnwr.
Buck accompagnava i nipoti del giudice sulla sua robusta schiena.
Rhoddodd Buck reidiau i wyrion y Barnwr ar ei gefn cryf.

Si rotolava nell'erba insieme ai ragazzi, sorvegliandoli da vicino.
Rholiodd yn y glaswellt gyda'r bechgyn, gan eu gwarchod yn agos.
Si avventurarono fino alla fontana e addirittura oltre i campi di bacche.
Mentroddant at y ffynnon a hyd yn oed heibio i'r caeau aeron.
Tra i fox terrier, Buck camminava sempre con orgoglio regale.
Ymhlith y daeargis, roedd Buck yn cerdded gyda balchder brenhinol bob amser.
Ignorò Toots e Ysabel, trattandoli come se fossero aria.
Anwybyddodd Toots ac Ysabel, gan eu trin fel pe baent yn awyr.
Buck governava tutte le creature viventi sulla terra del giudice Miller.
Roedd Buck yn rheoli dros bob creadur byw ar dir y Barnwr Miller.
Dominava gli animali, gli insetti, gli uccelli e perfino gli esseri umani.
Roedd yn teyrnasu dros anifeiliaid, pryfed, adar, a hyd yn oed bodau dynol.
Il padre di Buck, Elmo, era un enorme e fedele San Bernardo.
Roedd tad Buck, Elmo, wedi bod yn Sant Bernard enfawr a ffyddlon.
Elmo non si allontanò mai dal Giudice e lo servì fedelmente.
Ni adawodd Elmo ochr y Barnwr byth, a'i gwasanaethodd yn ffyddlon.
Buck sembrava pronto a seguire il nobile esempio del padre.
Roedd Buck yn ymddangos yn barod i ddilyn esiampl fonheddig ei dad.
Buck non era altrettanto grande: pesava sessanta chili.
Nid oedd Buck mor fawr, yn pwyso cant a deugain punt.
Sua madre, Shep, era una splendida cagnolina da pastore scozzese.
Roedd ei fam, Shep, wedi bod yn gi bugail Albanaidd da.

Ma nonostante il suo peso, Buck camminava con una presenza regale.
Ond hyd yn oed gyda'r pwysau hwnnw, cerddodd Buck gyda phresenoldeb brenhinol.
Ciò derivava dal buon cibo e dal rispetto che riceveva sempre.
Daeth hyn o fwyd da a'r parch a gafodd bob amser.
Per quattro anni Buck aveva vissuto come un nobile viziato.
Am bedair blynedd, roedd Buck wedi byw fel uchelwr wedi'i ddifetha.
Era orgoglioso di sé stesso e perfino un po' egocentrico.
Roedd yn falch ohono'i hun, a hyd yn oed ychydig yn egotistaidd.
Quel tipo di orgoglio era comune tra i signori delle campagne remote.
Roedd y math yna o falchder yn gyffredin ymhlith arglwyddi gwledig anghysbell.
Ma Buck si salvò dal diventare un cane domestico viziato.
Ond achubodd Buck ei hun rhag dod yn gi tŷ wedi'i fwydo.
Rimase snello e forte grazie alla caccia e all'esercizio fisico.
Arhosodd yn fain ac yn gryf trwy hela ac ymarfer corff.
Amava profondamente l'acqua, come chi si bagna nei laghi freddi.
Roedd wrth ei fodd â dŵr yn fawr, fel pobl sy'n ymdrochi mewn llynnoedd oer.
Questo amore per l'acqua mantenne Buck forte e molto sano.
Cadwodd y cariad hwn at ddŵr Buck yn gryf, ac yn iach iawn.
Questo era il cane che Buck era diventato nell'autunno del 1897.
Dyma'r ci yr oedd Buck wedi dod yn hydref 1897.
Quando lo sciopero del Klondike spinse gli uomini verso il gelido Nord.
Pan dynnodd ymosodiad y Klondike ddynion i'r Gogledd rhewllyd.
Da ogni parte del mondo la gente accorse in massa verso la fredda terra.

Rhuthrodd pobl o bob cwr o'r byd i'r wlad oer.
Buck, tuttavia, non leggeva i giornali e non capiva le notizie.
Fodd bynnag, nid oedd Buck yn darllen y papurau newydd, nac yn deall newyddion.
Non sapeva che Manuel fosse una persona cattiva con cui stare.
Doedd e ddim yn gwybod bod Manuel yn ddyn drwg i fod o gwmpas.
Manuel, che aiutava in giardino, aveva un grosso problema.
Roedd gan Manuel, a oedd yn helpu yn yr ardd, broblem ddofn.
Manuel era dipendente dal gioco d'azzardo alla lotteria cinese.
Roedd Manuel yn gaeth i gamblo yn y loteri Tsieineaidd.
Credeva fermamente anche in un sistema fisso per vincere.
Roedd hefyd yn credu'n gryf mewn system sefydlog ar gyfer ennill.
Questa convinzione rese il suo fallimento certo e inevitabile.
Gwnaeth y gred honno ei fethiant yn sicr ac yn anochel.
Per giocare con un sistema erano necessari soldi, soldi che a Manuel mancavano.
Mae chwarae system yn gofyn am arian, rhywbeth nad oedd gan Manuel.
Il suo stipendio bastava a malapena a sostenere la moglie e i numerosi figli.
Prin y cynhaliodd ei gyflog ei wraig a'i lawer o blant.
La notte in cui Manuel tradì Buck, tutto era normale.
Ar y noson y bradychodd Manuel Buck, roedd pethau'n normal.
Il giudice si trovava a una riunione dell'Associazione dei coltivatori di uva passa.
Roedd y Barnwr mewn cyfarfod Cymdeithas Tyfwyr Rhesins.
A quel tempo i figli del giudice erano impegnati a fondare un club sportivo.
Roedd meibion y Barnwr yn brysur yn ffurfio clwb athletau bryd hynny.
Nessuno vide Manuel e Buck uscire dal frutteto.

Ni welodd neb Manuel a Buck yn gadael drwy'r berllan.
Buck pensava che questa fosse solo una semplice passeggiata notturna.
Roedd Buck yn meddwl mai dim ond tro bach syml yn y nos oedd y daith gerdded hon.
Incontrarono un solo uomo alla stazione della bandiera, a College Park.
Dim ond un dyn a gyfarfuon nhw yn yr orsaf faner, ym Mharc y Coleg.
Quell'uomo parlò con Manuel e si scambiarono i soldi.
Siaradodd y dyn hwnnw â Manuel, a chyfnewidiasant arian.
"Imballa la merce prima di consegnarla", suggerì.
"Lapio'r nwyddau cyn i chi eu danfon," awgrymodd.
La voce dell'uomo era roca e impaziente mentre parlava.
Roedd llais y dyn yn arw ac yn ddiamynedd wrth iddo siarad.
Manuel legò con cura una corda spessa attorno al collo di Buck.
Clymodd Manuel raff drwchus yn ofalus o amgylch gwddf Buck.
"Se giri la corda, lo strangolerai di brutto"
"Troelli'r rhaff, a byddi di'n ei dagu'n helaeth"
Lo straniero emise un grugnito, dimostrando di aver capito bene.
Rhoddodd y dieithryn grwgnach, gan ddangos ei fod yn deall yn dda.
Quel giorno Buck accettò la corda con calma e silenziosa dignità.
Derbyniodd Buck y rhaff gyda hurddas tawel a thawel y diwrnod hwnnw.
Era un atto insolito, ma Buck si fidava degli uomini che conosceva.
Roedd yn weithred anarferol, ond roedd Buck yn ymddiried yn y dynion yr oedd yn eu hadnabod.
Credeva che la loro saggezza andasse ben oltre il suo pensiero.
Credai fod eu doethineb yn mynd ymhell y tu hwnt i'w feddwl ei hun.

Ma poi la corda venne consegnata nelle mani dello straniero.
Ond yna trosglwyddwyd y rhaff i ddwylo'r dieithryn.
Buck emise un ringhio basso che suonava come un avvertimento e una minaccia silenziosa.
Rhoddodd Buck grwgnach isel a rybuddiodd gyda bygythiad tawel.
Era orgoglioso e autoritario e intendeva mostrare il suo disappunto.
Roedd yn falch ac yn awdurdodol, ac yn bwriadu dangos ei anfodlonrwydd.
Buck credeva che il suo avvertimento sarebbe stato interpretato come un ordine.
Credai Buck y byddai ei rybudd yn cael ei ddeall fel gorchymyn.
Con suo grande stupore, la corda si strinse rapidamente attorno al suo grosso collo.
I'w sioc, tynhaodd y rhaff yn gyflym o amgylch ei wddf trwchus.
Gli mancò l'aria e cominciò a lottare in preda a una rabbia improvvisa.
Torrwyd ei awyr i ffwrdd a dechreuodd ymladd mewn cynddaredd sydyn.
Si lanciò verso l'uomo, che si lanciò rapidamente contro Buck a mezz'aria.
Neidiodd at y dyn, a gyfarfu â Buck yn gyflym yng nghanol yr awyr.
L'uomo afferrò Buck per la gola e lo fece ruotare abilmente in aria.
Gafaelodd y dyn yng ngwddf Buck a'i droelli yn fedrus yn yr awyr.
Buck venne scaraventato a terra con violenza, atterrando sulla schiena.
Cafodd Buck ei daflu i lawr yn galed, gan lanio'n fflat ar ei gefn.
La corda ora lo strangolava crudelmente mentre lui scalciava selvaggiamente.

Nawr roedd y rhaff yn ei dagu'n greulon tra roedd yn cicio'n wyllt.
La sua lingua cadde fuori, il suo petto si sollevò, ma non riprese fiato.
Syrthiodd ei dafod allan, chwyddodd ei frest, ond ni chafodd anadl.
Non era mai stato trattato con tanta violenza in vita sua.
Nid oedd erioed wedi cael ei drin â thrais o'r fath yn ei fywyd.
Non era mai stato così profondamente invaso da una rabbia così profonda.
Nid oedd erioed wedi bod yn llawn cynddaredd mor ddwfn o'r blaen.
Ma il potere di Buck svanì e i suoi occhi diventarono vitrei.
Ond pylodd pŵer Buck, a throdd ei lygaid yn wydrog.
Svenne proprio mentre un treno veniva fermato lì vicino.
Llewygodd wrth i drên gael ei faneru gerllaw.
Poi i due uomini lo caricarono velocemente nel vagone bagagli.
Yna taflodd y ddau ddyn ef i'r car bagiau yn gyflym.
La cosa successiva che Buck sentì fu dolore alla lingua gonfia.
Y peth nesaf a deimlai Buck oedd poen yn ei dafod chwyddedig.
Si muoveva su un carro traballante, solo vagamente cosciente.
Roedd yn symud mewn cert yn crynu, dim ond yn anymwybodol.
Il fischio acuto di un treno rivelò a Buck la sua posizione.
Dywedodd sgrech finiog chwiban trên wrth Buck ei leoliad.
Aveva spesso cavalcato con il Giudice e conosceva quella sensazione.
Roedd wedi marchogaeth gyda'r Barnwr yn aml ac yn gwybod y teimlad.
Fu un'esperienza unica viaggiare di nuovo in un vagone bagagli.
Roedd yn sioc unigryw o deithio mewn car bagiau eto.
Buck aprì gli occhi e il suo sguardo ardeva di rabbia.

Agorodd Buck ei lygaid, a llosgodd ei olwg â chynddaredd.
Questa era l'ira di un re orgoglioso detronizzato.
Dyma oedd dicter brenin balch a gymerwyd oddi ar ei orsedd.
Un uomo allungò la mano per afferrarlo, ma Buck colpì per primo.
Cyrhaeddodd dyn i'w afael, ond trawodd Buck yn gyntaf yn lle hynny.
Affondò i denti nella mano dell'uomo e la strinse forte.
Suddodd ei ddannedd yn llaw'r dyn a'i gafael yn dynn.
Non mi lasciò andare finché non svenne per la seconda volta.
Ni ollyngodd gafael nes iddo golli gafael am yr ail dro.
"Sì, ha degli attacchi", borbottò l'uomo al facchino.
"Iawn, mae'n cael ffitiau," sibrydodd y dyn wrth y dyn bagiau.
Il facchino aveva sentito la colluttazione e si era avvicinato.
Roedd y dyn bagiau wedi clywed yr ymrafael ac wedi dod yn agos.
"Lo porto a Frisco per conto del capo", spiegò l'uomo.
"Rwy'n mynd ag ef i 'Frisco ar gyfer y bos," eglurodd y dyn.
"C'è un bravo dottore per cani che dice di poterli curare."
"Mae yna feddyg cŵn da yno sy'n dweud y gall eu gwella."
Più tardi quella notte l'uomo raccontò la sua versione completa.
Yn ddiweddarach y noson honno rhoddodd y dyn ei gyfrif llawn ei hun.
Parlava da un capannone dietro un saloon sul molo.
Siaradodd o sied y tu ôl i salŵn ar y dociau.
"Mi hanno dato solo cinquanta dollari", si lamentò con il gestore del saloon.
"Y cyfan a roddwyd i mi oedd hanner cant o ddoleri," cwynodd wrth y dyn tafarn.
"Non lo rifarei, nemmeno per mille dollari in contanti."
"Fyddwn i ddim yn ei wneud eto, dim hyd yn oed am fil mewn arian parod."
La sua mano destra era strettamente avvolta in un panno insanguinato.

Roedd ei law dde wedi'i lapio'n dynn mewn lliain gwaedlyd.
La gamba dei suoi pantaloni era completamente strappata dal ginocchio al piede.
Roedd coes ei drowsus wedi'i rhwygo'n llydan o'r pen-glin i'r droed.
"Quanto è stato pagato l'altro tizio?" chiese il gestore del saloon.
"Faint gafodd y mwg arall ei dalu?" gofynnodd y dyn tafarn.
«Cento», rispose l'uomo, «non ne accetterebbe uno in meno».
"Cant," atebodd y dyn, "ni fyddai'n cymryd ceiniog yn llai."
"Questo fa centocinquanta", disse il gestore del saloon.
"Mae hynny'n dod i gant a hanner cant," meddai'r dyn tafarn.
"E lui li merita tutti, altrimenti non sono meglio di uno stupido."
"Ac mae o werth y cyfan, neu dydw i ddim gwell na phen twp."
L'uomo aprì gli involucri per esaminarsi la mano.
Agorodd y dyn y papurau lapio i archwilio ei law.
La mano era gravemente graffiata e ricoperta di croste di sangue secco.
Roedd y llaw wedi'i rhwygo'n ddrwg ac wedi'i chramennu mewn gwaed sych.
"Se non mi viene l'idrofobia..." cominciò a dire.
"Os na fydda i'n cael yr hydroffobia…" dechreuodd ddweud.
"Sarà perché sei nato per impiccarti", giunse una risata.
"Bydd oherwydd dy fod ti wedi dy eni i hongian," daeth chwerthin.
"Aiutami prima di partire", gli chiesero.
"Dewch i'm helpu cyn i chi fynd," gofynnwyd iddo.
Buck era stordito dal dolore alla lingua e alla gola.
Roedd Buck mewn penbleth oherwydd y boen yn ei dafod a'i wddf.
Era mezzo strangolato e riusciva a malapena a stare in piedi.
Roedd wedi'i hanner tagu, ac prin y gallai sefyll yn unionsyth.
Ciononostante, Buck cercò di affrontare gli uomini che lo avevano ferito così duramente.

Serch hynny, ceisiodd Buck wynebu'r dynion a oedd wedi ei frifo cymaint.

Ma lo gettarono a terra e lo strangolarono ancora una volta.
Ond fe'i taflasant i lawr a'i dagu unwaith eto.

Solo allora riuscirono a segargli il pesante collare di ottone.
Dim ond wedyn y gallent lifio ei goler pres trwm i ffwrdd.

Tolsero la corda e lo spinsero in una cassa.
Fe wnaethon nhw dynnu'r rhaff allan a'i wthio i mewn i gawell.

La cassa era piccola e aveva la forma di una gabbia di ferro grezza.
Roedd y crât yn fach ac wedi'i siapio fel cawell haearn garw.

Buck rimase lì per tutta la notte, pieno di rabbia e di orgoglio ferito.
Gorweddodd Buck yno drwy'r nos, yn llawn dicter a balchder clwyfedig.

Non riusciva nemmeno a capire cosa gli stesse succedendo.
Ni allai ddechrau deall beth oedd yn digwydd iddo.

Perché quegli strani uomini lo tenevano in quella piccola cassa?
Pam roedd y dynion rhyfedd hyn yn ei gadw yn y crât fach hon?

Cosa volevano da lui e perché questa crudele prigionia?
Beth oedden nhw ei eisiau gydag ef, a pham y caethiwed creulon hwn?

Sentì una pressione oscura e la sensazione che il disastro si avvicinasse.
Teimlodd bwysau tywyll; ymdeimlad o drychineb yn agosáu.

Era una paura vaga, ma si impadronì pesantemente del suo spirito.
Ofn amwys ydoedd, ond fe darodd yn drwm ar ei ysbryd.

Diverse volte sobbalzò quando la porta del capanno sbatteva.
Neidiodd i fyny sawl gwaith pan ratlodd drws y sied.

Si aspettava che il giudice o i ragazzi apparissero e lo salvassero.

Roedd yn disgwyl i'r Barnwr neu'r bechgyn ymddangos a'i achub.
Ma ogni volta solo la faccia grassa del gestore del saloon faceva capolino all'interno.
Ond dim ond wyneb tew ceidwad y dafarn oedd yn edrych i mewn bob tro.
Il volto dell'uomo era illuminato dalla debole luce di una candela di sego.
Roedd wyneb y dyn wedi'i oleuo gan lewyrch pylu cannwyll gwêr.
Ogni volta, il latrato gioioso di Buck si trasformava in un ringhio basso e arrabbiato.
Bob tro, byddai cyfarth llawen Buck yn newid i grwgnach isel, blin.

Il gestore del saloon lo ha lasciato solo per la notte nella cassa
Gadawodd ceidwad y dafarn ef ar ei ben ei hun am y noson yn y cawell
Ma quando si svegliò la mattina seguente, altri uomini stavano arrivando.
Ond pan ddeffrodd yn y bore roedd mwy o ddynion yn dod.
Arrivarono quattro uomini e, con cautela, sollevarono la cassa senza dire una parola.
Daeth pedwar dyn a chodi'r crât yn ofalus heb ddweud gair.
Buck capì subito in quale situazione si trovava.
Gwyddai Buck ar unwaith ym mha sefyllfa yr oedd wedi canfod ei hun.
Erano ulteriori tormentatori che doveva combattere e temere.
Roedden nhw'n boenydio ymhellach y bu'n rhaid iddo ymladd yn eu herbyn a'u hofni.
Questi uomini apparivano malvagi, trasandati e molto mal curati.
Roedd y dynion hyn yn edrych yn ddrwg, yn garpiog, ac wedi'u trin yn wael iawn.
Buck ringhiò e si lanciò contro di loro con furia attraverso le sbarre.

Gwgodd Buck a rhuthro atyn nhw'n ffyrnig drwy'r bariau.
Si limitarono a ridere e a colpirlo con lunghi bastoni di legno.
Fe wnaethon nhw chwerthin a'i bigo ato â ffyn pren hir.
Buck morse i bastoncini, poi capì che era quello che gli piaceva.
Brathodd Buck y ffyn, yna sylweddolodd mai dyna oedd yr hyn yr oeddent yn ei hoffi.
Così si sdraiò in silenzio, imbronciato e acceso da una rabbia silenziosa.
Felly gorweddodd i lawr yn dawel, yn swrth ac yn llosgi gan gynddaredd tawel.
Caricarono la cassa su un carro e se ne andarono con lui.
Fe wnaethon nhw godi'r crât i mewn i wagen a gyrru i ffwrdd gydag ef.
La cassa, con Buck chiuso dentro, cambiò spesso proprietario.
Roedd y crât, gyda Buck wedi'i gloi y tu mewn, yn newid dwylo'n aml.
Gli impiegati dell'ufficio espresso presero in mano la situazione e si occuparono di lui per un breve periodo.
Cymerodd clercod swyddfa Express yr awenau a'i drin am gyfnod byr.
Poi un altro carro trasportò Buck attraverso la rumorosa città.
Yna cariodd wagen arall Buck ar draws y dref swnllyd.
Un camion lo portò con sé scatole e pacchi su un traghetto.
Aeth lori ag ef gyda blychau a pharseli ar gwch fferi.
Dopo l'attraversamento, il camion lo scaricò presso un deposito ferroviario.
Ar ôl croesi, dadlwythodd y lori ef mewn depo rheilffordd.
Alla fine Buck venne fatto salire a bordo di un vagone espresso in attesa.
O'r diwedd, rhoddwyd Buck y tu mewn i gar cyflym oedd yn aros.
Per due giorni e due notti i treni trascinarono via il vagone espresso.

Am ddau ddiwrnod a noson, tynnodd trenau'r cerbyd cyflym i ffwrdd.

Buck non mangiò né bevve durante tutto il doloroso viaggio.

Ni fwytaodd nac ni yfodd Buck yn ystod yr holl daith boenus.

Quando i messaggeri cercarono di avvicinarlo, lui ringhiò.

Pan geisiodd y negeswyr cyflym nesáu ato, fe grwgnachodd.

Risposero prendendolo in giro e prendendolo in giro crudelmente.

Ymatebon nhw drwy ei watwar a'i bryfocio'n greulon.

Buck si gettò contro le sbarre, schiumando e tremando

Taflodd Buck ei hun at y bariau, gan ewynnu a chrynu

risero sonoramente e lo presero in giro come i bulli della scuola.

chwarddon nhw'n uchel, a'i watwar fel bwlis yn yr ysgol.

Abbaiavano come cani finti e agitavano le braccia.

Roedden nhw'n cyfarth fel cŵn ffug ac yn fflapio'u breichiau.

Arrivarono persino a cantare come galli, solo per farlo arrabbiare ancora di più.

Fe wnaethon nhw hyd yn oed ganu fel ceiliogod dim ond i'w gynhyrfu'n fwy.

Era un comportamento sciocco e Buck sapeva che era ridicolo.

Roedd yn ymddygiad ffôl, ac roedd Buck yn gwybod ei fod yn chwerthinllyd.

Ma questo non fece altro che accrescere il suo senso di indignazione e vergogna.

Ond dim ond dyfnhau ei ymdeimlad o ddicter a chywilydd a wnaeth hynny.

Durante il viaggio la fame non lo disturbò molto.

Nid oedd newyn yn ei boeni llawer yn ystod y daith.

Ma la sete portava con sé dolori acuti e sofferenze insopportabili.

Ond daeth syched â phoen llym a dioddefaint annioddefol.

La sua gola secca e infiammata e la lingua bruciavano per il calore.

Roedd ei wddf a'i dafod sych, llidus yn llosgi gyda gwres.

Questo dolore alimentava la febbre che cresceva nel suo corpo orgoglioso.
Roedd y boen hon yn bwydo'r dwymyn a gododd yn ei gorff balch.
Durante questa prova Buck fu grato per una sola cosa.
Roedd Buck yn ddiolchgar am un peth yn ystod yr achos llys hwn.
Gli avevano tolto la corda dal grosso collo.
Roedd y rhaff wedi'i thynnu oddi ar ei wddf trwchus.
La corda aveva dato a quegli uomini un vantaggio ingiusto e crudele.
Roedd y rhaff wedi rhoi mantais annheg a chreulon i'r dynion hynny.
Ora la corda non c'era più e Buck giurò che non sarebbe mai più tornata.
Nawr roedd y rhaff wedi mynd, a thyngodd Buck na fyddai byth yn dychwelyd.
Decise che nessuna corda gli sarebbe mai più passata intorno al collo.
Penderfynodd na fyddai rhaff byth yn mynd o amgylch ei wddf eto.
Per due lunghi giorni e due lunghe notti soffrì senza cibo.
Am ddau ddiwrnod a noson hir, dioddefodd heb fwyd.
E in quelle ore, accumulò dentro di sé una rabbia enorme.
Ac yn yr oriau hynny, fe gronnodd gynddaredd aruthrol y tu mewn.
I suoi occhi diventarono iniettati di sangue e selvaggi per la rabbia costante.
Trodd ei lygaid yn waedlyd ac yn wyllt o ddicter cyson.
Non era più Buck, ma un demone con le fauci che schioccavano.
Nid Buck oedd e mwyach, ond cythraul â genau'n snapio.
Nemmeno il Giudice avrebbe potuto riconoscere questa folle creatura.
Ni fyddai hyd yn oed y Barnwr wedi adnabod y creadur gwallgof hwn.

I messaggeri espressi tirarono un sospiro di sollievo quando giunsero a Seattle
Ochneidiodd y negeswyr cyflym mewn rhyddhad pan gyrhaeddon nhw Seattle
Quattro uomini sollevarono la cassa e la portarono in un cortile sul retro.
Cododd pedwar dyn y crât a'i gludo i iard gefn.
Il cortile era piccolo, circondato da mura alte e solide.
Roedd yr iard yn fach, wedi'i hamgylchynu gan waliau uchel a chadarn.
Un uomo corpulento uscì dalla stanza con una scollatura larga e una camicia rossa.
Camodd dyn mawr allan mewn crys siwmper coch yn llaesu.
Firmò il registro delle consegne con una calligrafia spessa e decisa.
Llofnododd y llyfr dosbarthu â llaw drwchus a beiddgar.
Buck intuì subito che quell'uomo era il suo prossimo aguzzino.
Synhwyrodd Buck ar unwaith mai'r dyn hwn oedd ei boenydydd nesaf.
Si lanciò violentemente contro le sbarre, con gli occhi rossi di rabbia.
Neidiodd yn dreisgar at y bariau, ei lygaid yn goch gan gynddaredd.
L'uomo si limitò a sorridere amaramente e andò a prendere un'ascia.
Gwenodd yn dywyll y dyn ac aeth i nôl bwyell.
Teneva anche una mazza nella sua grossa e forte mano destra.
Daeth hefyd â chlwb yn ei law dde drwchus a chryf.
"Lo porterai fuori adesso?" chiese l'autista preoccupato.
"Wyt ti'n mynd i'w fynd ag e allan nawr?" gofynnodd y gyrrwr, yn bryderus.
"Certo", disse l'uomo, infilando l'ascia nella cassa come se fosse una leva.
"Wrth gwrs," meddai'r dyn, gan wthio'r fwyell i'r crât fel lifer.

I quattro uomini si dileguarono all'istante, saltando sul muro del cortile.
Gwasgarodd y pedwar dyn ar unwaith, gan neidio i fyny ar wal yr iard.

Dai loro punti sicuri in alto, aspettavano di ammirare lo spettacolo.
O'u mannau diogel uwchben, roedden nhw'n aros i wylio'r olygfa.

Buck si lanciò contro il legno scheggiato, mordendolo e scuotendolo violentemente.
Neidiodd Buck at y pren oedd wedi'i hollti, gan frathu a chrynu'n ffyrnig.

Ogni volta che l'ascia colpiva la gabbia, Buck era lì pronto ad attaccarla.
Bob tro y byddai'r fwyell yn taro'r cawell), roedd Buck yno i ymosod arni.

Ringhiò e schioccò le dita in preda a una rabbia selvaggia, desideroso di essere liberato.
Grwgnachodd a chleciodd â chynddaredd gwyllt, yn awyddus i gael ei ryddhau.

L'uomo all'esterno era calmo e fermo, concentrato sul suo compito.
Roedd y dyn y tu allan yn dawel ac yn gyson, yn benderfynol o wneud ei dasg.

"Bene allora, diavolo dagli occhi rossi", disse quando il buco fu grande.
"Iawn felly, ti ddiawl llygaid coch," meddai pan oedd y twll yn fawr.

Lasciò cadere l'ascia e prese la mazza nella mano destra.
Gollyngodd y fwyell a chymerodd y clwb yn ei law dde.

Buck sembrava davvero un diavolo: aveva gli occhi iniettati di sangue e fiammeggianti.
Roedd Buck wir yn edrych fel diafol; llygaid yn waedlyd ac yn llachar.

Il suo pelo si rizzò, la schiuma gli salì alla bocca e gli occhi brillarono.

Roedd ei gôt yn flewog, ewyn yn ewynnu wrth ei geg, a'i lygaid yn disgleirio.
Lui tese i muscoli e si lanciò dritto verso il maglione rosso.
Crychodd ei gyhyrau a neidiodd yn syth at y siwmper goch.
Centoquaranta libbre di furia si riversarono sull'uomo calmo.
Hedfanodd cant a deugain punt o gynddaredd at y dyn tawel.
Un attimo prima che le sue fauci si chiudessero, un colpo terribile lo colpì.
Ychydig cyn i'w ên gau, trawodd ergyd ofnadwy ef.
I suoi denti si schioccarono insieme solo sull'aria
Clychodd ei ddannedd at ei gilydd ar ddim byd ond aer
una scossa di dolore gli risuonò nel corpo
roedd ysgytwad o boen yn atseinio trwy ei gorff
Si capovolse a mezz'aria e cadde sulla schiena e su un fianco.
Trodd yng nghanol yr awyr a syrthiodd i lawr ar ei gefn a'i ochr.
Non aveva mai sentito prima un colpo di mazza e non riusciva a sostenerlo.
Nid oedd erioed o'r blaen wedi teimlo ergyd clwb ac ni allai ei afael.
Con un ringhio acuto, in parte abbaio, in parte urlo, saltò di nuovo.
Gyda chwyrn sgrechian, rhan cyfarth, rhan sgrech, neidiodd eto.
Un altro colpo violento lo colpì e lo scaraventò a terra.
Tarodd ergyd greulon arall ef a'i daflu i'r llawr.
Questa volta Buck capì: era la pesante clava dell'uomo.
Y tro hwn deallodd Buck—clwb trwm y dyn ydoedd.
Ma la rabbia lo accecò e non pensò minimamente di ritirarsi.
Ond roedd cynddaredd yn ei ddallu, ac nid oedd ganddo unrhyw feddwl am encilio.
Dodici volte si lanciò e dodici volte cadde.
Deuddeg gwaith fe daflodd ei hun, a deuddeg gwaith fe syrthiodd.
La mazza di legno lo colpiva ogni volta con una forza spietata e schiacciante.

Roedd y clwb pren yn ei falu bob tro gyda grym didostur, malu.

Dopo un colpo violento, si rialzò barcollando, stordito e lento.

Ar ôl un ergyd ffyrnig, cododd i'w draed yn syfrdanol, yn araf.

Il sangue gli colava dalla bocca, dal naso e perfino dalle orecchie.

Rhedodd gwaed o'i geg, ei drwyn, a hyd yn oed ei glustiau.

Il suo mantello, un tempo bellissimo, era imbrattato di schiuma insanguinata.

Roedd ei gôt a fu unwaith yn brydferth wedi'i gorchuddio ag ewyn gwaedlyd.

Poi l'uomo si fece avanti e gli sferrò un violento colpo al naso.

Yna camodd y dyn i fyny a tharo ergyd ddrwg i'r trwyn.

L'agonia fu più acuta di qualsiasi cosa Buck avesse mai provato.

Roedd y boen yn fwy llym nag unrhyw beth a deimlodd Buck erioed.

Con un ruggito più da bestia che da cane, balzò di nuovo all'attacco.

Gyda rhuo yn fwy o fwystfil na chi, neidiodd eto i ymosod.

Ma l'uomo gli afferrò la mascella inferiore e la torse all'indietro.

Ond gafaelodd y dyn yn ei ên isaf a'i throelli yn ôl.

Buck si girò a testa in giù e cadde di nuovo violentemente al suolo.

Trodd Buck benben dros sodlau, gan gwympo i lawr yn galed eto.

Un'ultima volta, Buck si lanciò verso di lui, ormai a malapena in grado di reggersi in piedi.

Un tro olaf, rhuthrodd Buck ato, prin yn gallu sefyll nawr.

L'uomo colpì con sapiente tempismo, sferrando il colpo finale.

Tarodd y dyn gydag amseru arbenigol, gan roi'r ergyd olaf.

Buck crollò a terra, privo di sensi e immobile.

Cwympodd Buck mewn pentwr, yn anymwybodol ac yn ddisymud.

"Non è uno stupido ad addestrare i cani, ecco cosa dico io", urlò un uomo.

"Dydy e ddim yn ddi-hid am dorri cŵn, dyna beth dwi'n ei ddweud," gwaeddodd dyn.

"Druther può spezzare la volontà di un segugio in qualsiasi giorno della settimana."

"Gall Druther dorri ewyllys ci unrhyw ddiwrnod o'r wythnos."

"E due volte di domenica!" aggiunse l'autista.

"A ddwywaith ar ddydd Sul!" ychwanegodd y gyrrwr.

Salì sul carro e tirò le redini per partire.

Dringodd i'r wagen a throdd yr awenau i adael.

Buck riprese lentamente il controllo della sua coscienza

Adferodd Buck reolaeth ar ei ymwybyddiaeth yn araf.

ma il suo corpo era ancora troppo debole e rotto per muoversi.

ond roedd ei gorff yn dal yn rhy wan ac wedi torri i symud.

Rimase lì dove era caduto, osservando l'uomo con il maglione rosso.

Gorweddodd lle roedd wedi syrthio, yn gwylio'r dyn â'i siwmper goch.

"Risponde al nome di Buck", disse l'uomo, leggendo ad alta voce.

"Mae'n ateb i enw Buck," meddai'r dyn, gan ddarllen yn uchel.

Citò la nota inviata con la cassa di Buck e i dettagli.

Dyfynnodd o'r nodyn a anfonwyd gyda chât Buck a'r manylion.

"Bene, Buck, ragazzo mio", continuò l'uomo con tono amichevole,

"Wel, Buck, fy machgen," parhaodd y dyn gyda thôn gyfeillgar,

"Abbiamo avuto il nostro piccolo litigio, e ora tra noi è finita."

"Rydyn ni wedi cael ein ffrae fach, ac mae hi drosodd rhyngom ni nawr."
"Tu hai imparato qual è il tuo posto, e io ho imparato qual è il mio", ha aggiunto.
"Rydych chi wedi dysgu eich lle, ac rydw i wedi dysgu fy un i," ychwanegodd.
"Sii buono e tutto andrà bene e la vita sarà piacevole."
"Byddwch yn dda, a bydd popeth yn mynd yn dda, a bydd bywyd yn bleserus."
"Ma se sei cattivo, ti spaccherò a morte, capito?"
"Ond byddwch yn ddrwg, a byddaf yn eich curo chi'n llwyr, deallwch chi?"
Mentre parlava, allungò la mano e accarezzò la testa dolorante di Buck.
Wrth iddo siarad, estynnodd allan a thapio pen dolurus Buck.
I capelli di Buck si rizzarono al tocco dell'uomo, ma lui non oppose resistenza.
Cododd gwallt Buck wrth gyffyrddiad y dyn, ond ni wrthsafodd.
L'uomo gli portò dell'acqua e Buck la bevve a grandi sorsi.
Daeth y dyn â dŵr iddo, a yfodd Buck mewn llwnc mawr.
Poi arrivò la carne cruda, che Buck divorò pezzo per pezzo.
Yna daeth cig amrwd, a fwytaodd Buck ddarn wrth ddarn.
Sapeva di essere stato sconfitto, ma sapeva anche di non essere distrutto.
Roedd yn gwybod ei fod wedi cael ei guro, ond roedd hefyd yn gwybod nad oedd wedi torri.
Non aveva alcuna possibilità contro un uomo armato di manganello.
Doedd ganddo ddim siawns yn erbyn dyn oedd â chlwb.
Aveva imparato la verità e non dimenticò mai quella lezione.
Roedd wedi dysgu'r gwirionedd, ac ni anghofiodd y wers honno byth.
Quell'arma segnò l'inizio della legge nel nuovo mondo di Buck.
Yr arf hwnnw oedd dechrau'r gyfraith ym myd newydd Buck.

Fu l'inizio di un ordine duro e primitivo che non poteva negare.
Dyna ddechrau trefn llym, gyntefig na allai ei gwadu.
Accettò la verità: i suoi istinti selvaggi erano ormai risvegliati.
Derbyniodd y gwir; roedd ei reddfau gwyllt bellach yn effro.
Il mondo era diventato più duro, ma Buck lo affrontò coraggiosamente.
Roedd y byd wedi mynd yn fwy llym, ond wynebodd Buck ef yn ddewr.
Affrontò la vita con una nuova cautela, astuzia e una forza silenziosa.
Cyfarfu â bywyd gyda gofal, cyfrwystra a chryfder tawel newydd.
Arrivarono altri cani, legati con corde o gabbie, come era successo a Buck.
Cyrhaeddodd mwy o gŵn, wedi'u clymu mewn rhaffau neu gewyll fel yr oedd Buck wedi bod.
Alcuni cani procedevano con calma, altri si infuriavano e combattevano come bestie feroci.
Daeth rhai cŵn yn dawel, roedd eraill yn cynddeiriogi ac yn ymladd fel anifeiliaid gwyllt.
Tutti loro furono sottoposti al dominio dell'uomo con il maglione rosso.
Daethpwyd â phob un ohonynt dan reolaeth y dyn â'i siwmper goch.
Ogni volta Buck osservava e vedeva svolgersi la stessa lezione.
Bob tro, gwyliodd Buck a gwelodd yr un wers yn datblygu.
L'uomo con la clava era la legge: un padrone a cui obbedire.
Y dyn gyda'r clwb oedd y gyfraith; meistr i'w ufuddhau.
Non era necessario che gli piacesse, ma che gli si obbedisse.
Nid oedd angen iddo gael ei hoffi, ond roedd yn rhaid ufuddhau iddo.
Buck non si è mai mostrato adulatore o scodinzolante come facevano i cani più deboli.

Nid oedd Buck byth yn penddu nac yn ysgwyd fel y gwnaeth y cŵn gwannach.
Vide dei cani che erano stati picchiati e che continuavano a leccare la mano dell'uomo.
Gwelodd gŵn oedd wedi cael eu curo ac yn dal i lyfu llaw'r dyn.
Vide un cane che non obbediva né si sottometteva affatto.
Gwelodd un ci na fyddai'n ufuddhau nac yn ildio o gwbl.
Quel cane ha combattuto fino alla morte nella battaglia per il controllo.
Ymladdodd y ci hwnnw nes iddo gael ei ladd yn y frwydr am reolaeth.
A volte degli sconosciuti venivano a trovare l'uomo con il maglione rosso.
Byddai dieithriaid weithiau'n dod i weld y dyn â'i siwmper goch.
Parlavano con toni strani, supplicando, contrattando e ridendo.
Siaradasant mewn tôn ryfedd, gan erfyn, bargeinio, a chwerthin.
Dopo aver scambiato i soldi, se ne andavano con uno o più cani.
Pan gyfnewidiwyd arian, fe adawon nhw gydag un neu fwy o gŵn.
Buck si chiese dove andassero questi cani, perché nessuno faceva mai ritorno.
Tybed a wnaeth Buck ble aeth y cŵn hyn, oherwydd ni ddychwelodd yr un ohonynt byth.
la paura dell'ignoto riempiva Buck ogni volta che un uomo sconosciuto si avvicinava
roedd ofn yr anhysbys yn llenwi Buck bob tro y byddai dyn dieithr yn dod
era contento ogni volta che veniva preso un altro cane, al posto suo.
roedd yn falch bob tro y byddai ci arall yn cael ei gymryd, yn hytrach nag ef ei hun.

Ma alla fine arrivò il turno di Buck con l'arrivo di uno strano uomo.
Ond o'r diwedd, daeth tro Buck gyda dyfodiad dyn dieithr.
Era piccolo, nervoso e parlava un inglese stentato e imprecava.
Roedd yn fach, yn weirenog, ac yn siarad Saesneg toredig a melltithion.
"Sacredam!" urlò quando vide il corpo di Buck.
"Sacredam!" gwaeddodd pan welodd ffrâm Buck.
"Che cane maledetto e prepotente! Eh? Quanto costa?" chiese ad alta voce.
"Dyna gi bwli melltigedig! Ie? Faint?" gofynnodd yn uchel.
"Trecento, ed è un regalo a quel prezzo",
"Tri chant, ac mae'n anrheg am y pris yna,"
"Dato che sono soldi del governo, non dovresti lamentarti, Perrault."
"Gan mai arian y llywodraeth ydyw, ddylech chi ddim cwyno, Perrault."
Perrault sorrise pensando all'accordo che aveva appena concluso con quell'uomo.
Gwenodd Perrault ar y fargen yr oedd newydd ei gwneud gyda'r dyn.
Il prezzo dei cani è salito alle stelle a causa della domanda improvvisa.
Roedd pris cŵn wedi codi'n sydyn oherwydd y galw sydyn.
Trecento dollari non erano ingiusti per una bestia così bella.
Nid oedd tri chant o ddoleri yn annheg am fwystfil mor dda.
Il governo canadese non perderebbe nulla dall'accordo
Ni fyddai Llywodraeth Canada yn colli dim yn y cytundeb
Né i loro comunicati ufficiali avrebbero subito ritardi nel trasporto.
Ni fyddai eu hanfoniadau swyddogol yn cael eu gohirio wrth eu cludo ychwaith.
Perrault conosceva bene i cani e capì che Buck era una rarità.
Roedd Perrault yn adnabod cŵn yn dda, a gallai weld bod Buck yn rhywbeth prin.

"Uno su dieci diecimila", pensò, mentre studiava la corporatura di Buck.

"Un o bob deg deg mil," meddyliodd, wrth iddo astudio corff Buck.

Buck vide il denaro cambiare di mano, ma non mostrò alcuna sorpresa.

Gwelodd Buck yr arian yn newid dwylo, ond ni ddangosodd unrhyw syndod.

Poco dopo lui e Curly, un gentile Terranova, furono portati via.

Yn fuan cafodd ef a Curly, Newfoundland addfwyn, eu harwain i ffwrdd.

Seguirono l'omino dal cortile della casa con il maglione rosso.

Dilynon nhw'r dyn bach o iard y siwmper goch.

Quella fu l'ultima volta che Buck vide l'uomo con la mazza di legno.

Dyna oedd y tro olaf i Buck erioed weld y dyn gyda'r clwb pren.

Dal ponte del Narwhal guardò Seattle svanire in lontananza.

O dec y Narwhal gwyliodd Seattle yn pylu i'r pellter.

Fu anche l'ultima volta che vide le calde terre del Sud.

Dyma hefyd y tro olaf iddo erioed weld y Deheudir cynnes.

Perrault li portò sottocoperta e li lasciò con François.

Aeth Perrault â nhw i lawr y dec, a'u gadael gyda François.

François era un gigante con la faccia nera e le mani ruvide e callose.

Cawr wyneb du a dwylo garw, caled oedd François.

Era un uomo dalla carnagione scura e dalla carnagione scura, un meticcio franco-canadese.

Roedd yn dywyll ac yn ddu; hanner brid Ffrengig-Ganadaidd.

Per Buck, quegli uomini erano come non li aveva mai visti prima.

I Buck, roedd y dynion hyn o fath nad oedd erioed wedi'i weld o'r blaen.

Nei giorni a venire avrebbe avuto modo di conoscere molti di questi uomini.

Byddai'n dod i adnabod llawer o ddynion o'r fath yn y dyddiau nesaf.

Non cominciò ad affezionarsi a loro, ma finì per rispettarli.
Ni ddaeth yn hoff ohonyn nhw, ond daeth i'w parchu.

Erano giusti e saggi e non si lasciavano ingannare facilmente da nessun cane.
Roedden nhw'n deg ac yn ddoeth, ac nid oedden nhw'n hawdd i unrhyw gi eu twyllo.

Giudicavano i cani con calma e punivano solo quando meritavano.
Roedden nhw'n barnu cŵn yn bwyllog, ac yn cosbi dim ond pan oedden nhw'n haeddiannol.

Sul ponte inferiore del Narwhal, Buck e Curly incontrarono due cani.
Yng nghwmni isaf y Narwhal, cyfarfu Buck a Curly â dau gi.

Uno era un grosso cane bianco proveniente dalle lontane e gelide isole Spitzbergen.
Un oedd ci gwyn mawr o Spitzbergen rhewllyd pell.

In passato aveva navigato su una baleniera e si era unito a un gruppo di ricerca.
Roedd wedi hwylio gyda heliwr morfilod unwaith ac wedi ymuno â grŵp arolygu.

Era amichevole, ma astuto, subdolo e subdolo.
Roedd yn gyfeillgar mewn modd cyfrwys, twyllodrus a chyfrwys.

Al loro primo pasto, rubò un pezzo di carne dalla padella di Buck.
Yn eu pryd bwyd cyntaf, fe ddwynodd ddarn o gig o badell Buck.

Buck saltò per punirlo, ma la frusta di François colpì per prima.
Neidiodd Buck i'w gosbi, ond chwip François a darodd yn gyntaf.

Il ladro bianco urlò e Buck reclamò l'osso rubato.
Gwaeddodd y lleidr gwyn, ac adennillodd Buck yr asgwrn a gafodd ei ddwyn.

Questa correttezza colpì Buck e François si guadagnò il suo rispetto.
Gwnaeth y tegwch hwnnw argraff ar Buck, ac enillodd François ei barch.
L'altro cane non lo salutò e non volle nessuno in cambio.
Ni roddodd y ci arall unrhyw gyfarchiad, ac nid oedd eisiau dim yn ôl.
Non rubava il cibo, né annusava con interesse i nuovi arrivati.
Ni wnaeth ddwyn bwyd, nac arogli ar y newydd-ddyfodiaid â diddordeb.
Questo cane era cupo e silenzioso, cupo e lento nei movimenti.
Roedd y ci hwn yn llwm ac yn dawel, yn dywyll ac yn araf ei symudiad.
Avvertì Curly di stargli lontano semplicemente lanciandole un'occhiata fulminante.
Rhybuddiodd Curly i gadw draw trwy syllu arni yn unig.
Il suo messaggio era chiaro: lasciatemi in pace o saranno guai.
Roedd ei neges yn glir; gadewch fi ar fy mhen fy hun neu bydd trafferth.
Si chiamava Dave e non faceva quasi caso a ciò che lo circondava.
Dave oedd ei enw, ac prin y sylwodd ar ei amgylchoedd.
Dormiva spesso, mangiava tranquillamente e sbadigliava di tanto in tanto.
Roedd yn cysgu'n aml, yn bwyta'n dawel, ac yn agor ei geg o bryd i'w gilydd.

La nave ronzava costantemente con il rumore dell'elica sottostante.
Roedd y llong yn hwmio'n gyson gyda'r propelor yn curo islaw.
I giorni passarono senza grandi cambiamenti, ma il clima si fece più freddo.

Aeth y dyddiau heibio heb fawr o newid, ond aeth y tywydd yn oerach.
Buck se lo sentiva nelle ossa e notò che anche gli altri lo sentivano.
Gallai Buck ei deimlo yn ei esgyrn, a sylwi bod y lleill yn ei deimlo hefyd.
Poi una mattina l'elica si fermò e tutto rimase immobile.
Yna un bore, stopiodd y propelor ac roedd popeth yn llonydd.
Un'energia percorse la nave: qualcosa era cambiato.
Ysgubodd egni drwy'r llong; roedd rhywbeth wedi newid.
François scese, li mise al guinzaglio e li portò su.
Daeth François i lawr, eu clipio ar denynnau, a'u dwyn i fyny.
Buck uscì e trovò il terreno morbido, bianco e freddo.
Camodd Buck allan a chanfod bod y ddaear yn feddal, yn wyn, ac yn oer.
Lui fece un balzo indietro allarmato e sbuffò in preda alla confusione più totale.
Neidiodd yn ôl mewn braw a ffroenodd mewn dryswch llwyr.
Una strana sostanza bianca cadeva dal cielo grigio.
Roedd pethau gwyn rhyfedd yn disgyn o'r awyr lwyd.
Si scosse, ma i fiocchi bianchi continuavano a cadergli addosso.
Ysgwydodd ei hun, ond roedd y naddion gwyn yn dal i lanio arno.
Annusò attentamente la sostanza bianca e ne leccò alcuni pezzetti ghiacciati.
Aroglodd y peth gwyn yn ofalus a llyfu ychydig o ddarnau rhewllyd.
La polvere bruciò come il fuoco e poi svanì subito dalla sua lingua.
Llosgodd y powdr fel tân, yna diflannodd yn syth oddi ar ei dafod.
Buck ci riprovò, sconcertato dallo strano freddo che svaniva.
Ceisiodd Buck eto, wedi'i ddrysu gan yr oerfel rhyfedd a oedd yn diflannu.
Gli uomini intorno a lui risero e Buck si sentì in imbarazzo.

Chwarddodd y dynion o'i gwmpas, a theimlodd Buck gywilydd.
Non sapeva perché, ma si vergognava della sua reazione.
Doedd e ddim yn gwybod pam, ond roedd e'n teimlo cywilydd am ei ymateb.
Era la sua prima esperienza con la neve e la cosa lo confuse.
Dyma oedd ei brofiad cyntaf gydag eira, ac fe'i drysodd.

La legge del bastone e della zanna
Cyfraith y Clwb a'r Fang

Il primo giorno di Buck sulla spiaggia di Dyea è stato un terribile incubo.
Roedd diwrnod cyntaf Buck ar draeth Dyea yn teimlo fel hunllef ofnadwy.
Ogni ora portava con sé nuovi shock e cambiamenti inaspettati per Buck.
Daeth pob awr â siociau newydd a newidiadau annisgwyl i Buck.
Era stato strappato alla civiltà e gettato nel caos più totale.
Roedd wedi cael ei dynnu o wareiddiad a'i daflu i anhrefn gwyllt.
Questa non era una vita soleggiata e pigra, fatta di noia e riposo.
Nid bywyd heulog, diog gyda diflastod a gorffwys oedd hwn.
Non c'era pace, né riposo, né momento senza pericolo.
Nid oedd heddwch, dim gorffwys, nac eiliad heb berygl.
La confusione regnava su tutto e il pericolo era sempre vicino.
Roedd dryswch yn rheoli popeth, ac roedd perygl bob amser yn agos.
Buck doveva stare attento perché quegli uomini e quei cani erano diversi.
Roedd rhaid i Buck aros yn effro oherwydd bod y dynion a'r cŵn hyn yn wahanol.
Non provenivano da città; erano selvaggi e spietati.
Nid oeddent o drefi; roeddent yn wyllt a heb drugaredd.
Questi uomini e questi cani conoscevano solo la legge del bastone e della zanna.
Dim ond cyfraith clwb a fang oedd y dynion a'r cŵn hyn yn ei wybod.
Buck non aveva mai visto dei cani combattere come questi feroci husky.
Nid oedd Buck erioed wedi gweld cŵn yn ymladd fel yr husgïau gwyllt hyn.

La sua prima esperienza gli insegnò una lezione che non avrebbe mai dimenticato.
Dysgodd ei brofiad cyntaf wers iddo na fyddai byth yn ei hanghofio.
Fu una fortuna che non fosse lui, altrimenti sarebbe morto anche lui.
Roedd yn lwcus nad ef oedd o, neu byddai ef wedi marw hefyd.
Curly era quello che soffriva, mentre Buck osservava e imparava.
Curly oedd yr un a ddioddefodd tra bod Buck yn gwylio ac yn dysgu.
Si erano accampati vicino a un deposito costruito con tronchi.
Roedden nhw wedi gwneud gwersyll ger siop wedi'i hadeiladu o foncyffion.
Curly cercò di essere amichevole con un grosso husky simile a un lupo.
Ceisiodd Curly fod yn gyfeillgar â husky mawr, tebyg i flaidd.
L'husky era più piccolo di Curly, ma aveva un aspetto selvaggio e cattivo.
Roedd yr husky yn llai na Curly, ond yn edrych yn wyllt ac yn gas.
Senza preavviso, lui saltò su e le tagliò il viso.
Heb rybudd, neidiodd a thorri ei hwyneb ar agor.
Con un solo movimento i suoi denti le tagliarono l'occhio fino alla mascella.
Torrodd ei ddannedd o'i llygad i lawr i'w gên mewn un symudiad.
Ecco come combattevano i lupi: colpivano velocemente e saltavano via.
Dyma sut roedd bleiddiaid yn ymladd—taro'n gyflym a neidio i ffwrdd.
Ma c'era molto di più da imparare da quell'unico attacco.
Ond roedd mwy i'w ddysgu nag o'r un ymosodiad hwnnw.
Decine di husky si precipitarono dentro e formarono un cerchio silenzioso.

Rhuthrodd dwsinau o husgïau i mewn a gwneud cylch tawel.
Osservavano attentamente e si leccavano le labbra per la fame.
Fe wnaethon nhw wylio'n ofalus a llyfu eu gwefusau gyda newyn.
Buck non capiva il loro silenzio né i loro occhi ansiosi.
Doedd Buck ddim yn deall eu distawrwydd na'u llygaid awyddus.
Curly si lanciò ad attaccare l'husky una seconda volta.
Brysiodd Curly i ymosod ar yr husky am yr ail dro.
Usò il suo petto per buttarla a terra con un movimento violento.
Defnyddiodd ei frest i'w tharo drosodd gyda symudiad cryf.
Cadde su un fianco e non riuscì più a rialzarsi.
Syrthiodd ar ei hochr ac ni allai godi'n ôl i fyny.
Era proprio quello che gli altri aspettavano da tempo.
Dyna oedd yr hyn yr oedd y lleill wedi bod yn aros amdano drwy'r amser.
Gli husky le saltarono addosso, guaindo e ringhiando freneticamente.
Neidiodd yr huskies arni, gan weiddi a chwyrnu mewn cynddaredd.
Lei urlò mentre la seppellivano sotto una pila di cani.
Sgrechiodd wrth iddyn nhw ei chladdu o dan bentwr o gŵn.
L'attacco fu così rapido che Buck rimase immobile per lo shock.
Roedd yr ymosodiad mor gyflym nes i Buck rewi yn ei le gyda sioc.
Vide Spitz tirare fuori la lingua in un modo che sembrava una risata.
Gwelodd Spitz yn rhoi ei dafod allan mewn ffordd a oedd yn edrych fel chwerthin.
François afferrò un'ascia e corse dritto verso il gruppo di cani.
Gafaelodd François mewn bwyell a rhedeg yn syth i mewn i'r grŵp o gŵn.

Altri tre uomini hanno usato dei manganelli per allontanare gli husky.
Defnyddiodd tri dyn arall glybiau i helpu i guro'r huskies i ffwrdd.
In soli due minuti la lotta finì e i cani se ne andarono.
Mewn dim ond dwy funud, roedd yr ymladd drosodd a'r cŵn wedi mynd.
Curly giaceva morta nella neve rossa calpestata, con il corpo fatto a pezzi.
Roedd Curly yn gorwedd yn farw yn yr eira coch, wedi'i sathru, ei chorff wedi'i rhwygo'n ddarnau.
Un uomo dalla pelle scura era in piedi davanti a lei, maledicendo la scena brutale.
Safodd dyn croen tywyll uwch ei phen, yn melltithio'r olygfa greulon.
Il ricordo rimase con Buck e ossessionò i suoi sogni notturni.
Arhosodd yr atgof gyda Buck ac roedd yn aflonyddu ar ei freuddwydion yn y nos.
Ecco come funzionava: niente equità, niente seconda possibilità.
Dyna oedd y ffordd yma; dim tegwch, dim ail gyfle.
Una volta caduto un cane, gli altri lo uccidevano senza pietà.
Unwaith y byddai ci yn cwympo, byddai'r lleill yn lladd heb drugaredd.
Buck decise allora che non si sarebbe mai lasciato cadere.
Penderfynodd Buck bryd hynny na fyddai byth yn caniatáu iddo'i hun syrthio.
Spitz tirò fuori di nuovo la lingua e rise guardando il sangue.
Styngodd Spitz ei dafod allan eto a chwarddodd am y gwaed.
Da quel momento in poi, Buck odiò Spitz con tutto il cuore.
O'r foment honno ymlaen, roedd Buck yn casáu Spitz â'i holl galon.

Prima che Buck potesse riprendersi dalla morte di Curly, accadde qualcosa di nuovo.

Cyn i Buck allu gwella o farwolaeth Curly, digwyddodd rhywbeth newydd.

François si avvicinò e legò qualcosa attorno al corpo di Buck.

Daeth François draw a rhwymo rhywbeth o amgylch corff Buck.

Era un'imbracatura simile a quelle usate per i cavalli al ranch.

Harnais ydoedd fel y rhai a ddefnyddir ar geffylau ar y ransh.

Così come Buck aveva visto lavorare i cavalli, ora era costretto a lavorare anche lui.

Gan fod Buck wedi gweld ceffylau'n gweithio, nawr roedd yn rhaid iddo weithio hefyd.

Dovette trascinare François su una slitta nella foresta vicina.

Roedd rhaid iddo dynnu François ar sled i'r goedwig gerllaw.

Poi dovette trascinare indietro un pesante carico di legna da ardere.

Yna bu'n rhaid iddo dynnu llwyth o goed tân trwm yn ôl.

Buck era orgoglioso e gli faceva male essere trattato come un animale da lavoro.

Roedd Buck yn falch, felly roedd yn brifo iddo gael ei drin fel anifail gwaith.

Ma era saggio e non cercò di combattere la nuova situazione.

Ond roedd yn ddoeth ac ni cheisiodd ymladd yn erbyn y sefyllfa newydd.

Accettò la sua nuova vita e diede il massimo in ogni compito.

Derbyniodd ei fywyd newydd a rhoddodd ei orau ym mhob tasg.

Tutto di quel lavoro gli risultava strano e sconosciuto.

Roedd popeth am y gwaith yn rhyfedd ac yn anghyfarwydd iddo.

François era severo e pretendeva obbedienza senza indugio.

Roedd François yn llym ac yn mynnu ufudd-dod heb oedi.

La sua frusta garantiva che ogni comando venisse eseguito immediatamente.

Gwnaeth ei chwip yn siŵr bod pob gorchymyn yn cael ei ddilyn ar unwaith.

Dave era il timoniere, il cane più vicino alla slitta dietro Buck.
Dave oedd y gyrrwr olwyn, y ci agosaf at y sled y tu ôl i Buck.
Se commetteva un errore, Dave mordeva Buck sulle zampe posteriori.
Byddai Dave yn brathu Buck ar ei goesau ôl pe bai'n gwneud camgymeriad.
Spitz era il cane guida, abile ed esperto nel ruolo.
Spitz oedd y ci arweiniol, yn fedrus ac yn brofiadol yn y rôl.
Spitz non riusciva a raggiungere Buck facilmente, ma lo corresse comunque.
Ni allai Spitz gyrraedd Buck yn hawdd, ond fe'i cywirodd o hyd.
Ringhiava aspramente o tirava la slitta in modi che insegnavano a Buck.
Roedd yn grwgnach yn llym neu'n tynnu'r sled mewn ffyrdd a ddysgodd i Buck.
Grazie a questo addestramento, Buck imparò più velocemente di quanto tutti si aspettassero.
O dan yr hyfforddiant hwn, dysgodd Buck yn gyflymach nag yr oedd yr un ohonyn nhw'n ei ddisgwyl.
Lavorò duramente e imparò sia da François che dagli altri cani.
Gweithiodd yn galed a dysgodd gan François a'r cŵn eraill.
Quando tornarono, Buck conosceva già i comandi chiave.
Erbyn iddyn nhw ddychwelyd, roedd Buck eisoes yn gwybod y gorchmynion allweddol.
Imparò a fermarsi al suono della parola "oh" di François.
Dysgodd stopio wrth sŵn "ho" gan François.
Imparò quando era il momento di tirare la slitta e correre.
Dysgodd pan oedd yn rhaid iddo dynnu'r sled a rhedeg.
Imparò a svoltare senza problemi nelle curve del sentiero.
Dysgodd droi'n llydan ar droeon yn y llwybr heb drafferth.
Imparò anche a evitare Dave quando la slitta scendeva velocemente.
Dysgodd hefyd osgoi Dave pan fyddai'r sled yn mynd i lawr yr allt yn gyflym.

"Sono cani molto buoni", disse orgoglioso François a Perrault.
"Maen nhw'n gŵn da iawn," meddai François wrth Perrault yn falch.
"Quel Buck tira come un dannato, glielo insegno subito."
"Mae'r Buck yna'n tynnu fel uffern—dw i'n ei ddysgu mor gyflym â dim."

Più tardi quel giorno, Perrault tornò con altri due husky.
Yn ddiweddarach y diwrnod hwnnw, daeth Perrault yn ôl gyda dau gi husky arall.
Si chiamavano Billee e Joe ed erano fratelli.
Billee a Joe oedd eu henwau, ac roedden nhw'n frodyr.
Provenivano dalla stessa madre, ma non erano affatto simili.
Daethant o'r un fam, ond nid oeddent yn debyg o gwbl.
Billee era un tipo dolce e molto amichevole con tutti.
Roedd Billee yn garedig ac yn rhy gyfeillgar gyda phawb.
Joe era l'opposto: silenzioso, arrabbiato e sempre ringhiante.
Roedd Joe yn groes i hynny—tawel, yn ddig, a bob amser yn chwyrnu.
Buck li salutò amichevolmente e si mantenne calmo con entrambi.
Cyfarchodd Buck nhw mewn ffordd gyfeillgar ac roedd yn dawel gyda'r ddau.
Dave non prestò loro attenzione e rimase in silenzio come al solito.
Ni roddodd Dave unrhyw sylw iddynt ac arhosodd yn dawel fel arfer.
Spitz attaccò prima Billee, poi Joe, per dimostrare la sua superiorità.
Ymosododd Spitz ar Billee yn gyntaf, yna Joe, i ddangos ei oruchafiaeth.
Billee scodinzolava e cercava di essere amichevole con Spitz.
Ysgwydodd Billee ei gynffon a cheisiodd fod yn gyfeillgar â Spitz.
Quando questo non funzionò, cercò di scappare.

Pan nad oedd hynny'n gweithio, ceisiodd redeg i ffwrdd yn lle hynny.
Pianse tristemente quando Spitz lo morse forte sul fianco.
Crioodd yn drist pan frathodd Spitz ef yn galed ar yr ochr.
Ma Joe era molto diverso e si rifiutava di farsi prendere in giro.
Ond roedd Joe yn wahanol iawn ac yn gwrthod cael ei fwlio.
Ogni volta che Spitz si avvicinava, Joe si girava velocemente per affrontarlo.
Bob tro y byddai Spitz yn agosáu, byddai Joe yn troi i'w wynebu'n gyflym.
La sua pelliccia si drizzò, le sue labbra si arricciarono e i suoi denti schioccarono selvaggiamente.
Roedd ei ffwr yn blewog, ei wefusau'n cyrlio, a'i ddannedd yn cracio'n wyllt.
Gli occhi di Joe brillavano di paura e rabbia, sfidando Spitz a colpire.
Disgleiriodd llygaid Joe gydag ofn a chynddaredd, gan herio Spitz i ymosod.
Spitz abbandonò la lotta e si voltò, umiliato e arrabbiato.
Rhoddodd Spitz y gorau i'r frwydr a throdd i ffwrdd, wedi'i gywilyddio a'i ddig.
Sfogò la sua frustrazione sul povero Billee e lo cacciò via.
Tynnodd ei rwystredigaeth allan ar Billee druan a'i yrru i ffwrdd.
Quella sera Perrault aggiunse un altro cane alla squadra.
Y noson honno, ychwanegodd Perrault un ci arall at y tîm.
Questo cane era vecchio, magro e coperto di cicatrici di battaglia.
Roedd y ci hwn yn hen, yn fain, ac wedi'i orchuddio â chreithiau brwydr.
Gli mancava un occhio, ma l'altro brillava di potere.
Roedd un o'i lygaid ar goll, ond roedd y llall yn fflachio â nerth.
Il nome del nuovo cane era Solleks, che significa "l'Arrabbiato".
Enw'r ci newydd oedd Solleks, sy'n golygu'r Un Ddig.

Come Dave, Solleks non chiedeva nulla agli altri e non dava nulla in cambio.
Fel Dave, ni ofynnodd Solleks ddim gan eraill, ac ni roddodd ddim yn ôl.
Quando Solleks entrò lentamente nell'accampamento, persino Spitz rimase lontano.
Pan gerddodd Solleks yn araf i mewn i'r gwersyll, arhosodd hyd yn oed Spitz i ffwrdd.
Aveva una strana abitudine che Buck ebbe la sfortuna di scoprire.
Roedd ganddo arferiad rhyfedd na chafodd Buck ddigon o lwc i'w ddarganfod.
Solleks detestava essere avvicinato dal lato in cui era cieco.
Roedd Solleks yn casáu cael ei gysylltu ar yr ochr lle'r oedd yn ddall.
Buck non lo sapeva e commise quell'errore per sbaglio.
Doedd Buck ddim yn gwybod hyn a gwnaeth y camgymeriad hwnnw ar ddamwain.
Solleks si voltò di scatto e colpì la spalla di Buck in modo profondo e rapido.
Trodd Solleks o gwmpas a sgrapio ysgwydd Buck yn ddwfn ac yn gyflym.
Da quel momento in poi, Buck non si avvicinò mai più al lato cieco di Solleks.
O'r foment honno ymlaen, ni ddaeth Buck byth yn agos at ochr dall Solleks.
Non ebbero mai più problemi per il resto del tempo che trascorsero insieme.
Ni chawsant drafferth eto am weddill eu hamser gyda'i gilydd.
Solleks voleva solo essere lasciato solo, come il tranquillo Dave.
Dim ond cael ei adael ar ei ben ei hun oedd Solleks eisiau, fel Dave tawel.
Ma Buck avrebbe scoperto in seguito che ognuno di loro aveva un altro obiettivo segreto.

Ond byddai Buck yn dysgu yn ddiweddarach fod gan bob un ohonyn nhw nod cyfrinachol arall.

Quella notte Buck si trovò ad affrontare una nuova e preoccupante sfida: come dormire.

Y noson honno wynebodd Buck her newydd a thrafferthus — sut i gysgu.

La tenda era illuminata caldamente dalla luce delle candele nel campo innevato.

Roedd y babell yn tywynnu'n gynnes gyda golau cannwyll yn y cae eiraog.

Buck entrò, pensando che lì avrebbe potuto riposare come prima.

Cerddodd Buck i mewn, gan feddwl y gallai orffwys yno fel o'r blaen.

Ma Perrault e François gli urlarono contro e gli tirarono delle padelle.

Ond gwaeddodd Perrault a François arno a thaflu sosbenni.

Sconvolto e confuso, Buck corse fuori nel freddo gelido.

Wedi synnu ac yn ddryslyd, rhedodd Buck allan i'r oerfel rhewllyd.

Un vento gelido gli pungeva la spalla ferita e gli congelava le zampe.

Pigodd gwynt chwerw ei ysgwydd clwyfedig a rhewi ei bawennau.

Si sdraiò sulla neve e cercò di dormire all'aperto.

Gorweddodd i lawr yn yr eira a cheisiodd gysgu allan yn yr awyr agored.

Ma il freddo lo costrinse presto a rialzarsi, tremando forte.

Ond yn fuan fe'i gorfododd i godi'n ôl i fyny, gan grynu'n ofnadwy.

Vagò per l'accampamento, cercando di trovare un posto più caldo.

Crwydrodd drwy'r gwersyll, gan geisio dod o hyd i fan cynhesach.

Ma ogni angolo era freddo come quello precedente.

Ond roedd pob cornel yr un mor oer â'r un o'i flaen.

A volte dei cani feroci gli saltavano addosso dall'oscurità.

Weithiau byddai cŵn gwyllt yn neidio ato o'r tywyllwch.
Buck drizzò il pelo, scoprì i denti e ringhiò in tono ammonitore.
Cododd Buck ei ffwr, dangosodd ei ddannedd, a chwyrnodd yn rhybuddiol.
Lui stava imparando in fretta e gli altri cani si sono subito tirati indietro.
Roedd yn dysgu'n gyflym, ac fe giliai'r cŵn eraill yn ôl yn gyflym.
Tuttavia, non aveva un posto dove dormire e non aveva idea di cosa fare.
Eto i gyd, nid oedd ganddo le i gysgu, a dim syniad beth i'w wneud.
Alla fine gli venne in mente un pensiero: andare a dare un'occhiata ai suoi compagni di squadra.
O'r diwedd, daeth syniad iddo—edrych ar ei gyd-chwaraewyr.
Ritornò nella loro zona e rimase sorpreso nel constatare che non c'erano più.
Dychwelodd i'w hardal ac fe'i synnwyd o'u gweld nhw wedi mynd.
Cercò di nuovo nell'accampamento, ma ancora non riuscì a trovarli.
Chwiliodd y gwersyll eto, ond methodd â'u canfod o hyd.
Sapeva che loro non potevano stare nella tenda, altrimenti ci sarebbe stato anche lui.
Roedd e'n gwybod na allent fod yn y babell, neu byddai yntau hefyd.
E allora, dove erano finiti tutti i cani in quell'accampamento ghiacciato?
Felly ble roedd yr holl gŵn wedi mynd yn y gwersyll rhewllyd hwn?
Buck, infreddolito e infelice, girò lentamente intorno alla tenda.
Cylchodd Buck, yn oer ac yn drist, yn araf o amgylch y babell.
All'improvviso, le sue zampe anteriori sprofondarono nella neve soffice e lo spaventarono.

Yn sydyn, suddodd ei goesau blaen i mewn i eira meddal a'i ddychryn.
Qualcosa si mosse sotto i suoi piedi e lui fece un salto indietro per la paura.
Symudodd rhywbeth o dan ei draed, a neidiodd yn ôl mewn ofn.
Ringhiava e ringhiava, non sapendo cosa si nascondesse sotto la neve.
Grwgnachodd a chwyrnodd, heb wybod beth oedd o dan yr eira.
Poi udì un piccolo abbaio amichevole che placò la sua paura.
Yna clywodd gyfarth bach cyfeillgar a leddfu ei ofn.
Annusò l'aria e si avvicinò per vedere cosa fosse nascosto.
Aroglodd yr awyr a daeth yn agosach i weld beth oedd wedi'i guddio.
Sotto la neve, rannicchiata in una calda palla, c'era la piccola Billee.
O dan yr eira, wedi'i gyrlio'n bêl gynnes, roedd Billee bach.
Billee scodinzolò e leccò il muso di Buck per salutarlo.
Ysgwydodd Billee ei gynffon a llyfu wyneb Buck i'w gyfarch.
Buck vide come Billee si era costruito un posto per dormire nella neve.
Gwelodd Buck sut roedd Billee wedi gwneud lle cysgu yn yr eira.
Aveva scavato e sfruttato il suo calore per scaldarsi.
Roedd wedi cloddio i lawr ac wedi defnyddio ei wres ei hun i gadw'n gynnes.
Buck aveva imparato un'altra lezione: ecco come dormivano i cani.
Roedd Buck wedi dysgu gwers arall—dyma sut roedd y cŵn yn cysgu.
Scelse un posto e cominciò a scavare la sua buca nella neve.
Dewisodd fan a dechrau cloddio ei dwll ei hun yn yr eira.
All'inizio si muoveva troppo e sprecava energie.
Ar y dechrau, roedd yn symud o gwmpas gormod ac yn gwastraffu egni.

Ma ben presto il suo corpo riscaldò lo spazio e si sentì al sicuro.
Ond yn fuan cynhesodd ei gorff y gofod, ac roedd yn teimlo'n ddiogel.
Si rannicchiò forte e poco dopo si addormentò profondamente.
Cyrliodd i fyny'n dynn, a chyn bo hir roedd yn cysgu'n drwm.
La giornata era stata lunga e dura e Buck era esausto.
Roedd y diwrnod wedi bod yn hir ac yn galed, ac roedd Buck wedi blino'n lân.
Dormì profondamente e comodamente, anche se fece sogni selvaggi.
Cysgodd yn ddwfn ac yn gyfforddus, er bod ei freuddwydion yn wyllt.
Ringhiava e abbaiava nel sonno, contorcendosi mentre sognava.
Grwgnachodd a chyfarthodd yn ei gwsg, gan droelli wrth iddo freuddwydio.

Buck non si svegliò finché l'accampamento non cominciò a prendere vita.
Ni ddeffrodd Buck nes bod y gwersyll eisoes yn dod yn fyw.
All'inizio non sapeva dove si trovasse o cosa fosse successo.
Ar y dechrau, doedd e ddim yn gwybod ble roedd e na beth oedd wedi digwydd.
La neve era caduta durante la notte e aveva seppellito completamente il suo corpo.
Roedd eira wedi disgyn dros nos ac wedi claddu ei gorff yn llwyr.
La neve lo circondava, fitta su tutti i lati.
Gwasgodd yr eira o'i gwmpas, yn dynn ar bob ochr.
All'improvviso un'ondata di paura percorse tutto il corpo di Buck.
Yn sydyn rhuthrodd ton o ofn trwy gorff cyfan Buck.
Era la paura di rimanere intrappolati, una paura che proveniva da istinti profondi.
Yr ofn o gael eich dal ydoedd, ofn o reddfau dwfn.

Sebbene non avesse mai visto una trappola, la paura era viva dentro di lui.
Er nad oedd erioed wedi gweld trap, roedd yr ofn yn byw y tu mewn iddo.
Era un cane addomesticato, ma ora i suoi vecchi istinti selvaggi si stavano risvegliando.
Ci dof oedd e, ond nawr roedd ei hen reddfau gwyllt yn deffro.
I muscoli di Buck si irrigidirono e il pelo gli si rizzò su tutta la schiena.
Tynhaodd cyhyrau Buck, a safodd ei ffwr i fyny dros ei gefn i gyd.
Ringhiò furiosamente e balzò in piedi nella neve.
Chwyrnodd yn ffyrnig a neidiodd yn syth i fyny drwy'r eira.
La neve volava in ogni direzione mentre lui irrompeva nella luce del giorno.
Hedfanodd eira i bob cyfeiriad wrth iddo ffrwydro i olau dydd.
Ancora prima di atterrare, Buck vide l'accampamento disteso davanti a lui.
Hyd yn oed cyn glanio, gwelodd Buck y gwersyll wedi'i ledaenu o'i flaen.
Ricordò tutto del giorno prima, tutto in una volta.
Cofiodd bopeth o'r diwrnod cynt, i gyd ar unwaith.
Ricordava di aver passeggiato con Manuel e di essere finito in quel posto.
Roedd yn cofio crwydro gyda Manuel a gorffen yn y lle hwn.
Ricordava di aver scavato la buca e di essersi addormentato al freddo.
Roedd yn cofio cloddio'r twll a syrthio i gysgu yn yr oerfel.
Ora era sveglio e il mondo selvaggio intorno a lui era limpido.
Nawr roedd yn effro, a'r byd gwyllt o'i gwmpas yn glir.
Un grido di François annunciò l'improvvisa apparizione di Buck.
Daeth gweiddi gan François yn cyhoeddi ymddangosiad sydyn Buck.

"Cosa ho detto?" gridò a gran voce il conducente del cane a Perrault.

"Beth ddywedais i?" gwaeddodd y gyrrwr ci yn uchel wrth Perrault.

"Quel Buck impara sicuramente in fretta", ha aggiunto François.

"Mae'r Buck yna'n dysgu mor gyflym â dim byd yn sicr," ychwanegodd François.

Perrault annuì gravemente, visibilmente soddisfatto del risultato.

Nodiodd Perrault yn ddifrifol, yn amlwg yn falch o'r canlyniad.

In qualità di corriere del governo canadese, trasportava dispacci.

Fel negesydd i Lywodraeth Canada, roedd yn cludo anfonebau.

Era ansioso di trovare i cani migliori per la sua importante missione.

Roedd yn awyddus i ddod o hyd i'r cŵn gorau ar gyfer ei genhadaeth bwysig.

Ora si sentiva particolarmente contento che Buck facesse parte della squadra.

Roedd yn teimlo'n arbennig o falch nawr bod Buck yn rhan o'r tîm.

Nel giro di un'ora, alla squadra furono aggiunti altri tre husky.

Ychwanegwyd tri huski arall at y tîm o fewn awr.

Ciò ha portato il numero totale dei cani della squadra a nove.

Daeth hynny â chyfanswm y cŵn yn y tîm i naw.

Nel giro di quindici minuti tutti i cani erano imbracati.

O fewn pymtheg munud roedd yr holl gŵn yn eu harneisiau.

La squadra di slitte stava risalendo il sentiero verso Dyea Cañon.

Roedd y tîm sled yn siglo i fyny'r llwybr tuag at Dyea Cañon.

Buck era contento di andarsene, anche se il lavoro che lo attendeva era duro.

Roedd Buck yn teimlo'n falch o fod yn gadael, hyd yn oed os oedd y gwaith o'i flaen yn galed.

Scoprì di non disprezzare particolarmente né il lavoro né il freddo.

Canfu nad oedd yn arbennig o ddirmygu'r llafur na'r oerfel.

Fu sorpreso dall'entusiasmo che pervadeva tutta la squadra.

Cafodd ei synnu gan yr awydd a lenwid y tîm cyfan.

Ancora più sorprendente fu il cambiamento avvenuto in Dave e Solleks.

Yn fwy syndod fyth oedd y newid a oedd wedi dod dros Dave a Solleks.

Questi due cani erano completamente diversi quando venivano imbrigliati.

Roedd y ddau gi hyn yn hollol wahanol pan oeddent wedi'u harneisio.

La loro passività e la loro disattenzione erano completamente scomparse.

Roedd eu goddefgarwch a'u diffyg pryder wedi diflannu'n llwyr.

Erano attenti e attivi, desiderosi di svolgere bene il loro lavoro.

Roeddent yn effro ac yn egnïol, ac yn awyddus i wneud eu gwaith yn dda.

Si irritavano ferocemente per qualsiasi cosa provocasse ritardi o confusione.

Fe wnaethon nhw fynd yn flin iawn at unrhyw beth a achosodd oedi neu ddryswch.

Il duro lavoro sulle redini era il centro del loro intero essere.

Y gwaith caled ar yr awenau oedd canolbwynt eu bodolaeth gyfan.

Sembrava che l'unica cosa che gli piacesse davvero fosse tirare la slitta.

Tynnu sled oedd yr unig beth roedden nhw wir yn ei fwynhau, i bob golwg.

Dave era in fondo al gruppo, il più vicino alla slitta.

Roedd Dave yng nghefn y grŵp, agosaf at y sled ei hun.

Buck fu messo davanti a Dave e Solleks superò Buck.

Gosodwyd Buck o flaen Dave, a thynnodd Solleks o flaen Buck.

Il resto dei cani era disposto in fila indiana davanti a loro.
Roedd gweddill y cŵn wedi'u hymestyn o'u blaenau mewn un rhes.

La posizione di testa in prima linea era occupata da Spitz.
Llenwyd y safle blaenllaw yn y blaen gan Spitz.

Buck era stato messo tra Dave e Solleks per essere istruito.
Roedd Buck wedi cael ei osod rhwng Dave a Solleks i gael cyfarwyddyd.

Lui imparava in fretta e gli insegnanti erano risoluti e capaci.
Roedd yn ddysgwr cyflym, ac roedden nhw'n athrawon cadarn a galluog.

Non permisero mai a Buck di restare a lungo nell'errore.
Ni wnaethant byth adael i Buck aros mewn camgymeriad am hir.

Quando necessario, impartivano le lezioni con denti affilati.
Roedden nhw'n dysgu eu gwersi â dannedd miniog pan oedd angen.

Dave era giusto e dimostrava una saggezza pacata e seria.
Roedd Dave yn deg ac yn dangos math tawel, difrifol o ddoethineb.

Non mordeva mai Buck senza una buona ragione.
Ni frathodd Buck erioed heb reswm da dros wneud hynny.

Ma non mancava mai di mordere quando Buck aveva bisogno di essere corretto.
Ond ni fethodd byth â brathu pan oedd angen cywiriad ar Buck.

La frusta di François era sempre pronta e sosteneva la loro autorità.
Roedd chwip François bob amser yn barod ac yn cefnogi eu hawdurdod.

Buck scoprì presto che era meglio obbedire che reagire.
Yn fuan, darganfu Buck ei bod hi'n well ufuddhau na ymladd yn ôl.

Una volta, durante un breve riposo, Buck rimase impigliato nelle redini.

Unwaith, yn ystod gorffwys byr, aeth Buck yn sownd yn yr awenau.

Ritardò la partenza e confuse i movimenti della squadra.

Gohiriodd y dechrau a drysu symudiad y tîm.

Dave e Solleks si avventarono su di lui e lo picchiarono duramente.

Hedfanodd Dave a Solleks ato a rhoi curiad garw iddo.

La situazione peggiorò ulteriormente, ma Buck imparò bene la lezione.

Dim ond gwaethygu wnaeth y dryswch, ond dysgodd Buck ei wers yn dda.

Da quel momento in poi tenne le redini tese e lavorò con attenzione.

O hynny ymlaen, cadwodd yr awenau'n dynn, a gweithiodd yn ofalus.

Prima che la giornata finisse, Buck aveva portato a termine gran parte del suo compito.

Cyn i'r diwrnod ddod i ben, roedd Buck wedi meistroli llawer o'i dasg.

I suoi compagni di squadra quasi smisero di correggerlo o di morderlo.

Bu bron i'w gyd-chwaraewyr roi'r gorau i'w gywiro na'i frathu.

La frusta di François schioccava nell'aria sempre meno spesso.

Roedd chwip François yn cracio drwy'r awyr yn llai ac yn llai aml.

Perrault sollevò addirittura i piedi di Buck ed esaminò attentamente ogni zampa.

Cododd Perrault draed Buck hyd yn oed ac archwiliodd bob pawen yn ofalus.

Era stata una giornata di corsa dura, lunga ed estenuante per tutti loro.

Roedd wedi bod yn ddiwrnod caled o redeg, yn hir ac yn flinedig iddyn nhw i gyd.

Risalirono il Cañon, attraversarono Sheep Camp e superarono le Scales.

Teithiasant i fyny'r Cañon, trwy Wersyll y Defaid, a heibio'r Scales.
Superarono il limite della vegetazione arborea, poi ghiacciai e cumuli di neve alti diversi metri.
Fe wnaethon nhw groesi'r llinell goed, yna rhewlifoedd a lluwchfeydd eira lawer troedfedd o ddyfnder.
Scalarono il grande e freddo Chilkoot Divide.
Dringon nhw'r Rhaniad Chilkoot mawr, oer a gwaharddedig.
Quella cresta elevata si ergeva tra l'acqua salata e l'interno ghiacciato.
Roedd y grib uchel honno'n sefyll rhwng dŵr hallt a'r tu mewn rhewllyd.
Le montagne custodivano il triste e solitario Nord con ghiaccio e ripide salite.
Roedd y mynyddoedd yn gwarchod y Gogledd trist ac unig gyda rhew a dringfeydd serth.
Scesero rapidamente lungo una lunga catena di laghi sotto la dorsale.
Fe wnaethon nhw amser da i lawr cadwyn hir o lynnoedd islaw'r rhaniad.
Questi laghi riempivano gli antichi crateri di vulcani spenti.
Llenwodd y llynnoedd hynny graterau hynafol llosgfynyddoedd diflanedig.
Quella notte tardi raggiunsero un grande accampamento presso il lago Bennett.
Yn hwyr y noson honno, cyrhaeddon nhw wersyll mawr yn Llyn Bennett.
Migliaia di cercatori d'oro erano lì, intenti a costruire barche per la primavera.
Roedd miloedd o geiswyr aur yno, yn adeiladu cychod ar gyfer y gwanwyn.
Il ghiaccio si sarebbe presto rotto e dovevano essere pronti.
Roedd yr iâ yn mynd i dorri'n fuan, ac roedd yn rhaid iddyn nhw fod yn barod.
Buck scavò la sua buca nella neve e cadde in un sonno profondo.
Cloddiodd Buck ei dwll yn yr eira a syrthiodd i gwsg dwfn.

Dormiva come un lavoratore, esausto dopo una dura giornata di lavoro.
Cysgodd fel dyn gweithiol, wedi blino'n lân ar ôl diwrnod caled o lafur.
Ma venne strappato al sonno troppo presto, nell'oscurità.
Ond yn rhy gynnar yn y tywyllwch, cafodd ei lusgo o gwsg.
Fu nuovamente imbrigliato insieme ai suoi compagni e attaccato alla slitta.
Cafodd ei harneisio gyda'i ffrindiau eto a'i gysylltu â'r sled.
Quel giorno percorsero quaranta miglia, perché la neve era ben calpestata.
Y diwrnod hwnnw fe wnaethon nhw ddeugain milltir, oherwydd bod yr eira wedi'i sathru'n dda.
Il giorno dopo, e per molti giorni a seguire, la neve era soffice.
Y diwrnod canlynol, ac am lawer o ddyddiau wedyn, roedd yr eira'n feddal.
Dovettero farsi strada da soli, lavorando di più e muovendosi più lentamente.
Roedd yn rhaid iddyn nhw wneud y llwybr eu hunain, gan weithio'n galetach a symud yn arafach.
Di solito, Perrault camminava davanti alla squadra con le ciaspole palmate.
Fel arfer, byddai Perrault yn cerdded o flaen y tîm gydag esgidiau eira gweog.
I suoi passi compattavano la neve, facilitando lo spostamento della slitta.
Paciodd ei gamau'r eira, gan ei gwneud hi'n haws i'r sled symud.
François, che era al timone della barca a vela, a volte prendeva il comando.
Weithiau byddai François, a lywiodd o'r polyn gee, yn cymryd yr awenau.
Ma era raro che François prendesse l'iniziativa
Ond prin oedd y byddai François yn cymryd yr awenau.
perché Perrault aveva fretta di consegnare le lettere e i pacchi.

oherwydd bod Perrault ar frys i ddosbarthu'r llythyrau a'r parseli.
Perrault era orgoglioso della sua conoscenza della neve, e in particolare del ghiaccio.
Roedd Perrault yn falch o'i wybodaeth am eira, ac yn enwedig iâ.
Questa conoscenza era essenziale perché il ghiaccio autunnale era pericolosamente sottile.
Roedd y wybodaeth honno'n hanfodol, oherwydd roedd iâ'r hydref yn beryglus o denau.
Dove l'acqua scorreva rapidamente sotto la superficie non c'era affatto ghiaccio.
Lle roedd dŵr yn llifo'n gyflym o dan yr wyneb, nid oedd unrhyw iâ o gwbl.

Giorno dopo giorno, la stessa routine si ripeteva senza fine.
Ddydd ar ôl dydd, yr un drefn yn ailadrodd heb ddiwedd.
Buck lavorava senza sosta con le redini, dall'alba alla sera.
Llafuriodd Buck yn ddiddiwedd yn yr awenau o wawr hyd nos.
Lasciarono l'accampamento al buio, molto prima che sorgesse il sole.
Gadawon nhw'r gwersyll yn y tywyllwch, ymhell cyn i'r haul godi.
Quando spuntò l'alba, avevano già percorso molti chilometri.
Erbyn i olau dydd ddod, roedd milltiroedd lawer eisoes y tu ôl iddyn nhw.
Si accamparono dopo il tramonto, mangiando pesce e scavando buche nella neve.
Fe wnaethon nhw wersylla ar ôl iddi nosi, gan fwyta pysgod a chloddio i mewn i'r eira.
Buck era sempre affamato e non era mai veramente soddisfatto della sua razione.
Roedd Buck bob amser yn llwglyd ac ni fyddai byth yn wirioneddol fodlon â'i ddogn.
Riceveva ogni giorno mezzo chilo di salmone essiccato.

Roedd yn derbyn punt a hanner o eog sych bob dydd.
Ma il cibo sembrò svanire dentro di lui, lasciandogli solo la fame.
Ond roedd yn ymddangos bod y bwyd yn diflannu y tu mewn iddo, gan adael newyn ar ôl.
Soffriva di continui morsi della fame e sognava di avere più cibo.
Roedd yn dioddef o newyn cyson, ac yn breuddwydio am fwy o fwyd.
Gli altri cani hanno ricevuto solo mezzo chilo di cibo, ma sono rimasti forti.
Dim ond pwys o fwyd a gafodd y cŵn eraill, ond fe arhoson nhw'n gryf.
Erano più piccoli ed erano nati in una società nordica.
Roedden nhw'n llai, ac wedi cael eu geni i fywyd y gogledd.
Perse rapidamente la pignoleria che aveva caratterizzato la sua vecchia vita.
Collodd yn gyflym y manylder a nodweddai ei hen fywyd.
Fino a quel momento era stato un mangiatore prelibato, ma ora non gli era più possibile.
Roedd wedi bod yn fwytäwr blasus, ond nawr nid oedd hynny'n bosibl mwyach.
I suoi compagni arrivarono primi e gli rubarono la razione rimasta.
Gorffennodd ei ffrindiau yn gyntaf a dwyn ei ddogn heb ei orffen oddi arno.
Una volta cominciati, non c'era più modo di difendere il cibo da loro.
Unwaith iddyn nhw ddechrau doedd dim ffordd o amddiffyn ei fwyd rhagddyn nhw.
Mentre lui lottava contro due o tre cani, gli altri rubarono il resto.
Tra roedd e'n ymladd yn erbyn dau neu dri o gi, roedd y lleill yn dwyn y gweddill.
Per risolvere il problema, cominciò a mangiare velocemente come mangiavano gli altri.

I drwsio hyn, dechreuodd fwyta mor gyflym ag yr oedd y lleill yn bwyta.

La fame lo spingeva così forte che arrivò persino a prendere del cibo non suo.

Roedd newyn yn ei wthio gymaint nes iddo hyd yn oed gymryd bwyd nad oedd yn eiddo iddo'i hun.

Osservò gli altri e imparò rapidamente dalle loro azioni.

Gwyliodd y lleill a dysgodd yn gyflym o'u gweithredoedd.

Vide Pike, un nuovo cane, rubare una fetta di pancetta a Perrault.

Gwelodd Pike, ci newydd, yn dwyn sleisen o facwn gan Perrault.

Pike aveva aspettato che Perrault gli voltasse le spalle per rubare la pagnotta.

Roedd Pike wedi aros nes bod cefn Perrault wedi'i droi i ddwyn y bacwn.

Il giorno dopo, Buck copiò Pike e rubò l'intero pezzo.

Y diwrnod canlynol, copïodd Buck Pike a dwyn y darn cyfan.

Seguì un gran tumulto, ma Buck non fu sospettato.

Dilynodd cynnwrf mawr, ond ni amheuwyd Buck.

Al suo posto venne punito Dub, un cane goffo che veniva sempre beccato.

Cafodd Dub, ci lletchwith a oedd bob amser yn cael ei ddal, ei gosbi yn lle hynny.

Quel primo furto fece di Buck un cane adatto a sopravvivere al Nord.

Roedd y lladrad cyntaf hwnnw'n nodi Buck fel ci addas i oroesi'r Gogledd.

Ha dimostrato di sapersi adattare alle nuove condizioni e di saper imparare rapidamente.

Dangosodd ei fod yn gallu addasu i amodau newydd a dysgu'n gyflym.

Senza tale adattabilità, sarebbe morto rapidamente e gravemente.

Heb addasrwydd o'r fath, byddai wedi marw'n gyflym ac yn ddrwg.

Segnò anche il crollo della sua natura morale e dei suoi valori passati.
Roedd hefyd yn nodi chwalfa ei natur foesol a'i werthoedd yn y gorffennol.
Nel Southland aveva vissuto secondo la legge dell'amore e della gentilezza.
Yn y Deheudir, roedd wedi byw o dan gyfraith cariad a charedigrwydd.
Lì aveva senso rispettare la proprietà e i sentimenti degli altri cani.
Yno roedd yn gwneud synnwyr parchu eiddo a theimladau cŵn eraill.
Ma i Northland seguivano la legge del bastone e la legge della zanna.
Ond dilynodd y Northland gyfraith y clwb a chyfraith y fang.
Chiunque rispettasse i vecchi valori era uno sciocco e avrebbe fallito.
Pwy bynnag a barchai hen werthoedd yma oedd yn ffôl a byddai'n methu.
Buck non rifletté su tutto questo nella sua mente.
Ni resymodd Buck hyn i gyd yn ei feddwl.
Era in forma e quindi si adattò senza pensarci due volte.
Roedd yn ffit, ac felly addasodd heb orfod meddwl.
In tutta la sua vita non era mai fuggito da una rissa.
Drwy gydol ei oes, nid oedd erioed wedi rhedeg i ffwrdd o ymladd.
Ma la mazza di legno dell'uomo con il maglione rosso cambiò la regola.
Ond newidiodd clwb pren y dyn yn y siwmper goch y rheol honno.
Ora seguiva un codice più profondo e antico, inscritto nel suo essere.
Nawr roedd yn dilyn cod dyfnach, hŷn wedi'i ysgrifennu yn ei fodolaeth.
Non rubava per piacere, ma per il dolore della fame.
Nid oedd yn lladrata allan o bleser, ond o boen newyn.

Non rubava mai apertamente, ma rubava con astuzia e attenzione.
Ni ladratodd erioed yn agored, ond lladratodd gyda chyfrwystra a gofal.

Agì per rispetto verso la clava di legno e per paura delle zanne.
Gweithredodd allan o barch at y clwb pren ac ofn y fang.

In breve, ha fatto ciò che era più facile e sicuro che non farlo.
Yn fyr, fe wnaeth yr hyn oedd yn haws ac yn fwy diogel na pheidio â'i wneud.

Il suo sviluppo, o forse il suo ritorno ai vecchi istinti, fu rapido.
Roedd ei ddatblygiad—neu efallai ei ddychweliad at hen reddfau—yn gyflym.

I suoi muscoli si indurirono fino a diventare forti come il ferro.
Caledodd ei gyhyrau nes eu bod yn teimlo mor gryf â haearn.

Non gli importava più del dolore, a meno che non fosse grave.
Nid oedd yn poeni mwyach am boen, oni bai ei fod yn ddifrifol.

Divenne efficiente dentro e fuori, senza sprecare nulla.
Daeth yn effeithlon y tu mewn a'r tu allan, heb wastraffu dim o gwbl.

Poteva mangiare cose disgustose, marce o difficili da digerire.
Gallai fwyta pethau ffiaidd, pydredig, neu anodd eu treulio.

Qualunque cosa mangiasse, il suo stomaco ne sfruttava ogni singolo pezzetto di valore.
Beth bynnag a fwytaodd, defnyddiodd ei stumog bob darn olaf o werth.

Il suo sangue trasportava i nutrienti in tutto il suo potente corpo.
Roedd ei waed yn cludo'r maetholion ymhell trwy ei gorff pwerus.

Ciò gli ha permesso di sviluppare tessuti forti che gli hanno conferito un'incredibile resistenza.

Adeiladodd hyn feinweoedd cryf a roddodd ddygnwch anhygoel iddo.

La sua vista e il suo olfatto diventarono molto più sensibili di prima.

Daeth ei olwg a'i arogl yn llawer mwy sensitif nag o'r blaen.

Il suo udito diventò così acuto che riusciva a percepire anche i suoni più deboli durante il sonno.

Tyfodd ei glyw mor finiog nes iddo allu canfod synau gwan yn ei gwsg.

Nei sogni sapeva se quei suoni significavano sicurezza o pericolo.

Roedd yn gwybod yn ei freuddwydion a oedd y synau'n golygu diogelwch neu berygl.

Imparò a mordere con i denti il ghiaccio tra le dita dei piedi.

Dysgodd frathu'r iâ rhwng ei fysedd traed â'i ddannedd.

Se una pozza d'acqua si ghiacciava, lui rompeva il ghiaccio con le gambe.

Pe bai twll dŵr yn rhewi, byddai'n torri'r iâ â'i goesau.

Si impennò e colpì duramente il ghiaccio con gli arti anteriori rigidi.

Cododd i fyny a tharo'r iâ yn galed â'i goesau blaen anystwyth.

La sua abilità più sorprendente era quella di prevedere i cambiamenti del vento durante la notte.

Ei allu mwyaf trawiadol oedd rhagweld newidiadau yn y gwynt dros nos.

Anche quando l'aria era immobile, sceglieva luoghi riparati dal vento.

Hyd yn oed pan oedd yr awyr yn llonydd, dewisodd fannau wedi'u cysgodi rhag y gwynt.

Ovunque scavasse il nido, il vento del giorno dopo lo superava.

Lle bynnag y cloddiodd ei nyth, byddai gwynt y diwrnod canlynol yn mynd heibio iddo.

Alla fine si ritrovava sempre al sicuro e protetto, al riparo dal vento.

Byddai bob amser yn gorffen yn glyd ac yn amddiffynnol, i ochr gysgodol y gwynt.

Buck non solo imparò dall'esperienza: anche il suo istinto tornò.

Nid trwy brofiad yn unig y dysgodd Buck—dychwelodd ei reddfau hefyd.

Le abitudini delle generazioni addomesticate cominciarono a scomparire.

Dechreuodd arferion cenedlaethau dof ddirywio.

Ricordava vagamente i tempi antichi della sua razza.

Mewn ffyrdd amwys, cofiai hen amseroedd ei frîd.

Ripensò a quando i cani selvatici correvano in branco nelle foreste.

Meddyliodd yn ôl i'r adeg pan oedd cŵn gwyllt yn rhedeg mewn heidiau trwy goedwigoedd.

Avevano inseguito e ucciso la loro preda mentre la inseguivano.

Roedden nhw wedi erlid a lladd eu hysglyfaeth wrth ei rhedeg i lawr.

Per Buck fu facile imparare a combattere con forza e velocità.

Roedd hi'n hawdd i Buck ddysgu sut i ymladd â dannedd a chyflymder.

Come i suoi antenati, usava tagli, squarci e schiocchi rapidi.

Defnyddiodd doriadau, slaesau, a snapiau cyflym yn union fel ei hynafiaid.

Quegli antenati si risvegliarono in lui e risvegliarono la sua natura selvaggia.

Deffrodd yr hynafiaid hynny ynddo a deffrodd ei natur wyllt.

Le loro vecchie abilità gli erano state trasmesse attraverso la linea di sangue.

Roedd eu hen sgiliau wedi trosglwyddo iddo trwy'r llinach.

Ora i loro trucchi erano suoi, senza bisogno di pratica o sforzo.

Ei eiddo ef oedd eu triciau nawr, heb unrhyw angen ymarfer na ymdrech.

Nelle notti fredde e tranquille, Buck sollevava il naso e ululò.
Ar nosweithiau llonydd, oer, cododd Buck ei drwyn ac udo.
Ululò a lungo e profondamente, come facevano i lupi tanto tempo fa.
Udodd yn hir ac yn ddwfn, fel yr oedd bleiddiaid wedi gwneud amser maith yn ôl.
Attraverso di lui, i suoi antenati defunti puntarono il naso e ululararono.
Trwyddo ef, roedd ei hynafiaid marw yn pwyntio eu trwynau ac yn udo.
Hanno ululato attraverso i secoli con la sua voce e la sua forma.
Roedden nhw'n udo i lawr trwy'r canrifoedd yn ei lais a'i siâp.
Le sue cadenze erano le loro, vecchi gridi che parlavano di dolore e di freddo.
Ei gadensau oedd yn eiddo iddynt, hen gri a adroddai alar ac oerfel.
Cantavano dell'oscurità, della fame e del significato dell'inverno.
Canon nhw am dywyllwch, am newyn, ac ystyr y gaeaf.
Buck ha dimostrato come la vita sia plasmata da forze che vanno oltre noi stessi,
Profodd Buck sut mae bywyd yn cael ei siapio gan rymoedd y tu hwnt i'r unigolyn,
l'antico canto risuonò nelle vene di Buck e si impadronì della sua anima.
cododd y gân hynafol trwy Buck a chymryd gafael yn ei enaid.
Ritrovò se stesso perché gli uomini avevano trovato l'oro nel Nord.
Daeth o hyd iddo'i hun oherwydd bod dynion wedi dod o hyd i aur yn y Gogledd.
E lo trovò perché Manuel, l'aiutante giardiniere, aveva bisogno di soldi.
Ac fe'i cafodd ei hun oherwydd bod angen arian ar Manuel, cynorthwyydd y garddwr.

La Bestia Primordiale Dominante
Y Bwystfil Cyntefig Trechol

La bestia primordiale dominante era più forte che mai in Buck.
Roedd y bwystfil cyntefig dominyddol mor gryf ag erioed yn Buck.
Ma la bestia primordiale dominante era rimasta dormiente in lui.
Ond roedd y bwystfil cyntefig dominyddol wedi gorwedd yn segur ynddo.
La vita sui sentieri era dura, ma rafforzava la bestia che era in Buck.
Roedd bywyd ar y llwybr yn galed, ond fe gryfhaodd yr anifail y tu mewn i Buck.
Segretamente la bestia diventava sempre più forte ogni giorno.
Yn gyfrinachol, tyfodd y bwystfil yn gryfach ac yn gryfach bob dydd.
Ma quella crescita interiore è rimasta nascosta al mondo esterno.
Ond arhosodd y twf mewnol hwnnw'n gudd i'r byd y tu allan.
Una forza primordiale calma e silenziosa si stava formando dentro Buck.
Roedd grym cyntefig tawel a thawel yn adeiladu y tu mewn i Buck.
Una nuova astuzia diede a Buck equilibrio, calma e compostezza.
Rhoddodd cyfrwystra newydd gydbwysedd, rheolaeth dawel, a hunanbwysedd i Buck.
Buck si concentrò molto sull'adattamento, senza mai sentirsi completamente rilassato.
Canolbwyntiodd Buck yn galed ar addasu, heb deimlo byth yn gwbl ymlacio.
Evitava i conflitti, non iniziava mai litigi e non cercava mai guai.

Roedd yn osgoi gwrthdaro, heb byth ddechrau ymladd, na cheisio trafferth.

Ogni mossa di Buck era scandita da una riflessione lenta e costante.

Roedd meddylgarwch araf, cyson yn llywio pob symudiad gan Buck.

Evitava scelte avventate e decisioni improvvise e sconsiderate.

Osgoodd ddewisiadau brysiog a phenderfyniadau sydyn, dihid.

Sebbene Buck odiasse profondamente Spitz, non gli mostrò alcuna aggressività.

Er bod Buck yn casáu Spitz yn fawr, ni ddangosodd unrhyw ymddygiad ymosodol iddo.

Buck non provocò mai Spitz e mantenne le sue azioni moderate.

Ni wnaeth Buck byth gythruddo Spitz, a chadwodd ei weithredoedd yn gyfyngedig.

Spitz, d'altro canto, percepì il pericolo crescente in Buck.

Ar y llaw arall, roedd Spitz yn teimlo'r perygl cynyddol yn Buck.

Vedeva Buck come una minaccia e una seria sfida al suo potere.

Roedd yn gweld Buck fel bygythiad ac yn her ddifrifol i'w bŵer.

Coglieva ogni occasione per ringhiare e mostrare i suoi denti aguzzi.

Defnyddiodd bob cyfle i gwingo a dangos ei ddannedd miniog.

Stava cercando di dare inizio allo scontro mortale che sarebbe dovuto avvenire.

Roedd yn ceisio cychwyn yr ymladd angheuol a oedd yn rhaid iddo ddod.

All'inizio del viaggio, tra loro scoppiò quasi una lite.

Yn gynnar yn y daith, bu bron i ymladd ddechrau rhyngddynt.

Ma un incidente inaspettato impedì che il combattimento avesse luogo.
Ond fe wnaeth damwain annisgwyl atal y frwydr rhag digwydd.
Quella sera si accamparono sul gelido lago Le Barge.
Y noson honno fe wnaethon nhw sefydlu gwersyll ar Lyn Le Barge, sy'n chwerw o oer.
La neve cadeva fitta e il vento era tagliente come una lama.
Roedd yr eira'n disgyn yn galed, a'r gwynt yn torri fel cyllell.
La notte era scesa troppo in fretta e l'oscurità li aveva avvolti.
Roedd y nos wedi dod yn rhy gyflym, ac roedd tywyllwch yn eu hamgylchynu.
Difficilmente avrebbero potuto scegliere un posto peggiore per riposare.
Prin y gallent fod wedi dewis lle gwaeth i orffwys.
I cani cercavano disperatamente un posto dove sdraiarsi.
Chwiliodd y cŵn yn daer am le i orwedd.
Dietro il piccolo gruppo si ergeva un'alta parete rocciosa.
Cododd wal graig dal yn serth y tu ôl i'r grŵp bach.
Per alleggerire il carico, la tenda era stata lasciata a Dyea.
Roedd y babell wedi cael ei gadael ar ôl yn Dyea i ysgafnhau'r baich.
Non avevano altra scelta che accendere il fuoco direttamente sul ghiaccio.
Nid oedd ganddyn nhw ddewis ond gwneud y tân ar y rhew ei hun.
Stendevano i loro accappatoi direttamente sul lago ghiacciato.
Fe wnaethon nhw ledaenu eu gwisgoedd cysgu yn uniongyrchol ar y llyn wedi rhewi.
Qualche pezzo di legno galleggiante dava loro un po' di fuoco.
Rhoddodd ychydig o ffyn o goed drifft ychydig o dân iddyn nhw.
Ma il fuoco è stato acceso sul ghiaccio e attraverso di esso si è scongelato.
Ond cafodd y tân ei gynnau ar y rhew, a dadmer drwyddo.

Alla fine cenarono al buio.
Yn y diwedd roedden nhw'n bwyta eu swper yn y tywyllwch.
Buck si rannicchiò accanto alla roccia, al riparo dal vento freddo.
Cyrlodd Buck i fyny wrth ymyl y graig, wedi'i gysgodi rhag y gwynt oer.
Il posto era così caldo e sicuro che Buck non voleva andarsene.
Roedd y fan mor gynnes a diogel nes bod Buck yn casáu symud i ffwrdd.
Ma François aveva scaldato il pesce e stava distribuendo le razioni.
Ond roedd François wedi cynhesu'r pysgod ac yn dosbarthu bwyd.
Buck finì di mangiare in fretta e tornò a letto.
Gorffennodd Buck fwyta'n gyflym, a dychwelodd i'w wely.
Ma Spitz ora giaceva dove Buck aveva preparato il suo letto.
Ond roedd Spitz bellach yn gorwedd lle roedd Buck wedi gwneud ei wely.
Un ringhio basso avvertì Buck che Spitz si rifiutava di muoversi.
Rhybuddiodd grwgnach isel Buck fod Spitz yn gwrthod symud.
Finora Buck aveva evitato lo scontro con Spitz.
Hyd yn hyn, roedd Buck wedi osgoi'r frwydr hon gyda Spitz.
Ma nel profondo di Buck la bestia alla fine si liberò.
Ond yn ddwfn y tu mewn i Buck torrodd y bwystfil yn rhydd o'r diwedd.
Il furto del suo posto letto era troppo da tollerare.
Roedd lladrad ei le cysgu yn ormod i'w oddef.
Buck si lanciò contro Spitz, pieno di rabbia e furore.
Taflodd Buck ei hun at Spitz, yn llawn dicter a chynddaredd.
Fino a quel momento Spitz aveva pensato che Buck fosse solo un grosso cane.
Hyd at hyn roedd Spitz wedi meddwl mai dim ond ci mawr oedd Buck.

Non pensava che Buck fosse sopravvissuto grazie al suo spirito.
Doedd e ddim yn meddwl bod Buck wedi goroesi trwy ei ysbryd.
Si aspettava paura e codardia, non furia e vendetta.
Roedd yn disgwyl ofn a llwfrgi, nid cynddaredd a dial.
François rimase a guardare mentre entrambi i cani schizzavano fuori dal nido in rovina.
Syllodd François wrth i'r ddau gi ffrwydro o'r nyth adfeiliedig.
Capì subito cosa aveva scatenato quella violenta lotta.
Deallodd ar unwaith beth oedd wedi cychwyn yr frwydr wyllt.
"Aa-ah!" gridò François in sostegno del cane marrone.
"Aa-ah!" gwaeddodd François i gefnogi'r ci brown.
"Dategli una bella lezione! Per Dio, punite quel ladro furbo!"
"Rhowch guro iddo! Wrth Dduw, cosbwch y lleidr cyfrwys yna!"
Spitz dimostrò altrettanta prontezza e fervore nel combattere.
Dangosodd Spitz yr un parodrwydd ac awydd gwyllt i ymladd.
Gridò di rabbia mentre girava velocemente in tondo, cercando un varco.
Gwaeddodd mewn cynddaredd wrth gylchu'n gyflym, yn chwilio am agoriad.
Buck mostrò la stessa fame di combattere e la stessa cautela.
Dangosodd Buck yr un awydd i ymladd, a'r un gofal.
Anche lui girò intorno al suo avversario, cercando di avere la meglio nella battaglia.
Cylchodd ei wrthwynebydd hefyd, gan geisio cael y llaw uchaf yn y frwydr.
Poi accadde qualcosa di inaspettato e cambiò tutto.
Yna digwyddodd rhywbeth annisgwyl a newidiodd bopeth.
Quel momento ritardò l'eventuale lotta per la leadership.
Gohiriodd y foment honno'r frwydr yn y pen draw am yr arweinyddiaeth.

Ci sarebbero ancora molti chilometri di sentiero e di lotta da percorrere prima della fine.
Roedd milltiroedd lawer o lwybr a brwydr yn dal i aros cyn y diwedd.
Perrault urlò un'imprecazione mentre una mazza colpiva l'osso.
Gwaeddodd Perrault lw wrth i glwb daro yn erbyn asgwrn.
Seguì un acuto grido di dolore, poi il caos esplose tutt'intorno.
Dilynodd sgrech miniog o boen, yna ffrwydrodd anhrefn o gwmpas.
Forme scure si muovevano nell'accampamento: husky selvatici, affamati e feroci.
Symudodd siapiau tywyll yn y gwersyll; husgïau gwyllt, llwglyd a ffyrnig.
Quattro o cinque dozzine di husky avevano fiutato l'accampamento da molto lontano.
Roedd pedwar neu bum dwsin o husgiaid wedi arogli'r gwersyll o bell.
Si erano introdotti furtivamente mentre i due cani litigavano lì vicino.
Roedden nhw wedi sleifio i mewn yn dawel tra bod y ddau gi yn ymladd gerllaw.
François e Perrault si lanciarono all'attacco, colpendo con i manganelli gli invasori.
Ymosododd François a Perrault, gan chwifio clybiau at y goresgynwyr.
Gli husky affamati mostrarono i denti e si dibatterono freneticamente.
Dangosodd yr hyscis newynog ddannedd ac ymladd yn ôl mewn cynddaredd.
L'odore della carne e del pane li aveva fatti superare ogni paura.
Roedd arogl cig a bara wedi eu gyrru heibio i bob ofn.
Perrault picchiò un cane che aveva nascosto la testa nella buca delle vivande.

Curodd Perrault gi a oedd wedi claddu ei ben yn y blwch bwyd.

Il colpo fu violento e la scatola si ribaltò, facendo fuoriuscire il cibo.

Tarodd yr ergyd yn galed, a throwyd y blwch, gan ollwng bwyd allan.

Nel giro di pochi secondi, una ventina di bestie feroci si avventarono sul pane e sulla carne.

Mewn eiliadau, rhwygodd sgôr o fwystfilod gwyllt y bara a'r cig.

I bastoni degli uomini sferrarono un colpo dopo l'altro, ma nessun cane si allontanò.

Glaniodd clybiau'r dynion ergyd ar ôl ergyd, ond ni throdd yr un ci i ffwrdd.

Urlavano di dolore, ma continuarono a lottare finché non rimase più cibo.

Uddon nhw mewn poen, ond ymladdon nhw nes nad oedd bwyd ar ôl.

Nel frattempo i cani da slitta erano saltati giù dalle loro culle innevate.

Yn y cyfamser, roedd y cŵn sled wedi neidio o'u gwelyau eiraog.

Furono immediatamente attaccati dai feroci e affamati husky.

Ymosodwyd arnyn nhw ar unwaith gan yr huskies llwglyd creulon.

Buck non aveva mai visto prima creature così selvagge e affamate.

Nid oedd Buck erioed wedi gweld creaduriaid mor wyllt a newynog o'r blaen.

La loro pelle pendeva flaccida, nascondendo a malapena lo scheletro.

Roedd eu croen yn hongian yn llac, prin yn cuddio eu sgerbydau.

C'era un fuoco nei loro occhi, per fame e follia

Roedd tân yn eu llygaid, o newyn a gwallgofrwydd

Non c'era modo di fermarli, di resistere al loro assalto selvaggio.
Doedd dim modd eu hatal; dim modd gwrthsefyll eu rhuthr gwyllt.
I cani da slitta vennero spinti indietro e premuti contro la parete della scogliera.
Gwthiwyd y cŵn sled yn ôl, wedi'u gwasgu yn erbyn wal y clogwyn.
Tre husky attaccarono Buck contemporaneamente, lacerandogli la carne.
Ymsododd tri husg ar Buck ar unwaith, gan rwygo i'w gnawd.
Il sangue gli colava dalla testa e dalle spalle, dove era stato tagliato.
Llifodd gwaed o'i ben a'i ysgwyddau, lle'r oedd wedi cael ei dorri.
Il rumore riempì l'accampamento: ringhi, guaiti e grida di dolore.
Llenwodd y sŵn y gwersyll; grwgnach, gweiddi, a llefain o boen.
Billee pianse forte, come al solito, presa dal panico e dalla mischia.
Gwaeddodd Billee yn uchel, fel arfer, wedi'i dal yn y ffrae a'r panig.
Dave e Solleks rimasero fianco a fianco, sanguinanti ma con aria di sfida.
Safodd Dave a Solleks ochr yn ochr, yn gwaedu ond yn herfeiddiol.
Joe lottava come un demonio, mordendo tutto ciò che gli si avvicinava.
Ymladdodd Joe fel cythraul, gan frathu unrhyw beth a ddaeth yn agos.
Con un violento schiocco di mascelle schiacciò la zampa di un husky.
Malodd goes huski gydag un snap creulon o'i ên.
Pike saltò sull'husky ferito e gli ruppe il collo all'istante.

Neidiodd Pike ar yr husky clwyfedig a thorri ei wddf ar unwaith.
Buck afferrò un husky per la gola e gli strappò la vena.
Gafaelodd Buck mewn ci bach wrth ei wddf a rhwygo drwyddo.
Il sangue schizzò e il sapore caldo mandò Buck in delirio.
Taflodd gwaed, a gyrrodd y blas cynnes Buck i wallgofrwydd.
Si lanciò contro un altro aggressore senza esitazione.
Taflodd ei hun at ymosodwr arall heb betruso.
Nello stesso momento, denti aguzzi si conficcarono nella gola di Buck.
Ar yr un foment, cloddiodd dannedd miniog i wddf Buck ei hun.
Spitz aveva colpito di lato, attaccando senza preavviso.
Roedd Spitz wedi taro o'r ochr, gan ymosod heb rybudd.
Perrault e François avevano sconfitto i cani rubando il cibo.
Roedd Perrault a François wedi trechu'r cŵn oedd yn dwyn y bwyd.
Ora si precipitarono ad aiutare i loro cani a respingere gli aggressori.
Nawr fe wnaethon nhw ruthro i helpu eu cŵn i ymladd yn ôl yr ymosodwyr.
I cani affamati si ritirarono mentre gli uomini roteavano i loro manganelli.
Ciliodd y cŵn llwglyd wrth i'r dynion siglo eu clybiau.
Buck riuscì a liberarsi dall'attacco, ma la fuga fu breve.
Torrodd Buck yn rhydd o'r ymosodiad, ond byr oedd y dihangfa.
Gli uomini corsero a salvare i loro cani e gli husky tornarono ad attaccarli.
Rhedodd y dynion i achub eu cŵn, a heidiodd yr hysgis eto.
Billee, spaventato e coraggioso, si lanciò nel branco di cani.
Neidiodd Billee, wedi'i ddychryn nes iddo ddangos dewrder, i mewn i'r haid o gŵn.
Ma poi fuggì attraverso il ghiaccio, in preda al terrore e al panico.
Ond yna ffodd ar draws yr iâ, mewn braw a phanig crai.

Pike e Dub li seguirono da vicino, correndo per salvarsi la vita.
Dilynodd Pike a Dub yn agos ar eu hôl, gan redeg am eu bywydau.
Il resto della squadra si disperse e li inseguì.
Torrodd a gwasgarodd gweddill y tîm, gan eu dilyn ar eu hôl.
Buck raccolse le forze per correre, ma poi vide un lampo.
Casglodd Buck ei nerth i redeg, ond yna gwelodd fflach.
Spitz si lanciò verso Buck, cercando di buttarlo a terra.
Neidiodd Spitz at ochr Buck, gan geisio ei daro i'r llawr.
Sotto quella banda di husky, Buck non avrebbe avuto scampo.
O dan y dorf honno o huskies, ni fyddai gan Buck unrhyw ddihangfa.
Ma Buck rimase fermo e si preparò al colpo di Spitz.
Ond safodd Buck yn gadarn ac yn paratoi am yr ergyd gan Spitz.
Poi si voltò e corse sul ghiaccio con la squadra in fuga.
Yna trodd a rhedeg allan ar y rhew gyda'r tîm oedd yn ffoi.

Più tardi i nove cani da slitta si radunarono al riparo del bosco.
Yn ddiweddarach, ymgasglodd y naw ci sled yng nghysgod y coed.
Nessuno li inseguiva più, ma erano malconci e feriti.
Doedd neb yn eu hymlid mwyach, ond cawsant eu curo a'u hanafu.
Ogni cane presentava delle ferite: quattro o cinque tagli profondi su ogni corpo.
Roedd gan bob ci glwyfau; pedwar neu bum toriad dwfn ar bob corff.
Dub aveva una zampa posteriore ferita e ora faceva fatica a camminare.
Roedd gan Dub goes ôl wedi'i hanafu ac roedd yn ei chael hi'n anodd cerdded nawr.
Dolly, l'ultimo cane arrivato da Dyea, aveva la gola tagliata.
Roedd gan Dolly, y ci newydd o Dyea, wddf wedi'i dorri.

Joe aveva perso un occhio e l'orecchio di Billee era stato tagliato a pezzi
Roedd Joe wedi colli llygad, ac roedd clust Billee wedi'i thorri'n ddarnau.
Tutti i cani piansero per il dolore e la sconfitta durante la notte.
Gwaeddodd yr holl gŵn mewn poen a threchu drwy gydol y nos.
All'alba tornarono lentamente all'accampamento, doloranti e distrutti.
Gyda'r wawr fe sleifiasant yn ôl i'r gwersyll, yn ddolurus ac wedi torri.
Gli husky erano scomparsi, ma il danno era fatto.
Roedd yr hysgi wedi diflannu, ond roedd y difrod wedi'i wneud.
Perrault e François erano di pessimo umore e osservavano le rovine.
Safai Perrault a François mewn hwyliau drwg dros yr adfail.
Metà del cibo era sparito, rubato dai ladri affamati.
Roedd hanner y bwyd wedi mynd, wedi'i gipio gan y lladron newynog.
Gli husky avevano strappato le corde e la tela della slitta.
Roedd yr hyscis wedi rhwygo trwy rwymiadau sled a chynfas.
Tutto ciò che aveva odore di cibo era stato divorato completamente.
Roedd unrhyw beth ag arogl bwyd wedi'i ddifa'n llwyr.
Mangiarono un paio di stivali da viaggio in pelle di alce di Perrault.
Fe wnaethon nhw fwyta pâr o esgidiau teithio croen elc Perrault.
Hanno masticato le pelli e rovinato i cinturini rendendoli inutilizzabili.
Fe wnaethon nhw gnoi reisiau lledr a difetha strapiau y tu hwnt i ddefnydd.
François smise di fissare la frusta strappata per controllare i cani.

Stopiodd François syllu ar yr amrant wedi'i rhwygo i wirio'r cŵn.

«Ah, amici miei», disse con voce bassa e preoccupata.

"A, fy ffrindiau," meddai, ei lais yn isel ac yn llawn pryder.

"Forse tutti questi morsi vi trasformeranno in bestie pazze."

"Efallai y bydd yr holl frathiadau hyn yn eich troi'n fwystfilod gwallgof."

"Forse tutti cani rabbiosi, sacredam! Che ne pensi, Perrault?"

"Efallai pob cŵn gwallgof, cysegredig! Beth wyt ti'n ei feddwl, Perrault?"

Perrault scosse la testa, con gli occhi scuri per la preoccupazione e la paura.

Ysgwydodd Perrault ei ben, ei lygaid yn dywyll gyda phryder ac ofn.

C'erano ancora quattrocento miglia tra loro e Dawson.

Roedd pedwar cant milltir yn dal i fod rhyngddynt a Dawson.

La follia dei cani potrebbe ormai distruggere ogni possibilità di sopravvivenza.

Gallai gwallgofrwydd cŵn nawr ddinistrio unrhyw siawns o oroesi.

Hanno passato due ore a imprecare e a cercare di riparare l'attrezzatura.

Treulion nhw ddwy awr yn rhegi ac yn ceisio trwsio'r offer.

La squadra ferita alla fine lasciò l'accampamento, distrutta e sconfitta.

Gadawodd y tîm clwyfedig y gwersyll o'r diwedd, wedi torri ac wedi'u trechu.

Questo è stato il sentiero più duro finora e ogni passo è stato doloroso.

Dyma oedd y llwybr anoddaf eto, ac roedd pob cam yn boenus.

Il fiume Thirty Mile non era ghiacciato e scorreva impetuoso.

Nid oedd Afon Trideg Milltir wedi rhewi, ac roedd yn rhuthro'n wyllt.

Soltanto nei punti calmi e nei vortici il ghiaccio riusciva a resistere.

Dim ond mewn mannau tawel a throbyllau troellog y llwyddodd iâ i ddal.

Trascorsero sei giorni di duro lavoro per percorrere le trenta miglia.

Aeth chwe diwrnod o lafur caled heibio nes cwblhau'r tri deg milltir.

Ogni miglio del sentiero porta con sé pericoli e minacce di morte.

Roedd pob milltir o'r llwybr yn dod â pherygl a bygythiad marwolaeth.

Uomini e cani rischiavano la vita a ogni passo doloroso.

Risgiodd y dynion a'r cŵn eu bywydau gyda phob cam poenus.

Perrault riuscì a superare i sottili ponti di ghiaccio una dozzina di volte.

Torrodd Perrault trwy bontydd iâ tenau dwsin o weithiau gwahanol.

Prese un palo e lo lasciò cadere nel buco creato dal suo corpo.

Cariodd bolyn a'i adael i ddisgyn ar draws y twll a wnaeth ei gorff.

Quel palo salvò Perrault più di una volta dall'annegamento.

Mwy nag unwaith y gwnaeth y polyn hwnnw achub Perrault rhag boddi.

L'ondata di freddo persisteva, la temperatura era di cinquanta gradi sotto zero.

Parhaodd y cyfnod oer yn gadarn, roedd yr awyr yn hanner cant gradd islaw sero.

Ogni volta che cadeva, Perrault era costretto ad accendere un fuoco per sopravvivere.

Bob tro y byddai'n syrthio i mewn, roedd rhaid i Perrault gynnau tân i oroesi.

Gli abiti bagnati si congelavano rapidamente, perciò li faceva asciugare vicino al calore cocente.

Roedd dillad gwlyb yn rhewi'n gyflym, felly fe'u sychodd ger gwres poeth.

Perrault non provava mai paura, e questo faceva di lui un corriere.
Ni chyffyrddodd unrhyw ofn â Perrault erioed, a dyna a'i gwnaeth yn negesydd.
Fu scelto per affrontare il pericolo e lo affrontò con silenziosa determinazione.
Fe'i dewiswyd ar gyfer perygl, ac fe'i cyfarfu â phenderfyniad tawel.
Si spinse in avanti controvento, con il viso raggrinzito e congelato.
Gwthiodd ymlaen i'r gwynt, ei wyneb crebachlyd wedi'i rewi.
Perrault li guidò in avanti dall'alba al tramonto.
O wawr wan hyd fachlud nos, arweiniodd Perrault nhw ymlaen.
Camminava sul ghiaccio sottile che scricchiolava a ogni passo.
Cerddodd ar rew ymyl cul a oedd yn cracio gyda phob cam.
Non osavano fermarsi: ogni pausa rischiava di provocare un crollo mortale.
Ni feiddiodd y ddau stopio—roedd pob saib yn peryglu cwymp angheuol.
Una volta la slitta si ruppe, trascinando dentro Dave e Buck.
Un tro torrodd y sled drwodd, gan dynnu Dave a Buck i mewn.
Quando furono liberati, entrambi erano quasi congelati.
Erbyn iddyn nhw gael eu llusgo'n rhydd, roedd y ddau bron wedi rhewi.
Gli uomini accesero rapidamente un fuoco per salvare Buck e Dave.
Cynhyrchodd y dynion dân yn gyflym i gadw Buck a Dave yn fyw.
I cani erano ricoperti di ghiaccio dal naso alla coda, rigidi come legno intagliato.
Roedd y cŵn wedi'u gorchuddio â iâ o'u trwyn i'w gynffon, mor stiff â phren cerfledig.
Gli uomini li fecero correre in cerchio vicino al fuoco per scongelarne i corpi.

Rhedodd y dynion nhw mewn cylchoedd ger y tân i ddadmer eu cyrff.

Si avvicinarono così tanto alle fiamme che la loro pelliccia rimase bruciacchiata.

Daethant mor agos at y fflamau nes i'w ffwr llosgi.

Spitz ruppe poi il ghiaccio, trascinando dietro di sé la squadra.

Torrodd Spitz drwy'r iâ nesaf, gan lusgo'r tîm y tu ôl iddo.

La frenata arrivava fino al punto in cui Buck stava tirando.

Cyrhaeddodd y toriad yr holl ffordd i fyny at ble roedd Buck yn tynnu.

Buck si appoggiò bruscamente allo schienale, con le zampe che scivolavano e tremavano sul bordo.

Pwysodd Buck yn ôl yn galed, ei bawennau'n llithro ac yn crynu ar yr ymyl.

Anche Dave si sforzò all'indietro, proprio dietro Buck sulla linea.

Straeniodd Dave yn ôl hefyd, ychydig y tu ôl i Buck ar y llinell.

François tirava la slitta e i suoi muscoli scricchiolavano per lo sforzo.

Tynnodd François ar y sled, ei gyhyrau'n cracio gydag ymdrech.

Un'altra volta, il ghiaccio del bordo si è crepato davanti e dietro la slitta.

Tro arall, craciodd iâ ar yr ymyl o flaen ac y tu ôl i'r sled.

Non avevano altra via d'uscita se non quella di arrampicarsi su una parete ghiacciata.

Doedd ganddyn nhw ddim ffordd allan heblaw dringo wal clogwyn wedi rhewi.

In qualche modo Perrault riuscì a scalare il muro: un miracolo lo tenne in vita.

Rywsut fe ddringodd Perrault y wal; cadwodd gwyrth ef yn fyw.

François rimase sottocoperta, pregando che gli capitasse la stessa fortuna.

Arhosodd François isod, gan weddïo am yr un math o lwc.

Legarono ogni cinghia, legatura e tirante in un'unica lunga corda.
Fe wnaethon nhw glymu pob strap, clymu, ac ôl yn un rhaff hir.
Gli uomini trascinarono i cani uno alla volta fino in cima.
Llusgodd y dynion bob ci i fyny, un ar y tro i'r copa.
François salì per ultimo, dopo la slitta e tutto il carico.
Dringodd François olaf, ar ôl y sled a'r llwyth cyfan.
Poi iniziò una lunga ricerca di un sentiero che scendesse dalle scogliere.
Yna dechreuodd chwiliad hir am lwybr i lawr o'r clogwyni.
Alla fine scesero utilizzando la stessa corda che avevano costruito.
Fe wnaethon nhw ddisgyn yn y diwedd gan ddefnyddio'r un rhaff yr oeddent wedi'i gwneud.
Scese la notte mentre tornavano al letto del fiume, esausti e doloranti.
Syrthiodd y nos wrth iddynt ddychwelyd i wely'r afon, wedi blino'n lân ac yn ddolurus.
Avevano impiegato un giorno intero per percorrere solo un quarto di miglio.
Dim ond chwarter milltir o enillion yr oedd y diwrnod cyfan wedi'u hennill iddynt.
Quando giunsero all'Hootalinqua, Buck era sfinito.
Erbyn iddyn nhw gyrraedd yr Hootalinqua, roedd Buck wedi blino'n lân.
Anche gli altri cani soffrivano le stesse condizioni del sentiero.
Dioddefodd y cŵn eraill yr un mor ddrwg o ganlyniad i amodau'r llwybr.
Ma Perrault aveva bisogno di recuperare tempo e li spingeva avanti giorno dopo giorno.
Ond roedd angen i Perrault adennill amser, a'u gwthio ymlaen bob dydd.
Il primo giorno percorsero trenta miglia fino a Big Salmon.
Y diwrnod cyntaf fe deithiasant ddeg ar hugain milltir i Big Salmon.

Il giorno dopo percorsero trentacinque miglia fino a Little Salmon.
Y diwrnod canlynol teithion nhw bum milltir ar hugain i Little Salmon.
Il terzo giorno percorsero quaranta miglia ghiacciate.
Ar y trydydd diwrnod fe wthiasant trwy ddeugain milltir hir wedi rhewi.
A quel punto si stavano avvicinando all'insediamento di Five Fingers.
Erbyn hynny, roedden nhw'n agosáu at anheddiad Five Fingers.

I piedi di Buck erano più morbidi di quelli duri degli husky autoctoni.
Roedd traed Buck yn feddalach na thraed caled yr huskïau brodorol.
Le sue zampe erano diventate tenere nel corso di molte generazioni civilizzate.
Roedd ei bawennau wedi tyfu'n dyner dros lawer o genedlaethau gwaraidd.
Molto tempo fa, i suoi antenati erano stati addomesticati dagli uomini del fiume o dai cacciatori.
Amser maith yn ôl, roedd ei hynafiaid wedi cael eu dofi gan ddynion afonydd neu helwyr.
Ogni giorno Buck zoppicava per il dolore, camminando con le zampe screpolate e doloranti.
Bob dydd roedd Buck yn cloffi mewn poen, gan gerdded ar bawennau crai, dolurus.
Giunto all'accampamento, Buck cadde come un corpo senza vita sulla neve.
Yn y gwersyll, syrthiodd Buck fel ffurf ddifywyd ar yr eira.
Sebbene fosse affamato, Buck non si alzò per consumare il pasto serale.
Er ei fod yn llwgu, ni chododd Buck i fwyta ei bryd nos.
François portò la sua razione a Buck, mettendogli del pesce vicino al muso.

Daeth François â'i ddogn i Buck, gan osod pysgod wrth ei drwyn.

Ogni notte l'autista massaggiava i piedi di Buck per mezz'ora.

Bob nos byddai'r gyrrwr yn rhwbio traed Buck am hanner awr.

François arrivò persino a tagliare i suoi mocassini per farne delle calzature per cani.

Roedd François hyd yn oed yn torri ei foccasinau ei hun i wneud esgidiau cŵn.

Quattro scarpe calde diedero a Buck un grande e gradito sollievo.

Rhoddodd pedwar esgid gynnes ryddhad mawr a chroesawgar i Buck.

Una mattina François dimenticò le scarpe e Buck si rifiutò di alzarsi.

Un bore, anghofiodd François yr esgidiau, a gwrthododd Buck godi.

Buck giaceva sulla schiena, con i piedi in aria, e li agitava in modo pietoso.

Gorweddodd Buck ar ei gefn, ei draed yn yr awyr, yn eu chwifio'n druenus.

Persino Perrault sorrise alla vista dell'appello drammatico di Buck.

Gwenodd hyd yn oed Perrault wrth weld deisyfiad dramatig Buck.

Ben presto i piedi di Buck diventarono duri e le scarpe poterono essere tolte.

Yn fuan caledodd traed Buck, a gellid taflu'r esgidiau.

A Pelly, durante il periodo in cui veniva imbrigliata, Dolly emise un ululato terribile.

Yn Pelly, yn ystod amser harnais, gollyngodd Dolly udo ofnadwy.

Il grido era lungo e pieno di follia, e fece tremare tutti i cani.

Roedd y crio yn hir ac yn llawn gwallgofrwydd, gan ysgwyd pob ci.

Ogni cane si rizzava per la paura, senza capirne il motivo.

Roedd pob ci yn byrlymu mewn ofn heb wybod y rheswm.
Dolly era impazzita e si era scagliata contro Buck.
Roedd Dolly wedi mynd yn wallgof ac wedi taflu ei hun yn syth at Buck.
Buck non aveva mai visto la follia, ma l'orrore gli riempì il cuore.
Nid oedd Buck erioed wedi gweld gwallgofrwydd, ond roedd arswyd yn llenwi ei galon.
Senza pensarci due volte, si voltò e fuggì in preda al panico più assoluto.
Heb unrhyw feddwl, trodd a ffodd mewn panig llwyr.
Dolly lo inseguì, con gli occhi selvaggi e la saliva che le colava dalle fauci.
Roedd Dolly yn ei erlid, ei llygaid yn wyllt, poer yn hedfan o'i genau.
Si tenne sempre dietro a Buck, senza mai guadagnare terreno e senza mai indietreggiare.
Cadwodd yn union y tu ôl i Buck, heb byth ennill a heb byth syrthio yn ôl.
Buck corse attraverso i boschi, giù per l'isola, sul ghiaccio frastagliato.
Rhedodd Buck drwy goedwigoedd, i lawr yr ynys, ar draws iâ garw.
Attraversò un'isola, poi un'altra, per poi tornare indietro verso il fiume.
Croesodd i ynys, yna un arall, gan gylchu yn ôl at yr afon.
Dolly continuava a inseguirlo, ringhiando sempre più forte a ogni passo.
Roedd Dolly yn dal i'w erlid, ei grwgnach yn agos y tu ôl iddi ar bob cam.
Buck poteva sentire il suo respiro e la sua rabbia, anche se non osava voltarsi indietro.
Gallai Buck glywed ei hanadl a'i chynddaredd, er na feiddiodd edrych yn ôl.
François gridò da lontano e Buck si voltò verso la voce.
Gwaeddodd François o bell, a throdd Buck tuag at y llais.

Ancora senza fiato, Buck corse oltre, riponendo ogni speranza in François.

Yn dal i anadlu'n galed, rhedodd Buck heibio, gan roi pob gobaith yn François.

Il conducente del cane sollevò un'ascia e aspettò che Buck gli passasse accanto.

Cododd y gyrrwr ci fwyell ac aros wrth i Buck hedfan heibio.

L'ascia calò rapidamente e colpì la testa di Dolly con forza mortale.

Daeth y fwyell i lawr yn gyflym a tharo pen Dolly gyda grym angheuol.

Buck crollò vicino alla slitta, ansimando e incapace di muoversi.

Cwympodd Buck ger y sled, yn gwichian ac yn methu symud.

Quel momento diede a Spitz la possibilità di colpire un nemico esausto.

Rhoddodd y foment honno gyfle i Spitz daro gelyn blinedig.

Morse Buck due volte, strappandogli la carne fino all'osso bianco.

Brathodd Buck ddwywaith, gan rwygo cnawd i lawr hyd at yr asgwrn gwyn.

La frusta di François schioccò, colpendo Spitz con tutta la sua forza, con furia.

Craciodd chwip François, gan daro Spitz â nerth llawn, cynddeiriog.

Buck guardò con gioia Spitz mentre riceveva il pestaggio più duro fino a quel momento.

Gwyliodd Buck gyda llawenydd wrth i Spitz dderbyn ei guro mwyaf llym eto.

«È un diavolo, quello Spitz», borbottò Perrault tra sé e sé.

"Mae e'n ddiawl, y Spitz yna," sibrydodd Perrault yn dywyll wrtho'i hun.

"Un giorno o l'altro, quel cane maledetto ucciderà Buck, lo giuro."

"Rhyw ddiwrnod yn fuan, bydd y ci melltigedig hwnnw'n lladd Buck—dw i'n addo hynny."

«Quel Buck ha due diavoli dentro di sé», rispose François annuendo.

"Mae gan y Buck yna ddau ddiawl ynddo," atebodd François gan nodio.

"Quando osservo Buck, so che dentro di lui si cela qualcosa di feroce."

"Pan fydda i'n gwylio Buck, dwi'n gwybod bod rhywbeth ffyrnig yn aros ynddo."

"Un giorno, si infurierà come il fuoco e farà a pezzi Spitz."

"Rhyw ddiwrnod, bydd yn mynd yn wallgof fel tân ac yn rhwygo Spitz yn ddarnau."

"Masticherà quel cane e lo sputerà sulla neve ghiacciata."

"Bydd e'n cnoi'r ci yna i fyny ac yn ei boeri ar yr eira wedi rhewi."

"Certo, lo so fin nel profondo."

"Yn sicr fel unrhyw beth, rwy'n gwybod hyn yn ddwfn yn fy esgyrn."

Da quel momento in poi, i due cani furono in guerra tra loro.

O'r foment honno ymlaen, roedd y ddau gi wedi'u clymu mewn rhyfel.

Spitz guidava la squadra e deteneva il potere, ma Buck lo sfidava.

Spitz oedd arweinydd y tîm ac yn dal y grym, ond heriodd Buck hynny.

Spitz si rese conto che il suo rango era minacciato da questo strano straniero del Sud.

Gwelodd Spitz ei reng yn cael ei bygwth gan y dieithryn rhyfedd hwn o'r De.

Buck era diverso da tutti i cani del sud che Spitz aveva conosciuto fino ad allora.

Roedd Buck yn wahanol i unrhyw gi deheuol yr oedd Spitz wedi'i adnabod o'r blaen.

La maggior parte di loro fallì: troppo deboli per sopravvivere al freddo e alla fame.

Methodd y rhan fwyaf ohonyn nhw—rhy wan i oroesi trwy oerfel a newyn.

Morirono rapidamente a causa del lavoro, del gelo e del lento bruciare della carestia.
Buont farw'n gyflym dan lafur, rhew, a llosgiad araf newyn.
Buck si distingueva: ogni giorno più forte, più intelligente e più selvaggio.
Safodd Buck ar wahân—yn gryfach, yn ddoethach, ac yn fwy gwyllt bob dydd.
Ha prosperato nonostante le difficoltà, crescendo al pari degli husky del nord.
Ffynnodd ar galedi, gan dyfu i gyd-fynd â'r huskies gogleddol.
Buck era dotato di forza, abilità straordinaria e un istinto paziente e letale.
Roedd gan Buck gryfder, sgil gwyllt, a greddf amyneddgar, farwol.
L'uomo con la mazza aveva annientato Buck per fargli perdere la temerarietà.
Roedd y dyn gyda'r clwb wedi curo brysgrwydd allan o Buck.
La furia cieca se n'era andata, sostituita da un'astuzia silenziosa e dal controllo.
Roedd cynddaredd dall wedi diflannu, wedi'i ddisodli gan gyfrwystra tawel a rheolaeth.
Attese, calmo e primordiale, in attesa del momento giusto.
Arhosodd, yn dawel ac yn gyntefig, yn gwylio am yr eiliad iawn.
La loro lotta per il comando divenne inevitabile e chiara.
Daeth eu brwydr am orchymyn yn anochel ac yn glir.
Buck desiderava la leadership perché il suo spirito la richiedeva.
Roedd Buck yn dymuno arweinyddiaeth oherwydd bod ei ysbryd yn mynnu hynny.
Era spinto da quello strano orgoglio che nasceva dal sentiero e dall'imbracatura.
Cafodd ei yrru gan y balchder rhyfedd a aned o lwybr a harnais.
Quell'orgoglio faceva sì che i cani tirassero fino a crollare sulla neve.

Roedd y balchder hwnnw'n gwneud i gŵn dynnu nes iddyn nhw gwympo ar yr eira.
L'orgoglio li spinse a dare tutta la forza che avevano.
Roedd balchder yn eu denu i roi'r holl nerth oedd ganddyn nhw.
L'orgoglio può trascinare un cane da slitta fino al punto di ucciderlo.
Gall balchder ddenu ci sled hyd yn oed i'r pwynt o farwolaeth.
Perdere l'imbracatura rendeva i cani deboli e senza scopo.
Gadawodd colli'r harnais gŵn wedi torri a heb bwrpas.
Il cuore di un cane da slitta può essere spezzato dalla vergogna quando va in pensione.
Gall calon ci sled gael ei falu gan gywilydd pan fyddant yn ymddeol.
Dave viveva con questo orgoglio mentre trascinava la slitta da dietro.
Roedd Dave yn byw yn ôl y balchder hwnnw wrth iddo lusgo'r sled o'r tu ôl.
Anche Solleks diede il massimo con cupa forza e lealtà.
Rhoddodd Solleks, hefyd, ei bopeth gyda chryfder a theyrngarwch llwm.
Ogni mattina l'orgoglio li trasformava da amareggiati a determinati.
Bob bore, byddai balchder yn eu troi o chwerw i benderfynol.
Spinsero per tutto il giorno, poi tacquero una volta giunti alla fine dell'accampamento.
Fe wnaethon nhw wthio drwy'r dydd, yna mynd yn dawel ar ben y gwersyll.
Quell'orgoglio diede a Spitz la forza di mettere in riga i fannulloni.
Rhoddodd y balchder hwnnw'r nerth i Spitz guro'r rhai oedd yn osgoi talu'r gorau i'r llinell.
Spitz temeva Buck perché Buck nutriva lo stesso profondo orgoglio.
Roedd Spitz yn ofni Buck oherwydd bod Buck yn cario'r un balchder dwfn hwnnw.

L'orgoglio di Buck ora si agitò contro Spitz, ma lui non si fermò.
Cyffroodd balchder Buck yn erbyn Spitz nawr, ac ni pheidiodd.
Buck sfidò il potere di Spitz e gli impedì di punire i cani.
Heriodd Buck bŵer Spitz a'i rwystro rhag cosbi cŵn.
Quando gli altri fallivano, Buck si frapponeva tra loro e il loro capo.
Pan fethodd eraill, camodd Buck rhyngddynt a'u harweinydd.
Lo fece con intenzione, rendendo la sua sfida aperta e chiara.
Gwnaeth hyn gyda bwriad, gan wneud ei her yn agored ac yn glir.
Una notte una forte nevicata coprì il mondo in un profondo silenzio.
Un noson roedd eira trwm yn gorchuddio'r byd mewn distawrwydd dwfn.
La mattina dopo, Pike, pigro come sempre, non si alzò per andare al lavoro.
Y bore wedyn, ni chododd Pike, mor ddiog ag erioed, i fynd i weithio.
Rimase nascosto nel suo nido sotto uno spesso strato di neve.
Arhosodd wedi'i guddio yn ei nyth o dan haen drwchus o eira.
François gridò e cercò, ma non riuscì a trovare il cane.
Galwodd François allan a chwilio, ond methodd â dod o hyd i'r ci.
Spitz si infuriò e si scagliò contro l'accampamento coperto di neve.
Cynddeiriogodd Spitz a rhuthrodd drwy'r gwersyll oedd wedi'i orchuddio ag eira.
Ringhiò e annusò, scavando freneticamente con gli occhi fiammeggianti.
Grwgnachodd a sniffian, gan gloddio'n wallgof â llygaid llachar.
La sua rabbia era così violenta che Pike tremava sotto la neve per la paura.

Roedd ei gynddaredd mor ffyrnig nes i Pike grynu o dan yr eira mewn ofn.

Quando finalmente Pike fu trovato, Spitz si lanciò per punire il cane nascosto.

Pan gafodd Pike ei ddarganfod o'r diwedd, rhuthrodd Spitz i gosbi'r ci oedd yn cuddio.

Ma Buck si scagliò tra loro con una furia pari a quella di Spitz.

Ond neidiodd Buck rhyngddynt â chynddaredd cyfartal â chynddaredd Spitz ei hun.

L'attacco fu così improvviso e astuto che Spitz cadde a terra.

Roedd yr ymosodiad mor sydyn a chlyfar nes i Spitz syrthio oddi ar ei draed.

Pike, che tremava, trasse coraggio da questa sfida.

Cymerodd Pike, a oedd wedi bod yn crynu, ddewrder o'r herfeiddiad hwn.

Seguendo l'audace esempio di Buck, saltò sullo Spitz caduto.

Neidiodd ar y Spitz a syrthiodd, gan ddilyn esiampl feiddgar Buck.

Buck, non più vincolato dall'equità, si unì allo sciopero di Spitz.

Ymunodd Buck, heb fod yn rhwym i degwch mwyach, â'r streic ar Spitz.

François, divertito ma fermo nella disciplina, agitò la sua pesante frusta.

François, wedi'i ddiddanu ond yn gadarn ei ddisgyblaeth, siglodd ei chwipiad trwm.

Colpì Buck con tutta la sua forza per interrompere la rissa.

Trawodd Buck â'i holl nerth i dorri'r frwydr i fyny.

Buck si rifiutò di muoversi e rimase in groppa al capo caduto.

Gwrthododd Buck symud ac arhosodd ar ben yr arweinydd a syrthiodd.

François allora usò il manico della frusta e colpì Buck con violenza.

Yna defnyddiodd François handlen y chwip, gan daro Buck yn galed.

Barcollando per il colpo, Buck cadde all'indietro sotto l'assalto.
Gan syfrdanu o'r ergyd, syrthiodd Buck yn ôl o dan yr ymosodiad.
François colpì più volte mentre Spitz puniva Pike.
Tarodd François dro ar ôl tro tra bod Spitz yn cosbi Pike.

Passarono i giorni e Dawson City si avvicinava sempre di più.
Aeth dyddiau heibio, a daeth Dinas Dawson yn agosach ac yn agosach.
Buck continuava a intromettersi, infilandosi tra Spitz e gli altri cani.
Daliodd Buck i ymyrryd, gan lithro rhwng Spitz a chŵn eraill.
Sceglieva bene i suoi momenti, aspettando sempre che François se ne andasse.
Dewisodd ei fomentiau'n ddoeth, gan aros bob amser i François adael.
La ribellione silenziosa di Buck si diffuse e il disordine prese piede nella squadra.
Lledaenodd gwrthryfel tawel Buck, a gwreiddiodd anhrefn yn y tîm.
Dave e Solleks rimasero leali, ma altri diventarono indisciplinati.
Arhosodd Dave a Solleks yn ffyddlon, ond daeth eraill yn afreolus.
La squadra peggiorò: divenne irrequieta, litigiosa e fuori luogo.
Aeth y tîm yn waeth—yn aflonydd, yn ffraeo, ac allan o drefn.
Ormai niente filava liscio e le liti diventavano all'ordine del giorno.
Doedd dim byd yn gweithio'n esmwyth mwyach, a daeth ymladd yn gyffredin.
Buck rimase sempre al centro dei guai, provocando disordini.
Arhosodd Buck yng nghanol y drafferth, gan ysgogi aflonyddwch bob amser.

François rimase vigile, temendo la lotta tra Buck e Spitz.
Arhosodd François yn effro, yn ofni'r frwydr rhwng Buck a Spitz.

Ogni notte veniva svegliato da zuffe e temeva che finalmente fosse arrivato l'inizio.
Bob nos, byddai ffraeo yn ei ddeffro, gan ofni bod y dechrau o'r diwedd wedi cyrraedd.

Balzò fuori dalla veste, pronto a interrompere la rissa.
Neidiodd o'i wisg, yn barod i dorri'r frwydr i ben.

Ma il momento non arrivò mai e alla fine raggiunsero Dawson.
Ond ni ddaeth yr eiliad, ac fe gyrhaeddon nhw Dawson o'r diwedd.

La squadra entrò in città in un pomeriggio cupo, teso e silenzioso.
Daeth y tîm i mewn i'r dref un prynhawn llwm, yn llawn tyndra ac yn dawel.

La grande battaglia per la leadership era ancora sospesa nell'aria gelida.
Roedd y frwydr fawr am arweinyddiaeth yn dal i hongian yn yr awyr wedi rhewi.

Dawson era piena di uomini e cani da slitta, tutti impegnati nel lavoro.
Roedd Dawson yn llawn dynion a chŵn sled, pob un yn brysur gyda gwaith.

Buck osservava i cani trainare i carichi dalla mattina alla sera.
Gwyliodd Buck y cŵn yn tynnu llwythi o'r bore tan y nos.

Trasportavano tronchi e legna da ardere e spedivano rifornimenti alle miniere.
Roedden nhw'n cludo boncyffion a choed tân, ac yn cludo cyflenwadau i'r mwyngloddiau.

Nel Southland, dove un tempo lavoravano i cavalli, ora lavoravano i cani.
Lle roedd ceffylau ar un adeg yn gweithio yn y De, roedd cŵn bellach yn llafurio.

Buck vide alcuni cani provenienti dal Sud, ma la maggior parte erano husky simili a lupi.
Gwelodd Buck rai cŵn o'r De, ond roedd y rhan fwyaf yn husgïau tebyg i fleiddiaid.
Di notte, puntuali come un orologio, i cani alzavano la voce e cantavano.
Yn y nos, fel clocwaith, cododd y cŵn eu lleisiau mewn cân.
Alle nove, a mezzanotte e di nuovo alle tre, il canto cominciò.
Am naw, am hanner nos, ac eto am dri, dechreuodd y canu.
Buck amava unirsi al loro canto inquietante, selvaggio e antico nel suono.
Roedd Buck wrth ei fodd yn ymuno â'u siant brawychus, yn wyllt ac yn hynafol o ran sain.
L'aurora fiammeggiava, le stelle danzavano e la neve ricopriva la terra.
Fflamiodd yr awrora, dawnsiodd y sêr, ac roedd eira yn gorchuddio'r tir.
Il canto dei cani si elevava come un grido contro il silenzio e il freddo pungente.
Cododd cân y cŵn fel cri yn erbyn distawrwydd ac oerfel chwerw.
Ma il loro urlo esprimeva tristezza, non sfida, in ogni lunga nota.
Ond roedd eu udo yn cynnwys tristwch, nid herfeiddiad, ym mhob nodyn hir.
Ogni lamento era pieno di supplica: il peso stesso della vita.
Roedd pob llefain yn llawn erfyn; baich bywyd ei hun.
Quella canzone era vecchia, più vecchia delle città e più vecchia degli incendi
Roedd y gân honno'n hen—yn hŷn na threfi, ac yn hŷn na thanau
Quel canto era più antico perfino delle voci degli uomini.
Roedd y gân honno'n hynafol hyd yn oed na lleisiau dynion.
Era una canzone del mondo dei giovani, quando tutte le canzoni erano tristi.
Cân o'r byd ifanc ydoedd, pan oedd pob cân yn drist.

La canzone porta con sé il dolore di innumerevoli generazioni di cani.
Roedd y gân yn cario tristwch gan genedlaethau di-rif o gŵn.
Buck percepì profondamente la melodia, gemendo per un dolore radicato nei secoli.
Teimlodd Buck y alaw yn ddwfn, gan ochain o boen sydd â gwreiddiau yn yr oesoedd.
Singhiozzava per un dolore antico quanto il sangue selvaggio nelle sue vene.
Wynodd o alar mor hen â'r gwaed gwyllt yn ei wythiennau.
Il freddo, l'oscurità e il mistero toccarono l'anima di Buck.
Cyffyrddodd yr oerfel, y tywyllwch, a'r dirgelwch ag enaid Buck.
Quella canzone dimostrava quanto Buck fosse tornato alle sue origini.
Profodd y gân honno pa mor bell yr oedd Buck wedi dychwelyd at ei wreiddiau.
Tra la neve e gli ululati aveva trovato l'inizio della sua vita.
Drwy eira ac udo roedd wedi dod o hyd i ddechrau ei fywyd ei hun.

Sette giorni dopo l'arrivo a Dawson, ripartirono.
Saith diwrnod ar ôl cyrraedd Dawson, fe gychwynnon nhw unwaith eto.
La squadra si è lanciata dalla caserma fino allo Yukon Trail.
Gollyngodd y tîm o'r Barics i lawr i Lwybr Yukon.
Iniziarono il viaggio di ritorno verso Dyea e Salt Water.
Dechreuon nhw'r daith yn ôl tuag at Dyea a Dŵr Halen.
Perrault trasmise dispacci ancora più urgenti di prima.
Cludodd Perrault anfonebau hyd yn oed yn fwy brys nag o'r blaen.
Era anche preso dall'orgoglio per la corsa e puntava a stabilire un record.
Cafodd ei gipio gan falchder llwybr hefyd a'i anelu at osod record.
Questa volta Perrault aveva diversi vantaggi.
Y tro hwn, roedd sawl mantais ar ochr Perrault.

I cani avevano riposato per un'intera settimana e avevano ripreso le forze.
Roedd y cŵn wedi gorffwys am wythnos gyfan ac wedi adennill eu cryfder.

La pista che avevano tracciato era ora battuta da altri.
Roedd y llwybr yr oeddent wedi'i dorri bellach wedi'i bacio'n galed gan eraill.

In alcuni punti la polizia aveva immagazzinato cibo sia per i cani che per gli uomini.
Mewn mannau, roedd yr heddlu wedi storio bwyd i gŵn a dynion fel ei gilydd.

Perrault viaggiava leggero, si muoveva velocemente e aveva poco a cui aggrapparsi.
Teithiodd Perrault yn ysgafn, gan symud yn gyflym heb fawr ddim i'w bwyso i lawr.

La prima sera raggiunsero la Sixty-Mile, una corsa lunga 50 miglia.
Cyrhaeddon nhw Sixty-Mile, rhediad o bum deg milltir, erbyn y noson gyntaf.

Il secondo giorno risalirono rapidamente lo Yukon in direzione di Pelly.
Ar yr ail ddiwrnod, fe wnaethon nhw ruthro i fyny afon Yukon tuag at Pelly.

Ma questi grandi progressi comportarono anche molta fatica per François.
Ond daeth cynnydd mor dda â llawer o straen i François.

La ribellione silenziosa di Buck aveva infranto la disciplina della squadra.
Roedd gwrthryfel tawel Buck wedi chwalu disgyblaeth y tîm.

Non si univano più come un'unica bestia al comando.
Nid oeddent bellach yn tynnu at ei gilydd fel un bwystfil yn yr awenau.

Buck aveva spinto altri alla sfida con il suo coraggioso esempio.
Roedd Buck wedi arwain eraill i herfeiddiad trwy ei esiampl feiddgar.

L'ordine di Spitz non veniva più accolto con timore o rispetto.
Ni chafodd gorchymyn Spitz ei gyfarfod â ofn na pharch mwyach.
Gli altri persero ogni timore reverenziale nei suoi confronti e osarono opporsi al suo governo.
Collodd y lleill eu parch tuag ato a meiddiodd wrthsefyll ei reolaeth.
Una notte, Pike rubò mezzo pesce e lo mangiò sotto gli occhi di Buck.
Un noson, lladratodd Pike hanner pysgodyn a'i fwyta o dan lygad Buck.
Un'altra notte, Dub e Joe combatterono contro Spitz e rimasero impuniti.
Noson arall, ymladdodd Dub a Joe â Spitz ac aethant heb eu cosbi.
Anche Billee gemette meno dolcemente e mostrò una nuova acutezza.
Roedd hyd yn oed Billee yn cwyno'n llai melys a dangosodd finiogrwydd newydd.
Buck ringhiava a Spitz ogni volta che si incrociavano.
Byddai Buck yn gwingo ar Spitz bob tro bydden nhw'n croesi llwybrau.
L'atteggiamento di Buck divenne audace e minaccioso, quasi come quello di un bullo.
Tyfodd agwedd Buck yn feiddgar ac yn fygythiol, bron fel bwli.
Camminava avanti e indietro davanti a Spitz con un'andatura spavalda e piena di minaccia beffarda.
Cerddodd o flaen Spitz gyda braw, yn llawn bygythiad gwatwarus.
Questo crollo dell'ordine si diffuse anche tra i cani da slitta.
Lledaenodd y cwymp trefn hwnnw ymhlith y cŵn sled hefyd.
Litigarono e discussero più che mai, riempiendo l'accampamento di rumore.
Fe wnaethon nhw ymladd a dadlau mwy nag erioed, gan lenwi'r gwersyll â sŵn.

Ogni notte la vita nel campeggio si trasformava in un caos selvaggio e ululante.
Trodd bywyd y gwersyll yn anhrefn gwyllt, udo bob nos.
Solo Dave e Solleks rimasero fermi e concentrati.
Dim ond Dave a Solleks arhosodd yn gyson ac yn ffocws.
Ma anche loro diventarono irascibili a causa delle continue risse.
Ond hyd yn oed nhw a ddaeth yn fyr eu tymer oherwydd yr ymladd cyson.
François imprecò in lingue strane e batté i piedi per la frustrazione.
Melltithiodd François mewn ieithoedd dieithr a sathrodd mewn rhwystredigaeth.
Si strappò i capelli e urlò mentre la neve gli volava sotto i piedi.
Rhwygodd ei wallt a gweiddi tra bod eira'n hedfan dan draed.
La sua frusta schioccò contro il gruppo, ma a malapena riuscì a tenerli in riga.
Crynhaodd ei chwip ar draws y pecyn ond prin y cadwodd nhw yn y llinell.
Ogni volta che voltava le spalle, la lotta ricominciava.
Pryd bynnag y trodd ei gefn, byddai'r ymladd yn dechrau eto.
François usò la frusta per Spitz, mentre Buck guidava i ribelli.
Defnyddiodd François y chwipiad i Spitz, tra bod Buck yn arwain y gwrthryfelwyr.
Ognuno conosceva il ruolo dell'altro, ma Buck evitava di addossare ogni colpa.
Roedd pob un yn gwybod rôl y llall, ond roedd Buck yn osgoi unrhyw fai.
François non ha mai colto Buck mentre iniziava una rissa o si sottraeva al suo lavoro.
Ni ddaliodd François Buck erioed yn dechrau ymladd nac yn osgoi ei swydd.
Buck lavorava duramente ai finimenti: la fatica ora gli dava entusiasmo.

Gweithiodd Buck yn galed mewn harnais—roedd y llafur bellach yn cyffroi ei ysbryd.

Ma trovava ancora più gioia nel fomentare risse e caos nell'accampamento.

Ond cafodd hyd yn oed mwy o lawenydd wrth ysgogi ymladd ac anhrefn yn y gwersyll.

Una sera, alla foce del Tahkeena, Dub spaventò un coniglio.

Wrth geg y Tahkeena un noson, dychrynodd Dub gwningen.

Mancò la presa e il coniglio con la racchetta da neve balzò via.

Collodd y dalfa, a neidiodd y gwningen esgidiau eira i ffwrdd.

Nel giro di pochi secondi, l'intera squadra di slitte si lanciò all'inseguimento, gridando a squarciagola.

Mewn eiliadau, rhoddodd y tîm sled cyfan ar eu hôl gyda sgrechiadau gwyllt.

Nelle vicinanze, un accampamento della polizia del nord-ovest ospitava cinquanta cani husky.

Gerllaw, roedd gwersyll Heddlu'r Gogledd-orllewin yn gartref i hanner cant o gŵn husky.

Si unirono alla caccia, scendendo insieme il fiume ghiacciato.

Ymunon nhw â'r helfa, gan lifo i lawr yr afon rewllyd gyda'i gilydd.

Il coniglio lasciò il fiume e fuggì lungo il letto ghiacciato di un ruscello.

Trodd y gwningen oddi ar yr afon, gan ffoi i fyny gwely nant wedi rhewi.

Il coniglio saltellava leggero sulla neve mentre i cani si facevano strada a fatica.

Neidiodd y gwningen yn ysgafn dros yr eira tra bod y cŵn yn ymdrechu drwodd.

Buck guidava l'enorme branco di sessanta cani attorno a ogni curva tortuosa.

Arweiniodd Buck y criw enfawr o drigain o gŵn o amgylch pob tro troellog.

Si spinse in avanti, basso e impaziente, ma non riuscì a guadagnare terreno.
Gwthiodd ymlaen, yn isel ac yn awyddus, ond ni allai ennill tir.
Il suo corpo brillava sotto la pallida luna a ogni potente balzo.
Fflachiodd ei gorff o dan y lleuad welw gyda phob naid bwerus.
Davanti a loro, il coniglio si muoveva come un fantasma, silenzioso e troppo veloce per essere catturato.
O'i flaen, symudodd y gwningen fel ysbryd, yn dawel ac yn rhy gyflym i'w dal.
Tutti quei vecchi istinti, la fame, l'eccitazione, attraversarono Buck.
Rhuthrodd yr holl hen reddfau hynny—y newyn, y wefr—trwy Buck.
A volte gli esseri umani avvertono questo istinto e sono spinti a cacciare con armi da fuoco e proiettili.
Mae bodau dynol yn teimlo'r reddf hon ar brydiau, wedi'u gyrru i hela gyda gwn a bwled.
Ma Buck provava questa sensazione a un livello più profondo e personale.
Ond roedd Buck yn teimlo'r teimlad hwn ar lefel ddyfnach a mwy personol.
Non riuscivano a percepire la natura selvaggia nel loro sangue come Buck.
Ni allent deimlo'r gwyllt yn eu gwaed fel y gallai Buck ei deimlo.
Inseguiva la carne viva, pronto a uccidere con i denti e ad assaggiare il sangue.
Roedd yn erlid cig byw, yn barod i ladd â'i ddannedd a blasu gwaed.
Il suo corpo si tendeva per la gioia, desiderando immergersi nel caldo rosso della vita.
Roedd ei gorff yn straenio gan lawenydd, eisiau ymdrochi mewn bywyd coch cynnes.

Una strana gioia segna il punto più alto che la vita possa mai raggiungere.
Mae llawenydd rhyfedd yn nodi'r pwynt uchaf y gall bywyd ei gyrraedd erioed.
La sensazione di raggiungere un picco in cui i vivi dimenticano di essere vivi.
Y teimlad o uchafbwynt lle mae'r byw yn anghofio eu bod nhw hyd yn oed yn fyw.
Questa gioia profonda tocca l'artista immerso in un'ispirazione ardente.
Mae'r llawenydd dwfn hwn yn cyffwrdd â'r artist sydd ar goll mewn ysbrydoliaeth danbaid.
Questa gioia afferra il soldato che combatte selvaggiamente e non risparmia alcun nemico.
Mae'r llawenydd hwn yn gafael yn y milwr sy'n ymladd yn wyllt ac nad yw'n arbed unrhyw elyn.
Questa gioia ora colpì Buck mentre guidava il branco in preda alla fame primordiale.
Hawliodd y llawenydd hwn Buck nawr wrth iddo arwain y pecyn mewn newyn cyntefig.
Ululò con l'antico grido del lupo, emozionato per l'inseguimento.
Udodd gyda chri'r blaidd hynafol, wedi'i gyffroi gan yr helfa fyw.
Buck fece appello alla parte più antica di sé, persa nella natura selvaggia.
Tapiodd Buck i mewn i'r rhan hynaf ohono'i hun, ar goll yn y gwyllt.
Scavò in profondità dentro di sé, oltre la memoria, fino al tempo grezzo e antico.
Cyrhaeddodd yn ddwfn i'w fewn, atgofion y gorffennol, i amser crai, hynafol.
Un'ondata di vita pura pervase ogni muscolo e tendine.
Llifodd ton o fywyd pur trwy bob cyhyr a thendon.
Ogni salto gridava che viveva, che attraversava la morte.
Gwaeddodd pob naid ei fod wedi byw, ei fod wedi symud trwy farwolaeth.

Il suo corpo si librava gioioso su una terra immobile e fredda che non si muoveva mai.
Hedfanodd ei gorff yn llawen dros dir llonydd, oer nad oedd byth yn symud.
Spitz rimase freddo e astuto anche nei suoi momenti più selvaggi.
Arhosodd Spitz yn oer ac yn gyfrwys, hyd yn oed yn ei eiliadau mwyaf gwyllt.
Lasciò il sentiero e attraversò un terreno dove il torrente formava una curva ampia.
Gadawodd y llwybr a chroesi tir lle'r oedd y nant yn troi'n llydan.
Buck, ignaro di ciò, rimase sul sentiero tortuoso del coniglio.
Arhosodd Buck, heb fod yn ymwybodol o hyn, ar lwybr troellog y gwningen.
Poi, mentre Buck svoltava dietro una curva, il coniglio spettrale si trovò davanti a lui.
Yna, wrth i Buck droi tro, roedd y gwningen debyg i ysbryd o'i flaen.
Vide una seconda figura balzare dalla riva precedendo la preda.
Gwelodd ail ffigur yn neidio o'r lan o flaen yr ysglyfaeth.
La figura era Spitz, atterrato proprio sulla traiettoria del coniglio in fuga.
Spitz oedd y ffigur, yn glanio yn union yn llwybr y gwningen oedd yn ffoi.
Il coniglio non riuscì a girarsi e incontrò le fauci di Spitz a mezz'aria.
Ni allai'r gwningen droi a chyfarfu â genau Spitz yng nghanol yr awyr.
La spina dorsale del coniglio si spezzò con un grido acuto come il grido di un essere umano morente.
Torrodd asgwrn cefn y gwningen gyda sgrech mor finiog â chri bod dynol yn marw.
A quel suono, il passaggio dalla vita alla morte, il branco ululò forte.

Wrth y sŵn hwnnw—y cwymp o fywyd i farwolaeth—udodd y pecyn yn uchel.

Un coro selvaggio si levò da dietro Buck, pieno di oscura gioia.

Cododd côr gwyllt o y tu ôl i Buck, yn llawn hyfrydwch tywyll.

Buck non emise alcun grido, nessun suono e si lanciò dritto verso Spitz.

Ni roddodd Buck unrhyw waedd, dim sain, a rhuthrodd yn syth i Spitz.

Mirò alla gola, ma colpì invece la spalla.

Anelodd at y gwddf, ond trawodd yr ysgwydd yn lle hynny.

Caddero nella neve soffice, i loro corpi erano intrappolati in un combattimento.

Fe syrthiasant drwy eira meddal; eu cyrff wedi'u cloi mewn brwydr.

Spitz balzò in piedi rapidamente, come se non fosse mai stato atterrato.

Neidiodd Spitz i fyny'n gyflym, fel pe na bai erioed wedi'i daro i lawr o gwbl.

Colpì Buck alla spalla e poi balzò fuori dalla mischia.

Torrodd ysgwydd Buck, yna neidiodd i ffwrdd o'r frwydr.

Per due volte i suoi denti schioccarono come trappole d'acciaio, e le sue labbra si arricciarono e si fecero feroci.

Ddwywaith torrodd ei ddannedd fel trapiau dur, ei wefusau'n cyrliog ac yn ffyrnig.

Arretrò lentamente, cercando un terreno solido sotto i piedi.

Ciliodd yn araf, gan chwilio am dir cadarn dan ei draed.

Buck comprese il momento all'istante e pienamente.

Deallodd Buck y foment ar unwaith ac yn llwyr.

Il momento era giunto: la lotta sarebbe stata una lotta all'ultimo sangue.

Roedd yr amser wedi dod; roedd yr ymladd yn mynd i fod yn ymladd hyd at farwolaeth.

I due cani giravano in cerchio, ringhiando, con le orecchie piatte e gli occhi socchiusi.

Cylchodd y ddau gi, yn grwgnach, clustiau'n fflat, llygaid wedi'u culhau.
Ogni cane aspettava che l'altro mostrasse debolezza o facesse un passo falso.
Roedd pob ci yn aros i'r llall ddangos gwendid neu gamgymeriad.
Buck percepiva quella scena come stranamente nota e profondamente ricordata.
I Buck, roedd yr olygfa'n teimlo'n adnabyddus yn rhyfeddol ac yn cael ei chofio'n ddwfn.
I boschi bianchi, la terra fredda, la battaglia al chiaro di luna.
Y coed gwyn, y ddaear oer, y frwydr dan y lleuad.
Un silenzio pesante, profondo e innaturale riempiva la terra.
Llenwodd distawrwydd trwm y tir, yn ddwfn ac yn annaturiol.
Nessun vento si alzava, nessuna foglia si muoveva, nessun suono rompeva il silenzio.
Ni chyffroodd gwynt, ni symudodd dail, ni thorrodd sŵn y llonyddwch.
Il respiro dei cani si levava come fumo nell'aria gelida e silenziosa.
Cododd anadliadau'r cŵn fel mwg yn yr awyr rewedig, dawel.
Il coniglio era stato dimenticato da tempo dal branco di animali selvatici.
Anghofiwyd y gwningen ers tro gan y haid o anifeiliaid gwyllt.
Questi lupi semiaddomesticati ora stavano fermi in un ampio cerchio.
Roedd y bleiddiaid hanner-dof hyn bellach yn sefyll yn llonydd mewn cylch eang.
Erano silenziosi, solo i loro occhi luminosi rivelavano la loro fame.
Roedden nhw'n dawel, dim ond eu llygaid disglair a ddatgelodd eu newyn.
Il loro respiro saliva, mentre osservavano l'inizio dello scontro finale.

Drifftiodd eu hanadl i fyny, gan wylio'r frwydr olaf yn dechrau.

Per Buck questa battaglia era vecchia e attesa, per niente strana.

I Buck, roedd y frwydr hon yn hen ac yn ddisgwyliedig, ddim yn rhyfedd o gwbl.

Era come il ricordo di qualcosa che doveva accadere da sempre.

Roedd yn teimlo fel atgof o rywbeth a oedd i fod i ddigwydd erioed.

Spitz era un cane da combattimento addestrato, affinato da innumerevoli risse selvagge.

Ci ymladd hyfforddedig oedd Spitz, wedi'i hogi gan ymladdfeydd gwyllt dirifedi.

Dallo Spitzbergen al Canada, aveva sconfitto molti nemici.

O Spitzbergen i Ganada, roedd wedi gorchfygu llawer o elynion.

Era pieno di rabbia, ma non cedette mai il controllo alla rabbia.

Roedd yn llawn cynddaredd, ond ni roddodd reolaeth erioed i'w gynddaredd.

La sua passione era acuta, ma sempre temperata dal duro istinto.

Roedd ei angerdd yn finiog, ond bob amser wedi'i dymheru gan reddf galed.

Non ha mai attaccato finché non ha avuto la sua difesa pronta.

Ni ymosododd erioed nes bod ei amddiffyniad ei hun yn ei le.

Buck provò più volte a raggiungere il collo vulnerabile di Spitz.

Ceisiodd Buck dro ar ôl tro gyrraedd gwddf bregus Spitz.

Ma ogni colpo veniva accolto da un fendente dei denti affilati di Spitz.

Ond cafodd pob ergyd ei hatal gan ddannedd miniog Spitz.

Le loro zanne si scontrarono ed entrambi i cani sanguinarono dalle labbra lacerate.

Gwrthdarodd eu dannedd, a gwaedodd y ddau gi o wefusau wedi'u rhwygo.

Nonostante i suoi sforzi, Buck non riusciva a rompere la difesa.

Ni waeth faint y rhuthrodd Buck, ni allai dorri'r amddiffyniad.

Divenne sempre più furioso e si lanciò verso di lui con violente esplosioni di potenza.

Tyfodd yn fwy cynddeiriog, gan ruthro i mewn gyda ffrwydradau gwyllt o rym.

Buck colpì ripetutamente la bianca gola di Spitz.

Dro ar ôl tro, trawodd Buck am wddf gwyn Spitz.

Ogni volta Spitz schivava e contrattaccava con un morso tagliente.

Bob tro roedd Spitz yn osgoi ac yn taro'n ôl gyda brathiad sleisio.

Poi Buck cambiò tattica, avventandosi di nuovo come se volesse colpirlo alla gola.

Yna newidiodd Buck ei dactegau, gan ruthro fel pe bai am y gwddf eto.

Ma a metà attacco si è ritirato, girandosi per colpire di lato.

Ond fe dynnodd yn ôl yng nghanol ymosodiad, gan droi i ymosod o'r ochr.

Colpì Spitz con una spallata, con l'intento di buttarlo a terra.

Taflodd ei ysgwydd i Spitz, gan anelu at ei daro i lawr.

Ogni volta che ci provava, Spitz lo schivava e rispondeva con un fendente.

Bob tro y ceisiodd, byddai Spitz yn osgoi ac yn gwrthweithio gyda slaes.

La spalla di Buck si faceva scorticare mentre Spitz si liberava dopo ogni colpo.

Aeth ysgwydd Buck yn amrwd wrth i Spitz neidio'n glir ar ôl pob ergyd.

Spitz non era stato toccato, mentre Buck sanguinava dalle numerose ferite.

Nid oedd Spitz wedi cael ei gyffwrdd, tra bod Buck yn gwaedu o lawer o glwyfau.

Il respiro di Buck era affannoso e pesante, il suo corpo era viscido di sangue.
Daeth anadl Buck yn gyflym ac yn drwm, ei gorff yn llithrig â gwaed.
La lotta diventava più brutale a ogni morso e carica.
Trodd yr ymladd yn fwy creulon gyda phob brathiad a gwefr.
Attorno a loro, sessanta cani silenziosi aspettavano che il primo cadesse.
O'u cwmpas, roedd chwe deg o gŵn tawel yn aros i'r cyntaf syrthio.
Se un cane fosse caduto, il branco avrebbe posto fine alla lotta.
Pe bai un ci yn cwympo, byddai'r heid yn gorffen yr ymladd.
Spitz vide Buck indebolirsi e cominciò ad attaccare.
Gwelodd Spitz Buck yn gwanhau, a dechreuodd bwyso ar yr ymosodiad.
Mantenne Buck sbilanciato, costringendolo a lottare per restare in piedi.
Cadwodd Buck allan o gydbwysedd, gan ei orfodi i ymladd am ei droedle.
Una volta Buck inciampò e cadde, e tutti i cani si rialzarono.
Unwaith, baglodd Buck a syrthiodd, a chododd yr holl gŵn i fyny.
Ma Buck si raddrizzò a metà caduta e tutti ricaddero.
Ond unionodd Buck ei hun yng nghanol y cwymp, a suddodd pawb yn ôl i lawr.
Buck aveva qualcosa di raro: un'immaginazione nata da un profondo istinto.
Roedd gan Buck rywbeth prin — dychymyg wedi'i eni o reddf ddofn.
Combatté per istinto naturale, ma combatté anche con astuzia.
Ymladdodd trwy ysgogiad naturiol, ond ymladdodd hefyd â chyfrwystra.
Tornò ad attaccare come se volesse ripetere il trucco dell'attacco alla spalla.

Ymosododd eto fel pe bai'n ailadrodd ei dric ymosod ar ei ysgwydd.

Ma all'ultimo secondo si abbassò e passò sotto Spitz.
Ond ar yr eiliad olaf, gostyngodd yn isel a sgubo o dan Spitz.

I suoi denti si bloccarono sulla zampa anteriore sinistra di Spitz con uno schiocco.
Clodd ei ddannedd ar goes chwith flaen Spitz gyda chlec.

Spitz ora era instabile e il suo peso gravava solo su tre zampe.
Safodd Spitz yn ansicr nawr, ei bwysau ar dair coes yn unig.

Buck colpì di nuovo e tentò tre volte di atterrarlo.
Tarodd Buck eto, a cheisiodd dair gwaith ei daflu i lawr.

Al quarto tentativo ha usato la stessa mossa con successo
Ar y bedwaredd ymgais defnyddiodd yr un symudiad yn llwyddiannus.

Questa volta Buck riuscì a mordere la zampa destra di Spitz.
Y tro hwn llwyddodd Buck i frathu coes dde Spitz.

Spitz, benché storpio e in agonia, continuò a lottare per sopravvivere.
Er ei fod yn anabl ac mewn poen ofnadwy, parhaodd Spitz i frwydro i oroesi.

Vide il cerchio degli husky stringersi, con le lingue fuori e gli occhi luminosi.
Gwelodd gylch yr hysgi yn tynhau, eu tafodau allan, eu llygaid yn tywynnu.

Aspettarono di divorarlo, proprio come avevano fatto con gli altri.
Fe wnaethon nhw aros i'w ddifa, yn union fel yr oedden nhw wedi'i wneud i eraill.

Questa volta era lui al centro, sconfitto e condannato.
Y tro hwn, safodd yn y canol; wedi'i drechu a'i dynghedu.

Ormai il cane bianco non aveva più alcuna possibilità di fuga.
Doedd dim opsiwn i'r ci gwyn ddianc nawr.

Buck non mostrò alcuna pietà, perché la pietà non era a posto nella natura selvaggia.

Ni ddangosodd Buck unrhyw drugaredd, oherwydd nid oedd trugaredd yn perthyn i'r gwyllt.

Buck si mosse con cautela, preparandosi per la carica finale.

Symudodd Buck yn ofalus, gan baratoi ar gyfer yr ymosodiad olaf.

Il cerchio degli husky si stringeva; lui sentiva i loro respiri caldi.

Caeodd cylch y cŵn husg i mewn; teimlodd eu hanadl gynnes.

Si accovacciarono, pronti a scattare quando fosse giunto il momento.

Plygasant yn isel, yn barod i neidio pan ddeuai'r foment.

Spitz tremava nella neve, ringhiando e cambiando posizione.

Crynodd Spitz yn yr eira, gan grwgnach a newid ei ystum.

I suoi occhi brillavano, le labbra si arricciavano, i denti brillavano in un'espressione disperata e minacciosa.

Roedd ei lygaid yn disgleirio, ei wefusau'n cyrlio, ei ddannedd yn fflachio mewn bygythiad anobeithiol.

Barcollò, cercando ancora di resistere al freddo morso della morte.

Stagiodd, yn dal i geisio atal brathiad oer marwolaeth.

Aveva già visto situazioni simili, ma sempre dalla parte dei vincitori.

Roedd wedi gweld hyn o'r blaen, ond bob amser o'r ochr fuddugol.

Ora era dalla parte perdente; lo sconfitto; la preda; la morte.

Nawr roedd ar yr ochr goll; y trechedig; yr ysglyfaeth; marwolaeth.

Buck si preparò al colpo finale, mentre il cerchio dei cani si faceva sempre più stretto.

Cylchodd Buck am yr ergyd olaf, a gwasgodd y cylch o gŵn yn nes.

Poteva sentire i loro respiri caldi; erano pronti a uccidere.

Gallai deimlo eu hanadl boeth; yn barod i'w lladd.

Calò il silenzio; tutto era al suo posto; il tempo si era fermato.

Daeth llonyddwch; roedd popeth yn ei le; roedd amser wedi stopio.
Persino l'aria fredda tra loro si congelò per un ultimo istante.
Rhewodd hyd yn oed yr aer oer rhyngddynt am un eiliad olaf.
Soltanto Spitz si mosse, cercando di trattenere la sua fine amara.
Dim ond Spitz a symudodd, gan geisio atal ei ddiwedd chwerw.
Il cerchio dei cani si stava stringendo attorno a lui, come era suo destino.
Roedd cylch y cŵn yn cau o'i gwmpas, fel yr oedd ei dynged.
Ora era disperato, sapendo cosa stava per accadere.
Roedd mewn anobaith nawr, gan wybod beth oedd ar fin digwydd.
Buck balzò dentro e la sua spalla incontrò la sua spalla per l'ultima volta.
Neidiodd Buck i mewn, ysgwydd wrth ysgwydd am y tro olaf.
I cani si lanciarono in avanti, nascondendo Spitz nell'oscurità della neve.
Rhuthrodd y cŵn ymlaen, gan orchuddio Spitz yn y tywyllwch eiraog.
Buck osservava, eretto e fiero; il vincitore in un mondo selvaggio.
Gwyliodd Buck, yn sefyll yn dal; y buddugwr mewn byd gwyllt.
La bestia primordiale dominante aveva fatto la sua uccisione, e la aveva fatta bene.
Roedd y bwystfil cyntefig dominyddol wedi gwneud ei laddfa, ac roedd yn dda.

Colui che ha conquistato la maestria
Efe, yr hwn sydd wedi ennill i feistrolaeth

"Eh? Cosa ho detto? Dico la verità quando dico che Buck è un diavolo."
"E? Beth ddywedais i? Rwy'n dweud y gwir pan ddywedaf fod Buck yn ddiawl."
François raccontò questo la mattina dopo aver scoperto la scomparsa di Spitz.
Dywedodd François hyn y bore canlynol ar ôl canfod Spitz ar goll.
Buck rimase lì, coperto di ferite causate dal violento combattimento.
Safodd Buck yno, wedi'i orchuddio â chlwyfau o'r frwydr greulon.
François tirò Buck vicino al fuoco e indicò le ferite.
Tynnodd François Buck yn agos at y tân a phwyntio at yr anafiadau.
«Quello Spitz ha combattuto come il Devik», disse Perrault, osservando i profondi tagli.
"Ymladdodd y Spitz yna fel y Devik," meddai Perrault, gan syllu ar y clwyfau dwfn.
«E quel Buck si batteva come due diavoli», rispose subito François.
"Ac ymladdodd Buck fel dau ddiawl," atebodd François ar unwaith.
"Ora faremo buon passo; niente più Spitz, niente più guai."
"Nawr byddwn ni'n gwneud amser da; dim mwy o Spitz, dim mwy o drafferth."
Perrault stava preparando l'attrezzatura e caricò la slitta con cura.
Roedd Perrault yn pacio'r offer ac yn llwytho'r sled yn ofalus.
François bardò i cani per prepararli alla corsa della giornata.
Harneisiodd François y cŵn i baratoi ar gyfer rhediad y dydd.
Buck trotterellò dritto verso la posizione di testa, precedentemente occupata da Spitz.

Trotiodd Buck yn syth i'r safle blaenllaw a oedd unwaith yn nwylo Spitz.

Ma François, senza accorgersene, condusse Solleks in prima linea.

Ond François, heb sylwi, arweiniodd Solleks ymlaen i'r blaen.

Secondo François, Solleks era ora il miglior cane da corsa.

Ym marn François, Solleks oedd y ci arweiniol gorau bellach.

Buck si scagliò furioso contro Solleks e lo respinse indietro in segno di protesta.

Neidiodd Buck at Solleks mewn cynddaredd a'i yrru'n ôl mewn protest.

Si fermò dove un tempo si era fermato Spitz, rivendicando la posizione di comando.

Safodd lle roedd Spitz wedi sefyll ar un adeg, gan hawlio'r safle blaenllaw.

"Eh? Eh?" esclamò François, dandosi una pacca sulle cosce divertito.

"E? E?" gwaeddodd François, gan slapio'i gluniau mewn difyrrwch.

"Guarda Buck: ha ucciso Spitz, ora vuole prendersi il posto!"

"Edrychwch ar Buck—lladdodd Spitz, nawr mae eisiau cymryd y swydd!"

"Vattene via, Chook!" urlò, cercando di scacciare Buck.

"Dos i ffwrdd, Chook!" gwaeddodd, gan geisio gyrru Buck i ffwrdd.

Ma Buck si rifiutò di muoversi e rimase immobile nella neve.

Ond gwrthododd Buck symud a safodd yn gadarn yn yr eira.

François afferrò Buck per la collottola e lo trascinò da parte.

Gafaelodd François yn ei ysgwydd Buck, gan ei lusgo i'r ochr.

Buck ringhiò basso e minaccioso, ma non attaccò.

Grwgnachodd Buck yn isel ac yn fygythiol ond ni ymosododd.

François rimette Solleks in testa, cercando di risolvere la disputa

Rhoddodd François Solleks yn ôl ar y blaen, gan geisio datrys yr anghydfod.

Il vecchio cane mostrò paura di Buck e non voleva restare.
Dangosodd yr hen gi ofn Buck ac nid oedd am aros.
Quando François gli voltò le spalle, Buck scacciò di nuovo Solleks.
Pan drodd François ei gefn, gyrrodd Buck Solleks allan eto.
Solleks non oppose resistenza e si fece di nuovo da parte in silenzio.
Ni wrthwynebodd Solleks a chamodd o'r neilltu'n dawel unwaith eto.
François si arrabbiò e urlò: "Per Dio, ti sistemo!"
Daeth François yn flin a gweiddi, "Wrth Dduw, dw i'n dy drwsio di!"
Si avvicinò a Buck tenendo in mano una pesante mazza.
Daeth tuag at Buck gan ddal clwb trwm yn ei law.
Buck ricordava bene l'uomo con il maglione rosso.
Roedd Buck yn cofio'r dyn yn y siwmper goch yn dda.
Si ritirò lentamente, osservando François ma ringhiando profondamente.
Ciliodd yn araf, gan gwylio François, ond yn grwgnach yn ddwfn.
Non si affrettò a tornare indietro, nemmeno quando Solleks si mise al suo posto.
Ni frysiodd yn ôl, hyd yn oed pan safodd Solleks yn ei le.
Buck si girò in cerchio, appena fuori dalla sua portata, ringhiando furioso e protestando.
Cylchodd Buck ychydig y tu hwnt i gyrraedd, gan gwingo mewn cynddaredd a phrotest.
Teneva gli occhi fissi sulla mazza, pronto a schivare il colpo se François l'avesse lanciata.
Cadwodd ei lygaid ar y clwb, yn barod i osgoi pe bai François yn taflu.
Era diventato saggio e cauto nei confronti degli uomini che maneggiavano le armi.
Roedd wedi tyfu'n ddoeth ac yn wyliadwrus yn ffyrdd dynion ag arfau.
François si arrese e chiamò di nuovo Buck al suo vecchio posto.

Rhoddodd François y gorau iddi a galwodd Buck i'w hen le eto.

Ma Buck fece un passo indietro con cautela, rifiutandosi di obbedire all'ordine.

Ond camodd Buck yn ôl yn ofalus, gan wrthod ufuddhau i'r gorchymyn.

François lo seguì, ma Buck indietreggiò solo di pochi passi.

Dilynodd François, ond dim ond ychydig gamau pellach a giliai Buck.

Dopo un po' François gettò a terra l'arma, frustrato.

Ar ôl peth amser, taflodd François yr arf i lawr mewn rhwystredigaeth.

Pensava che Buck avesse paura di essere picchiato e che avrebbe fatto lo stesso senza far rumore.

Roedd yn meddwl bod Buck yn ofni cael ei guro ac roedd yn mynd i ddod yn dawel.

Ma Buck non stava evitando la punizione: stava lottando per ottenere un rango.

Ond nid oedd Buck yn osgoi cosb—roedd yn ymladd am reng.

Si era guadagnato il posto di capobranco combattendo fino alla morte

Roedd wedi ennill y lle fel ci arweiniol trwy ymladd hyd farwolaeth

non si sarebbe accontentato di niente di meno che di essere il leader.

nid oedd yn mynd i setlo am unrhyw beth llai na bod yn arweinydd.

Perrault si unì all'inseguimento per aiutare a catturare il ribelle Buck.

Cymerodd Perrault ran yn yr helfa i helpu i ddal y Buck gwrthryfelgar.

Insieme lo portarono in giro per l'accampamento per quasi un'ora.

Gyda'i gilydd, fe'i rhedegon nhw o amgylch y gwersyll am bron i awr.

Gli scagliarono contro dei bastoni, ma Buck li schivò abilmente uno per uno.
Fe wnaethon nhw daflu clybiau ato, ond osgoiodd Buck bob un yn fedrus.

Maledissero lui, i suoi antenati, i suoi discendenti e ogni suo capello.
Melltithiasant ef, ei hynafiaid, ei ddisgynyddion, a phob gwallt arno.

Ma Buck si limitò a ringhiare e a restare appena fuori dalla loro portata.
Ond dim ond gwingo'n ôl a wnaeth Buck ac arhosodd ychydig allan o'u cyrraedd.

Non cercò mai di scappare, ma continuò a girare intorno all'accampamento deliberatamente.
Ni cheisiodd byth redeg i ffwrdd ond cylchodd y gwersyll yn fwriadol.

Disse chiaramente che avrebbe obbedito una volta ottenuto ciò che voleva.
Gwnaeth yn glir ei fod yn mynd i ufuddhau unwaith y byddent yn rhoi iddo yr hyn yr oedd ei eisiau.

Alla fine François si sedette e si grattò la testa, frustrato.
O'r diwedd, eisteddodd François i lawr a chrafu ei ben mewn rhwystredigaeth.

Perrault controllò l'orologio, imprecò e borbottò qualcosa sul tempo perso.
Edrychodd Perrault ar ei oriawr, rhegodd, a sibrydodd am amser coll.

Era già trascorsa un'ora, mentre avrebbero dovuto essere sulle tracce.
Roedd awr eisoes wedi mynd heibio pan ddylent fod wedi bod ar y llwybr.

François alzò le spalle timidamente, guardando il corriere, che sospirò sconfitto.
Cododd François ei ysgwyddau'n swil at y negesydd, a ochneidiodd mewn trechu.

Poi François si avvicinò a Solleks e chiamò ancora una volta Buck.

Yna cerddodd François at Solleks a galwodd ar Buck unwaith eto.
Buck rise come ride un cane, ma mantenne una cauta distanza.
Chwarddodd Buck fel chwerthin ci, ond cadwodd ei bellter gofalus.
François tolse l'imbracatura a Solleks e lo rimise al suo posto.
Tynnodd François harnais Solleks a'i ddychwelyd i'w fan.
La squadra di slittini era completamente imbracata, con un solo posto libero.
Roedd tîm y slediau yn sefyll wedi'u harneisio'n llawn, gyda dim ond un lle gwag.
La posizione di comando rimase vuota, chiaramente riservata solo a Buck.
Arhosodd y safle arweiniol yn wag, yn amlwg wedi'i fwriadu ar gyfer Buck yn unig.
François chiamò di nuovo e di nuovo Buck rise e mantenne la sua posizione.
Galwodd François eto, ac unwaith eto chwarddodd Buck a dal ei dir.
«Gettate giù la mazza», ordinò Perrault senza esitazione.
"Taflwch y clwb i lawr," gorchmynnodd Perrault heb betruso.
François obbedì e Buck si lanciò subito avanti con orgoglio.
Ufuddhaodd François, a throtiodd Buck ymlaen yn falch ar unwaith.
Rise trionfante e assunse la posizione di comando.
Chwarddodd yn fuddugoliaethus a chamodd i'r safle arwain.
François fissò le corde e la slitta si staccò.
Sicrhaodd François ei olion, a thorrwyd y sled yn rhydd.
Entrambi gli uomini corsero fianco a fianco mentre la squadra si lanciava lungo il sentiero del fiume.
Rhedodd y ddau ddyn ochr yn ochr wrth i'r tîm rasio ar lwybr yr afon.
François aveva avuto una grande stima dei "due diavoli" di Buck,
Roedd gan François feddwl uchel o "ddau ddiawl" Buck,

ma ben presto si rese conto di aver in realtà sottovalutato il cane.

ond sylweddolodd yn fuan ei fod wedi tanamcangyfrif y ci mewn gwirionedd.

Buck assunse rapidamente la leadership e si comportò in modo eccellente.

Cymerodd Buck arweinyddiaeth yn gyflym a pherfformiodd gyda rhagoriaeth.

Buck superò Spitz per capacità di giudizio, rapidità di pensiero e rapidità di azione.

Mewn barn, meddwl cyflym, a gweithredu cyflym, rhagorodd Buck ar Spitz.

François non aveva mai visto un cane pari a quello che Buck mostrava ora.

Nid oedd François erioed wedi gweld ci cystal â'r hyn a ddangosai Buck nawr.

Ma Buck eccelleva davvero nel far rispettare l'ordine e nel imporre rispetto.

Ond roedd Buck yn rhagori'n wirioneddol wrth orfodi trefn a hawlio parch.

Dave e Solleks accettarono il cambiamento senza preoccupazioni o proteste.

Derbyniodd Dave a Solleks y newid heb bryder na phrotest.

Si concentravano solo sul lavoro e tiravano forte le redini.

Dim ond ar waith a thynnu'n galed yn yr awenau yr oeddent yn canolbwyntio.

A loro importava poco chi guidasse, purché la slitta continuasse a muoversi.

Doedden nhw ddim yn malio llawer pwy oedd yn arwain, cyn belled â bod y sled yn parhau i symud.

Billee, quella allegra, avrebbe potuto comandare per quel che volevano.

Gallai Billee, yr un llawen, fod wedi arwain er gwaethaf yr hyn a oedd o bwys iddyn nhw.

Ciò che contava per loro era la pace e l'ordine tra i ranghi.

Yr hyn oedd yn bwysig iddyn nhw oedd heddwch a threfn yn y rhengoedd.

Il resto della squadra era diventato indisciplinato durante il declino di Spitz.
Roedd gweddill y tîm wedi tyfu'n afreolus yn ystod dirywiad Spitz.
Rimasero scioccati quando Buck li riportò immediatamente all'ordine.
Cawsant sioc pan ddaeth Buck â nhw i drefn ar unwaith.
Pike era sempre stato pigro e aveva sempre tergiversato dietro a Buck.
Roedd Pike wedi bod yn ddiog erioed ac yn llusgo'i draed ar ôl Buck.
Ma ora è stato severamente disciplinato dalla nuova leadership.
Ond nawr cafodd ei ddisgyblu'n llym gan yr arweinyddiaeth newydd.
E imparò rapidamente a dare il suo contributo alla squadra.
Ac fe ddysgodd yn gyflym i dynnu ei bwysau yn y tîm.
Alla fine della giornata, Pike lavorò più duramente che mai.
Erbyn diwedd y dydd, roedd Pike wedi gweithio'n galetach nag erioed o'r blaen.
Quella notte all'accampamento, Joe, il cane scontroso, fu finalmente domato.
Y noson honno yn y gwersyll, cafodd Joe, y ci sur, ei dawelu o'r diwedd.
Spitz non era riuscito a disciplinarlo, ma Buck non aveva fallito.
Roedd Spitz wedi methu â'i ddisgyblu, ond ni fethodd Buck.
Sfruttando il suo peso maggiore, Buck sopraffece Joe in pochi secondi.
Gan ddefnyddio ei bwysau mwy, gorchfygodd Buck Joe mewn eiliadau.
Morse e picchiò Joe finché questi non si mise a piagnucolare e smise di opporre resistenza.
Brathodd a churo Joe nes iddo griddfan a rhoi'r gorau i wrthsefyll.
Da quel momento in poi l'intera squadra migliorò.

Gwellodd y tîm cyfan o'r foment honno ymlaen.
I cani ritrovarono la loro antica unità e disciplina.
Adferodd y cŵn eu hen undod a'u disgyblaeth.
A Rink Rapids si sono uniti al gruppo due nuovi husky autoctoni, Teek e Koona.
Yn Rink Rapids, ymunodd dau huski brodorol newydd, Teek a Koona.
La rapidità con cui Buck li addestramento stupì perfino François.
Synnodd hyfforddiant cyflym Buck ohonyn nhw hyd yn oed François.
"Non è mai esistito un cane come quel Buck!" esclamò stupito.
"Ni fu erioed gi fel y Bwch yna!" gwaeddodd mewn syndod.
"No, mai! Vale mille dollari, per Dio!"
"Na, byth! Mae o werth mil o ddoleri, wrth Dduw!"
"Eh? Che ne dici, Perrault?" chiese con orgoglio.
"E? Beth wyt ti'n ei ddweud, Perrault?" gofynnodd gyda balchder.
Perrault annuì in segno di assenso e controllò i suoi appunti.
Nodiodd Perrault mewn cytundeb a gwiriodd ei nodiadau.
Siamo già in anticipo sui tempi e guadagniamo sempre di più ogni giorno.
Rydym eisoes ar y blaen i'r amserlen ac yn ennill mwy bob dydd.
Il sentiero era compatto e liscio, senza neve fresca.
Roedd y llwybr yn galed ac yn llyfn, heb unrhyw eira ffres.
Il freddo era costante, con temperature che si aggiravano sempre sui cinquanta gradi sotto zero.
Roedd yr oerfel yn gyson, yn hofran ar hanner cant islaw sero drwyddo draw.
Per scaldarsi e guadagnare tempo, gli uomini si alternavano a cavallo e a correre.
Roedd y dynion yn marchogaeth ac yn rhedeg yn eu tro i gadw'n gynnes a gwneud amser.
I cani correvano veloci, fermandosi di rado, spingendosi sempre in avanti.

Rhedodd y cŵn yn gyflym heb fawr o stopiau, gan wthio ymlaen bob amser.
Il fiume Thirty Mile era per la maggior parte ghiacciato e facile da attraversare.
Roedd Afon Thirty Mile wedi rhewi i raddau helaeth ac yn hawdd teithio ar ei chroesi.
In un giorno realizzarono ciò che per arrivare aveva impiegato dieci giorni.
Aethant allan mewn un diwrnod yr hyn a gymerodd ddeng diwrnod i ddod i mewn.
Percorsero circa 96 chilometri dal lago Le Barge a White Horse.
Gwnaethon nhw ras o chwe deg milltir o Lyn Le Barge i White Horse.
Si muovevano a velocità incredibile attraverso i laghi Marsh, Tagish e Bennett.
Ar draws Llynnoedd Marsh, Tagish, a Bennett fe symudon nhw'n anhygoel o gyflym.
L'uomo che correva veniva trainato dietro la slitta con una corda.
Roedd y dyn rhedeg yn tynnu y tu ôl i'r sled ar raff.
L'ultima notte della seconda settimana giunsero a destinazione.
Ar noson olaf wythnos dau fe gyrhaeddon nhw eu cyrchfan.
Insieme avevano raggiunto la cima del White Pass.
Roedden nhw wedi cyrraedd copa Bwlch Gwyn gyda'i gilydd.
Scesero fino al livello del mare, con le luci dello Skaguay sotto di loro.
Fe wnaethon nhw ddisgyn i lawr i lefel y môr gyda goleuadau Skaguay oddi tanyn nhw.
Era stata una corsa da record attraverso chilometri di fredda natura selvaggia.
Roedd wedi bod yn rhediad a dorrodd record ar draws milltiroedd o anialwch oer.
Per quattordici giorni di fila percorsero in media circa quaranta miglia.

Am bedwar diwrnod ar ddeg yn olynol, fe wnaethon nhw gyfartaledd o ddeugain milltir.

A Skaguay, Perrault e François trasportavano merci attraverso la città.

Yn Skaguay, symudodd Perrault a François gargo drwy'r dref.

Furono applauditi e ricevettero numerose bevande dalla folla ammirata.

Cawsant eu cymeradwyo a chynigiwyd llawer o ddiodydd iddynt gan dyrfaoedd edmygol.

I cacciatori di cani e gli operai si sono riuniti attorno alla famosa squadra cinofila.

Ymgasglodd diarddelwyr cŵn a gweithwyr o amgylch y tîm cŵn enwog.

Poi i fuorilegge del West giunsero in città e subirono una violenta sconfitta.

Yna daeth alltudion y gorllewin i'r dref a chael eu trechu'n dreisgar.

La gente si dimenticò presto della squadra e si concentrò sul nuovo dramma.

Yn fuan iawn, anghofiodd y bobl y tîm a chanolbwyntio ar ddrama newydd.

Poi arrivarono i nuovi ordini che cambiarono tutto in un colpo.

Yna daeth y gorchmynion newydd a newidiodd bopeth ar unwaith.

François chiamò Buck e lo abbracciò con orgoglio e lacrime.

Galwodd François Buck ato a'i gofleidio â balchder dagreuol.

Quel momento fu l'ultima volta che Buck vide di nuovo François.

Dyna oedd y tro olaf i Buck weld François eto.

Come molti altri uomini prima di lui, sia François che Perrault se n'erano andati.

Fel llawer o ddynion o'r blaen, roedd François a Perrault ill dau wedi mynd.

Un meticcio scozzese si prese cura di Buck e dei suoi compagni di squadra con i cani da slitta.

Cymerodd hanner brid Albanaidd reolaeth dros Buck a'i gyd-chwaraewyr cŵn sled.

Con una dozzina di altre mute di cani, ritornarono lungo il sentiero fino a Dawson.

Gyda dwsin o dimau cŵn eraill, dychwelasant ar hyd y llwybr i Dawson.

Non si trattava più di una corsa veloce, ma solo di un duro lavoro con un carico pesante ogni giorno.

Nid rhediad cyflym oedd hi bellach—dim ond llafur trwm gyda llwyth trwm bob dydd.

Si trattava del treno postale che portava notizie ai cercatori d'oro vicino al Polo.

Dyma oedd y trên post, yn dod â gair i helwyr aur ger y Pegwn.

Buck non amava il lavoro, ma lo sopportò bene, essendo orgoglioso del suo impegno.

Nid oedd Buck yn hoffi'r gwaith ond roedd yn ei ddioddef yn dda, gan ymfalchïo yn ei ymdrech.

Come Dave e Solleks, Buck dimostrava dedizione in ogni compito quotidiano.

Fel Dave a Solleks, dangosodd Buck ymroddiad i bob tasg ddyddiol.

Si è assicurato che tutti i suoi compagni di squadra dessero il massimo.

Gwnaeth yn siŵr bod ei gyd-chwaraewyr i gyd yn gwneud eu gorau glas.

La vita sui sentieri divenne noiosa e si ripeteva con la precisione di una macchina.

Daeth bywyd y llwybr yn ddiflas, yn cael ei ailadrodd â chywirdeb peiriant.

Ogni giorno era uguale, una mattina si fondeva con quella successiva.

Roedd pob diwrnod yn teimlo'r un peth, un bore yn cymysgu i'r nesaf.

Alla stessa ora, i cuochi si alzarono per accendere il fuoco e preparare il cibo.

Ar yr un awr, cododd y cogyddion i gynnau tanau a pharatoi bwyd.
Dopo colazione alcuni lasciarono l'accampamento mentre altri attaccarono i cani.
Ar ôl brecwast, gadawodd rhai y gwersyll tra bod eraill yn harneisio'r cŵn.
Raggiunsero il sentiero prima che il pallido segnale dell'alba sfiorasse il cielo.
Fe wnaethon nhw gyrraedd y llwybr cyn i rybudd gwan y wawr gyffwrdd â'r awyr.
Di notte si fermavano per accamparsi, e a ogni uomo veniva assegnato un compito.
Yn y nos, fe wnaethon nhw stopio i wersylla, pob dyn â dyletswydd benodol.
Alcuni montarono le tende, altri tagliarono la legna da ardere e raccolsero rami di pino.
Cododd rhai y pebyll, torrodd eraill goed tân a chasglodd ganghennau pinwydd.
Acqua o ghiaccio venivano portati ai cuochi per la cena serale.
Byddai dŵr neu iâ yn cael eu cario yn ôl at y cogyddion ar gyfer y pryd gyda'r nos.
I cani vennero nutriti e per loro quello fu il momento migliore della giornata.
Cafodd y cŵn eu bwydo, a dyma oedd rhan orau'r diwrnod iddyn nhw.
Dopo aver mangiato il pesce, i cani si rilassarono e oziarono vicino al fuoco.
Ar ôl bwyta pysgod, ymlaciodd y cŵn a gorwedd ger y tân.
Nel convoglio c'erano un centinaio di altri cani con cui socializzare.
Roedd cant o gŵn eraill yn y confoi i gymysgu â nhw.
Molti di quei cani erano feroci e pronti a combattere senza preavviso.
Roedd llawer o'r cŵn hynny'n ffyrnig ac yn gyflym i ymladd heb rybudd.

Ma dopo tre vittorie, Buck riuscì a domare anche i combattenti più feroci.
Ond ar ôl tair buddugoliaeth, meistrolodd Buck hyd yn oed yr ymladdwyr mwyaf ffyrnig.
Ora, quando Buck ringhiò e mostrò i denti, loro si fecero da parte.
Nawr pan grwgnachodd Buck a dangos ei ddannedd, camon nhw o'r neilltu.
Forse la cosa più bella di tutte era che a Buck piaceva sdraiarsi vicino al fuoco tremolante.
Efallai yn bwysicaf oll, roedd Buck wrth ei fodd yn gorwedd ger y tân gwersyll yn fflachio.
Si accovacciò, con le zampe posteriori ripiegate e quelle anteriori distese in avanti.
Plygodd yn sydyn gyda'i goesau ôl wedi'u plygu a'i goesau blaen wedi'u hymestyn ymlaen.
Teneva la testa sollevata e sbatteva dolcemente le palpebre verso le fiamme ardenti.
Codwyd ei ben wrth iddo blincio'n feddal at y fflamau'n tywynnu.
A volte ricordava la grande casa del giudice Miller a Santa Clara.
Weithiau byddai'n cofio tŷ mawr y Barnwr Miller yn Santa Clara.
Pensò alla piscina di cemento, a Ysabel e al carlino di nome Toots.
Meddyliodd am y pwll sment, am Ysabel, a'r ci pug o'r enw Toots.
Ma più spesso si ricordava del bastone dell'uomo con il maglione rosso.
Ond yn amlach byddai'n cofio clwb y dyn â'r siwmper goch.
Ricordava la morte di Curly e la sua feroce battaglia con Spitz.
Cofiai farwolaeth Curly a'i frwydr ffyrnig â Spitz.
Ricordava anche il buon cibo che aveva mangiato o che ancora sognava.

Roedd hefyd yn cofio'r bwyd da yr oedd wedi'i fwyta neu'n dal i freuddwydio amdano.

Buck non aveva nostalgia di casa: la valle calda era lontana e irreale.

Nid oedd Buck yn hiraethu am adref—roedd y dyffryn cynnes yn bell ac yn afreal.

I ricordi della California non avevano più alcun fascino su di lui.

Nid oedd atgofion o California yn ei atynnu'n wironeddol mwyach.

Più forti della memoria erano gli istinti radicati nella sua stirpe.

Yn gryfach na'r cof roedd greddfau yn ddwfn yn ei linach waed.

Le abitudini un tempo perdute erano tornate, ravvivate dal sentiero e dalla natura selvaggia.

Roedd arferion a gollwyd unwaith wedi dychwelyd, wedi'u hadfywio gan y llwybr a'r gwyllt.

Mentre Buck osservava la luce del fuoco, a volte questa diventava qualcos'altro.

Wrth i Buck wylio golau'r tân, weithiau byddai'n troi'n rhywbeth arall.

Vide alla luce del fuoco un altro fuoco, più vecchio e più profondo di quello attuale.

Gwelodd yng ngolau'r tân dân arall, hŷn a dyfnach na'r un presennol.

Accanto all'altro fuoco era accovacciato un uomo che non somigliava per niente al cuoco meticcio.

Wrth ymyl y tân arall hwnnw roedd dyn yn gwrcwd, yn wahanol i'r cogydd hanner brid.

Questa figura aveva gambe corte, braccia lunghe e muscoli duri e contratti.

Roedd gan y ffigur hwn goesau byr, breichiau hir, a chyhyrau caled, clymog.

I suoi capelli erano lunghi e arruffati, e gli scendevano all'indietro a partire dagli occhi.

Roedd ei wallt yn hir ac yn gleision, yn gogwyddo yn ôl o'r llygaid.
Emetteva strani suoni e fissava l'oscurità con paura.
Gwnaeth synau rhyfedd a syllu allan mewn ofn ar y tywyllwch.
Teneva bassa una mazza di pietra, stretta saldamente nella sua mano lunga e ruvida.
Daliodd glwb carreg yn isel, wedi'i afael yn dynn yn ei law hir, garw.
L'uomo indossava ben poco: solo una pelle carbonizzata che gli pendeva lungo la schiena.
Ychydig oedd y dyn yn ei wisgo; dim ond croen wedi'i losgi oedd yn hongian i lawr ei gefn.
Il suo corpo era ricoperto da una folta peluria sulle braccia, sul petto e sulle cosce.
Roedd ei gorff wedi'i orchuddio â gwallt trwchus ar draws ei freichiau, ei frest a'i gluniau.
Alcune parti del pelo erano aggrovigliate e formavano chiazze di pelo ruvido.
Roedd rhai rhannau o'r gwallt wedi'u cysylltu'n glytiau o ffwr garw.
Non stava dritto, ma era piegato in avanti dai fianchi alle ginocchia.
Ni safodd yn syth ond plygodd ymlaen o'r cluniau i'r pengliniau.
I suoi passi erano elastici e felini, come se fosse sempre pronto a scattare.
Roedd ei gamau'n sbringlyd ac fel cath, fel pe bai bob amser yn barod i neidio.
C'era una forte allerta, come se vivesse nella paura costante.
Roedd yna rybudd llym, fel pe bai'n byw mewn ofn cyson.
Quest'uomo anziano sembrava aspettarsi il pericolo, indipendentemente dal fatto che questo venisse visto o meno.
Roedd yn ymddangos bod y dyn hynafol hwn yn disgwyl perygl, boed y perygl yn cael ei weld ai peidio.

A volte l'uomo peloso dormiva accanto al fuoco, con la testa tra le gambe.
Ar adegau byddai'r dyn blewog yn cysgu wrth y tân, a'i ben wedi'i guddio rhwng ei goesau.
Teneva i gomiti sulle ginocchia e le mani giunte sopra la testa.
Gorffwysodd ei benelinoedd ar ei ben-gliniau, ei ddwylo wedi'u clymu uwchben ei ben.
Come un cane, usava le sue braccia pelose per proteggersi dalla pioggia che cadeva.
Fel ci, defnyddiodd ei freichiau blewog i gael gwared â'r glaw oedd yn disgyn.
Oltre la luce del fuoco, Buck vide due carboni ardenti che ardevano nell'oscurità.
Y tu hwnt i olau'r tân, gwelodd Buck lo deuol yn tywynnu yn y tywyllwch.
Sempre a due a due, erano gli occhi delle bestie da preda.
Bob amser yn ddau wrth ddau, llygaid anifeiliaid ysglyfaethus yn stelcio oedden nhw.
Sentì corpi che si infrangevano tra i cespugli e rumori provenienti dalla notte.
Clywodd gyrff yn torri trwy llwyni a synau a wnaed yn y nos.
Sdraiato sulla riva dello Yukon, sbattendo le palpebre, Buck sognò accanto al fuoco.
Yn gorwedd ar lan Yukon, yn blincio, breuddwydiodd Buck wrth y tân.
Le immagini e i suoni di quel mondo selvaggio gli fecero rizzare i capelli.
Gwnaeth golygfeydd a synau'r byd gwyllt hwnnw i'w wallt sefyll i fyny.
La pelliccia gli si drizzò lungo la schiena, sulle spalle e sul collo.
Cododd y ffwr ar hyd ei gefn, ei ysgwyddau, ac i fyny ei wddf.
Gemeva piano o emetteva un ringhio basso dal profondo del petto.

Gwichiodd yn ysgafn neu grwgnachodd yn isel yn ddwfn yn ei frest.

Allora il cuoco meticcio urlò: "Ehi, Buck, svegliati!"

Yna gwaeddodd y cogydd hanner brid, "Hei, ti Buck, deffro!"

Il mondo dei sogni svanì e la vera vita tornò agli occhi di Buck.

Diflannodd byd y breuddwydion, a dychwelodd bywyd go iawn i lygaid Buck.

Si sarebbe alzato, si sarebbe stiracchiato e avrebbe sbadigliato, come se si fosse svegliato da un pisolino.

Roedd yn mynd i godi, ymestyn, a gwên, fel pe bai wedi deffro o gwsg.

Il viaggio era duro, con la slitta postale che li trascinava dietro.

Roedd y daith yn galed, gyda'r sled post yn llusgo ar eu hôl.

Carichi pesanti e lavoro duro sfinivano i cani ogni lunga giornata.

Roedd llwythi trwm a gwaith caled yn blino'r cŵn bob diwrnod hir.

Arrivarono a Dawson magro, stanco e con bisogno di più di una settimana di riposo.

Cyrhaeddon nhw Dawson yn denau, yn flinedig, ac angen dros wythnos o orffwys.

Ma solo due giorni dopo ripartirono per lo Yukon.

Ond dim ond dau ddiwrnod yn ddiweddarach, fe gychwynnon nhw i lawr afon Yukon eto.

Erano carichi di altre lettere dirette al mondo esterno.

Roedden nhw wedi'u llwytho â mwy o lythyrau yn mynd i'r byd y tu allan.

I cani erano esausti e gli uomini si lamentavano in continuazione.

Roedd y cŵn wedi blino'n lân ac roedd y dynion yn cwyno'n gyson.

Ogni giorno cadeva la neve, ammorbidendo il sentiero e rallentando le slitte.

Roedd eira'n disgyn bob dydd, gan feddalu'r llwybr ac arafu'r slediau.

Ciò rendeva la trazione più dura e aumentava la resistenza delle guide.
Gwnaeth hyn dynnu'n galetach a mwy o lusgo ar y rhedwyr.
Nonostante ciò, i piloti si sono dimostrati leali e hanno avuto cura delle loro squadre.
Er hynny, roedd y gyrwyr yn deg ac yn gofalu am eu timau.
Ogni notte, i cani venivano nutriti prima che gli uomini mangiassero.
Bob nos, byddai'r cŵn yn cael eu bwydo cyn i'r dynion gael bwyta.
Nessun uomo dormiva prima di controllare le zampe del proprio cane.
Ni chysgodd unrhyw ddyn cyn gwirio traed ei gi ei hun.
Tuttavia, i cani diventavano sempre più deboli man mano che i chilometri consumavano i loro corpi.
Serch hynny, gwanhaodd y cŵn wrth i'r milltiroedd wisgo ar eu cyrff.
Avevano viaggiato per milleottocento miglia durante l'inverno.
Roedden nhw wedi teithio deunaw cant o filltiroedd drwy'r gaeaf.
Percorrevano ogni miglio di quella distanza brutale trainando le slitte.
Fe wnaethon nhw dynnu slediau ar draws pob milltir o'r pellter creulon hwnnw.
Anche i cani da slitta più resistenti provano tensione dopo tanti chilometri.
Mae hyd yn oed y cŵn sled caletaf yn teimlo straen ar ôl cymaint o filltiroedd.
Buck tenne duro, fece sì che la sua squadra lavorasse e mantenne la disciplina.
Daliodd Buck ati, cadwodd ei dîm i weithio, a chynnal disgyblaeth.
Ma Buck era stanco, proprio come gli altri durante il lungo viaggio.
Ond roedd Buck wedi blino, yn union fel y lleill ar y daith hir.

Billee piagnucolava e piangeva nel sonno ogni notte, senza sosta.
Roedd Billee yn griddfan ac yn crio yn ei gwsg bob nos yn ddi-ffael.
Joe diventò ancora più amareggiato e Solleks rimase freddo e distante.
Aeth Joe hyd yn oed yn fwy chwerw, ac arhosodd Solleks yn oer ac yn bell.
Ma è stato Dave a soffrire di più di tutta la squadra.
Ond Dave a ddioddefodd waethaf o'r tîm cyfan.
Qualcosa dentro di lui era andato storto, anche se nessuno sapeva cosa.
Roedd rhywbeth wedi mynd o'i le y tu mewn iddo, er nad oedd neb yn gwybod beth.
Divenne più lunatico e aggredì gli altri con rabbia crescente.
Aeth yn fwy hwyliaugar a sarhaeddodd eraill gyda dicter cynyddol.
Ogni notte andava dritto al suo nido, in attesa di essere nutrito.
Bob nos byddai'n mynd yn syth i'w nyth, yn aros i gael ei fwydo.
Una volta a terra, Dave non si alzò più fino al mattino.
Unwaith iddo fod i lawr, ni chododd Dave eto tan y bore.
Sulle redini, gli improvvisi strattoni o sussulti lo facevano gridare di dolore.
Ar yr awenau, roedd jerciau neu gychwyniadau sydyn yn ei wneud yn gweiddi mewn poen.
L'autista ha cercato di capirne la causa, ma non ha trovato ferite.
Chwiliodd ei yrrwr am yr achos, ond ni chanfuwyd unrhyw anaf iddo.
Tutti gli autisti cominciarono a osservare Dave e a discutere del suo caso.
Dechreuodd yr holl yrwyr wylio Dave a thrafod ei achos.
Parlarono durante i pasti e durante l'ultima sigaretta della giornata.

Buont yn siarad wrth brydau bwyd ac yn ystod eu mwg olaf o'r dydd.

Una notte tennero una riunione e portarono Dave al fuoco.

Un noson fe wnaethon nhw gynnal cyfarfod a dod â Dave at y tân.

Gli premevano e palpavano il corpo e lui gridava spesso.

Fe wnaethon nhw bwyso a phrofi ei gorff, ac fe waeddodd yn aml.

Era evidente che qualcosa non andava, anche se non sembrava esserci nessuna frattura.

Yn amlwg, roedd rhywbeth o'i le, er nad oedd unrhyw esgyrn yn ymddangos wedi torri.

Quando arrivarono al Cassiar Bar, Dave stava cadendo.

Erbyn iddyn nhw gyrraedd Bar Cassiar, roedd Dave yn cwympo i lawr.

Il meticcio scozzese impose uno stop e rimosse Dave dalla squadra.

Rhoddodd yr hanner brid Albanaidd stop a chael gwared ar Dave o'r tîm.

Fissò Solleks al posto di Dave, il più vicino possibile alla parte anteriore della slitta.

Clymodd Solleks yn lle Dave, agosaf at flaen y sled.

Voleva lasciare che Dave riposasse e corresse libero dietro la slitta in movimento.

Roedd e'n bwriadu gadael i Dave orffwys a rhedeg yn rhydd y tu ôl i'r sled oedd yn symud.

Ma nonostante la malattia, Dave odiava che gli venisse tolto il lavoro che aveva ricoperto.

Ond hyd yn oed yn sâl, roedd Dave yn casáu cael ei gymryd o'r swydd a fu ganddo.

Ringhiò e piagnucolò quando gli strapparono le redini dal corpo.

Grwgnachodd a gwynodd wrth i'r awenau gael eu tynnu oddi ar ei gorff.

Quando vide Solleks al suo posto, pianse disperato.

Pan welodd Solleks yn ei le, fe wylo gyda phoen calon doredig.

L'orgoglio per il lavoro sui sentieri era profondo in Dave, anche quando la morte si avvicinava.
Roedd balchder gwaith llwybrau yn ddwfn yn Dave, hyd yn oed wrth i farwolaeth agosáu.
Mentre la slitta si muoveva, Dave arrancava nella neve soffice vicino al sentiero.
Wrth i'r sled symud, roedd Dave yn gwthio trwy eira meddal ger y llwybr.
Attaccò Solleks, mordendolo e spingendolo giù dal lato della slitta.
Ymosododd ar Solleks, gan ei frathu a'i wthio o ochr y sled.
Dave cercò di saltare nell'imbracatura e di riprendersi il suo posto di lavoro.
Ceisiodd Dave neidio i'r harnais ac adennill ei fan gweithio.
Lui guaiva, si lamentava e piangeva, diviso tra il dolore e l'orgoglio del parto.
Gwaeddodd, cwynodd, a chrio, wedi'i rhwygo rhwng poen a balchder mewn llafur.
Il meticcio usò la frusta per cercare di allontanare Dave dalla squadra.
Defnyddiodd yr hanner brid ei chwip i geisio gyrru Dave i ffwrdd o'r tîm.
Ma Dave ignorò la frustata e l'uomo non riuscì a colpirlo più forte.
Ond anwybyddodd Dave y chwipiad, ac ni allai'r dyn ei daro'n galetach.
Dave rifiutò il sentiero più facile dietro la slitta, dove la neve era compatta.
Gwrthododd Dave y llwybr hawsaf y tu ôl i'r sled, lle'r oedd eira wedi'i bacio.
Invece, si ritrovò a lottare nella neve profonda, ai lati del sentiero, in preda alla miseria.
Yn hytrach, fe frwydrodd yn yr eira dwfn wrth ymyl y llwybr, mewn trallod.
Alla fine Dave crollò, giacendo sulla neve e urlando di dolore.

Yn y diwedd, cwympodd Dave, gan orwedd yn yr eira ac udo mewn poen.
Lanciò un grido mentre la lunga fila di slitte gli passava accanto una dopo l'altra.
Gwaeddodd wrth i'r trên hir o slediau basio heibio iddo un wrth un.
Tuttavia, con le poche forze che gli rimanevano, si alzò e barcollò dietro di loro.
Eto i gyd, gyda pha nerth bynnag a oedd yn weddill, cododd a baglu ar eu hôl.
Quando il treno si fermò di nuovo, lo raggiunse e trovò la sua vecchia slitta.
Daliodd i fyny pan stopiodd y trên eto a dod o hyd i'w hen sled.
Superò con difficoltà le altre squadre e tornò a posizionarsi accanto a Solleks.
Fe wnaeth e flwndro heibio i'r timau eraill a sefyll wrth ymyl Solleks eto.
Mentre l'autista si fermava per accendere la pipa, Dave colse l'ultima occasione.
Wrth i'r gyrrwr oedi i gynnau ei bibell, cymerodd Dave ei gyfle olaf.
Quando l'autista tornò e urlò, la squadra non avanzò.
Pan ddychwelodd y gyrrwr a gweiddi, ni symudodd y tîm ymlaen.
I cani avevano girato la testa, confusi dall'improvviso arresto.
Roedd y cŵn wedi troi eu pennau, wedi drysu gan y stop sydyn.
Anche il conducente era scioccato: la slitta non si era mossa di un centimetro in avanti.
Cafodd y gyrrwr sioc hefyd—doedd y sled ddim wedi symud modfedd ymlaen.
Chiamò gli altri perché venissero a vedere cosa era successo.
Galwodd ar y lleill i ddod i weld beth oedd wedi digwydd.
Dave aveva masticato le redini di Solleks, spezzandole entrambe.

Roedd Dave wedi cnoi drwy awenau Solleks, gan dorri'r ddau ar wahân.

Ora era di nuovo in piedi davanti alla slitta, nella sua giusta posizione.

Nawr roedd yn sefyll o flaen y sled, yn ôl yn ei safle cywir.

Dave alzò lo sguardo verso l'autista, implorandolo silenziosamente di restare al passo.

Edrychodd Dave i fyny at y gyrrwr, gan erfyn yn dawel i aros yn yr olion.

L'autista era perplesso e non sapeva cosa fare per il cane in difficoltà.

Roedd y gyrrwr yn ddryslyd, yn ansicr beth i'w wneud i'r ci oedd yn ei chael hi'n anodd.

Gli altri uomini parlavano di cani morti perché li avevano portati fuori.

Siaradodd y dynion eraill am gŵn a oedd wedi marw o gael eu cymryd allan.

Raccontavano di cani vecchi o feriti il cui cuore si era spezzato quando erano stati abbandonati.

Roedden nhw'n sôn am gŵn hen neu gŵn sydd wedi'u hanafu a dorrodd eu calonnau pan gawsant eu gadael ar ôl.

Concordarono che era un atto di misericordia lasciare che Dave morisse mentre era ancora imbrigliato.

Cytunasant ei bod yn drugaredd gadael i Dave farw tra'n dal yn ei harnais.

Fu rimesso in sicurezza sulla slitta e Dave tirò con orgoglio.

Cafodd ei glymu'n ôl ar y sled, a thynnodd Dave gyda balchder.

Anche se a volte gridava, lavorava come se il dolore potesse essere ignorato.

Er iddo weiddi ar brydiau, roedd yn gweithio fel pe bai modd anwybyddu poen.

Più di una volta cadde e fu trascinato prima di rialzarsi.

Mwy nag unwaith fe syrthiodd a chafodd ei lusgo cyn codi eto.

A un certo punto la slitta gli rotolò addosso e da quel momento in poi zoppicò.

Unwaith, rholiodd y sled drosto, ac fe gloffodd o'r foment honno ymlaen.
Nonostante ciò, lavorò finché non raggiunse l'accampamento e poi si sdraiò accanto al fuoco.
Serch hynny, gweithiodd nes cyrraedd y gwersyll, ac yna gorweddodd wrth y tân.
Al mattino Dave era troppo debole per muoversi o anche solo per stare in piedi.
Erbyn y bore, roedd Dave yn rhy wan i deithio neu hyd yn oed sefyll yn unionsyth.
Al momento di allacciare l'imbracatura, cercò di raggiungere il suo autista con sforzi tremanti.
Adeg gwisgo'r harnais, ceisiodd gyrraedd ei yrrwr gyda cryndod.
Si sforzò di rialzarsi, barcollò e crollò sul terreno innevato.
Gorfodwyd ei hun i fyny, siglodd, a chwympodd ar y ddaear eiraog.
Utilizzando le zampe anteriori, trascinò il suo corpo verso la zona dell'imbracatura.
Gan ddefnyddio ei goesau blaen, llusgodd ei gorff tuag at yr ardal harneisio.
Si fece avanti, centimetro dopo centimetro, verso i cani da lavoro.
Clymodd ei hun ymlaen, modfedd wrth fodfedd, tuag at y cŵn gwaith.
Le forze gli cedettero, ma continuò a muoversi nel suo ultimo disperato tentativo.
Collodd ei nerth, ond parhaodd i symud yn ei wthiad olaf anobeithiol.
I suoi compagni di squadra lo videro ansimare nella neve, ancora desideroso di unirsi a loro.
Gwelodd ei gyd-chwaraewyr ef yn anadlu'n drwm yn yr eira, yn dal i hiraethu i ymuno â nhw.
Lo sentirono urlare di dolore mentre si lasciavano alle spalle l'accampamento.
Clywsant ef yn udo gan dristwch wrth iddynt adael y gwersyll ar ôl.

Mentre la squadra svaniva tra gli alberi, il grido di Dave risuonava dietro di loro.
Wrth i'r tîm ddiflannu i'r coed, roedd cri Dave yn atseinio y tu ôl iddyn nhw.

Il treno delle slitte si fermò brevemente dopo aver attraversato un tratto di fiume ricco di boschi.
Stopiodd y trên sled am gyfnod byr ar ôl croesi darn o goed afon.

Il meticcio scozzese tornò lentamente verso l'accampamento alle sue spalle.
Cerddodd yr hanner brid Albanaidd yn araf yn ôl tuag at y gwersyll y tu ôl.

Gli uomini smisero di parlare quando lo videro scendere dal treno delle slitte.
Stopiodd y dynion siarad pan welsant ef yn gadael y trên sled.

Poi un singolo colpo di pistola risuonò chiaro e netto attraverso il sentiero.
Yna fe atgofiodd un ergyd yn glir ac yn finiog ar draws y llwybr.

L'uomo tornò rapidamente e prese il suo posto senza dire una parola.
Dychwelodd y dyn yn gyflym a chymerodd ei le heb ddweud gair.

Le fruste schioccavano, i campanelli tintinnavano e le slitte avanzavano sulla neve.
Craciodd chwipiau, tinciodd clychau, a rholiodd y slediau ymlaen trwy'r eira.

Ma Buck sapeva cosa era successo, come tutti gli altri cani.
Ond roedd Buck yn gwybod beth oedd wedi digwydd—ac felly roedd pob ci arall.

La fatica delle redini e del sentiero
Llafur yr Awenau a'r Llwybr

Trenta giorni dopo aver lasciato Dawson, la Salt Water Mail raggiunse Skaguay.
Tri deg diwrnod ar ôl gadael Dawson, cyrhaeddodd y Salt Water Mail Skaguay.
Buck e i suoi compagni di squadra presero il comando e arrivarono in condizioni pietose.
Buck a'i gyd-chwaraewyr oedd ar y blaen, gan gyrraedd mewn cyflwr truenus.
Buck era sceso da 140 a 150 chili.
Roedd Buck wedi colli pwysau o gant a deugain i gant a phymtheg punt.
Gli altri cani, sebbene più piccoli, avevano perso ancora più peso corporeo.
Roedd y cŵn eraill, er eu bod yn llai, wedi colli hyd yn oed mwy o bwysau'r corff.
Pike, che una volta zoppicava fingendo, ora trascinava dietro di sé una gamba veramente ferita.
Roedd Pike, a oedd unwaith yn limper ffug, bellach yn llusgo coes wirioneddol anafedig y tu ôl iddo.
Solleks zoppicava gravemente e Dub aveva una scapola slogata.
Roedd Solleks yn cloffi'n ofnadwy, ac roedd gan Dub lafar ysgwydd wedi rhwygo.
Tutti i cani del team avevano i piedi doloranti a causa delle settimane trascorse sul sentiero ghiacciato.
Roedd gan bob ci yn y tîm ddolur traed ar ôl wythnosau ar y llwybr rhewllyd.
Non avevano più slancio nei loro passi, solo un movimento lento e trascinato.
Nid oedd ganddyn nhw unrhyw sbring ar ôl yn eu camau, dim ond symudiad araf, llusgo.
I loro piedi colpivano il sentiero con forza e ogni passo aggiungeva ulteriore sforzo al loro corpo.

Mae eu traed yn taro'r llwybr yn galed, pob cam yn ychwanegu mwy o straen i'w cyrff.

Non erano malati, erano solo stremati oltre ogni possibile guarigione naturale.

Nid oeddent yn sâl, dim ond wedi draenio y tu hwnt i bob adferiad naturiol.

Non si trattava della stanchezza di una giornata faticosa, curata con una notte di riposo.

Nid blinder oedd hyn o un diwrnod caled, wedi'i wella gyda noson o orffwys.

Era una stanchezza accumulata lentamente attraverso mesi di sforzi estenuanti.

Blinder a adeiladwyd yn araf trwy fisoedd o ymdrech galed ydoedd.

Non era rimasta alcuna riserva di forze: avevano esaurito ogni energia a loro disposizione.

Doedd dim cryfder wrth gefn ar ôl—roedden nhw wedi defnyddio pob darn oedd ganddyn nhw.

Ogni muscolo, fibra e cellula del loro corpo era consumato e usurato.

Roedd pob cyhyr, ffibr a chell yn eu cyrff wedi treulio a'i dreulio.

E c'era un motivo: avevano percorso duemilacinquecento miglia.

Ac roedd yna reswm—roedden nhw wedi teithio dau ddeg pump cant o filltiroedd.

Si erano riposati solo cinque giorni durante le ultime milleottocento miglia.

Dim ond pum niwrnod yr oeddent wedi gorffwys yn ystod y deunaw cant o filltiroedd olaf.

Quando giunsero a Skaguay, sembrava che riuscissero a malapena a stare in piedi.

Pan gyrhaeddon nhw Skaguay, roedden nhw prin yn gallu sefyll yn unionsyth.

Facevano fatica a tenere le redini strette e a restare davanti alla slitta.

Roedden nhw'n ei chael hi'n anodd cadw'r awenau'n dynn ac aros ar flaen y sled.
Nei pendii in discesa riuscivano solo a evitare di essere investiti.
Ar lethrau i lawr, dim ond osgoi cael eu taro drostynt a lwyddodd.
"Continuate a marciare, poveri piedi doloranti", disse l'autista mentre zoppicavano.
"Ewch ymlaen, traed dolurus truan," meddai'r gyrrwr wrth iddyn nhw gloffi ymlaen.
"Questo è l'ultimo tratto, poi ci prenderemo tutti un lungo riposo, di sicuro."
"Dyma'r ymestyn olaf, yna cawn ni i gyd un gorffwys hir, yn sicr."
"Un riposo davvero lungo", promise, guardandoli barcollare in avanti.
"Un gorffwys hir go iawn," addawodd, gan eu gwylio'n baglu ymlaen.
Gli autisti si aspettavano una lunga e necessaria pausa.
Roedd y gyrwyr yn disgwyl y byddent nawr yn cael seibiant hir, angenrheidiol.
Avevano percorso milleduecento miglia con solo due giorni di riposo.
Roedden nhw wedi teithio deuddeg cant o filltiroedd gyda dim ond dau ddiwrnod o orffwys.
Per correttezza e ragione, ritenevano di essersi guadagnati un po' di tempo per rilassarsi.
Drwy degwch a rheswm, roedden nhw'n teimlo eu bod nhw wedi haeddu amser i ymlacio.
Ma troppi erano giunti nel Klondike e troppo pochi erano rimasti a casa.
Ond roedd gormod wedi dod i'r Klondike, a rhy ychydig wedi aros adref.
Le lettere delle famiglie continuavano ad arrivare, creando pile di posta in ritardo.
Llifodd llythyrau gan deuluoedd i mewn, gan greu pentyrrau o bost wedi'i ohirio.

Arrivarono gli ordini ufficiali: i nuovi cani della Hudson Bay avrebbero preso il sopravvento.
Cyrhaeddodd gorchmynion swyddogol—roedd cŵn newydd Bae Hudson yn mynd i gymryd yr awenau.
I cani esausti, ormai considerati inutili, dovevano essere eliminati.
Roedd y cŵn blinedig, a elwir bellach yn ddiwerth, i gael eu gwaredu.
Poiché i soldi erano più importanti dei cani, venivano venduti a basso prezzo.
Gan fod arian yn bwysicach na chŵn, roedden nhw'n mynd i gael eu gwerthu'n rhad.
Passarono altri tre giorni prima che i cani si accorgessero di quanto fossero deboli.
Aeth tri diwrnod arall heibio cyn i'r cŵn deimlo pa mor wan oedden nhw.
La quarta mattina, due uomini provenienti dagli Stati Uniti acquistarono l'intera squadra.
Ar y pedwerydd bore, prynodd dau ddyn o'r Unol Daleithiau'r tîm cyfan.
La vendita comprendeva tutti i cani e le loro imbracature usate.
Roedd y gwerthiant yn cynnwys yr holl gŵn, ynghyd â'u harnais gwisgo.
Mentre concludevano l'affare, gli uomini si chiamavano tra loro "Hal" e "Charles".
Galwodd y dynion ei gilydd yn "Hal" a "Charles" wrth iddyn nhw gwblhau'r fargen.
Charles era un uomo di mezza età, pallido, con labbra molli e folti baffi.
Roedd Charles yn ganol oed, yn welw, gyda gwefusau llipa a phennau mwstas ffyrnig.
Hal era un giovane, forse diciannove anni, che indossava una cintura imbottita di cartucce.
Roedd Hal yn ddyn ifanc, efallai bedair ar bymtheg, yn gwisgo gwregys wedi'i stwffio â chetris.

Nella cintura erano contenuti un grosso revolver e un coltello da caccia, entrambi inutilizzati.
Roedd y gwregys yn dal rifolfer mawr a chyllell hela, y ddau heb eu defnyddio.
Dimostrava quanto fosse inesperto e inadatto alla vita nel Nord.
Dangosodd pa mor ddibrofiad ac anaddas oedd o ar gyfer bywyd yn y gogledd.
Nessuno dei due uomini viveva in natura; la loro presenza sfidava ogni ragionevolezza.
Nid oedd y naill ddyn na'r llall yn perthyn i'r gwyllt; roedd eu presenoldeb yn herio pob rheswm.
Buck osservava lo scambio di denaro tra l'acquirente e l'agente.
Gwyliodd Buck wrth i arian gyfnewid dwylo rhwng y prynwr a'r asiant.
Sapeva che i conducenti dei treni postali stavano abbandonando la sua vita come tutti gli altri.
Roedd yn gwybod bod gyrwyr y trên post yn gadael ei fywyd fel y gweddill.
Seguirono Perrault e François, ormai scomparsi.
Dilynasant Perrault a François, a oedd bellach wedi mynd y tu hwnt i'r cof.
Buck e la squadra vennero condotti al disordinato accampamento dei loro nuovi proprietari.
Arweiniwyd Buck a'r tîm i wersyll diofal eu perchnogion newydd.
La tenda cedeva, i piatti erano sporchi e tutto era in disordine.
Sugnodd y babell, roedd y llestri'n fudr, ac roedd popeth mewn anhrefn.
Anche Buck notò una donna lì: Mercedes, moglie di Charles e sorella di Hal.
Sylwodd Buck ar fenyw yno hefyd—Mercedes, gwraig Charles a chwaer Hal.
Formavano una famiglia completa, anche se erano tutt'altro che adatti al sentiero.

Fe wnaethon nhw deulu cyflawn, er eu bod nhw ymhell o fod yn addas ar gyfer y llwybr.

Buck osservava nervosamente mentre il trio iniziava a impacchettare le provviste.

Gwyliodd Buck yn nerfus wrth i'r triawd ddechrau pacio'r cyflenwadau.

Lavoravano duro ma senza ordine, solo confusione e sforzi sprecati.

Fe wnaethon nhw weithio'n galed ond heb drefn—dim ond ffwdan ac ymdrech wastraff.

La tenda era arrotolata fino a formare una sagoma ingombrante, decisamente troppo grande per la slitta.

Roedd y babell wedi'i rholio i siâp swmpus, yn llawer rhy fawr ar gyfer y sled.

I piatti sporchi venivano imballati senza essere stati né lavati né asciugati.

Roedd llestri budr wedi'u pacio heb eu glanhau na'u sychu o gwbl.

Mercedes svolazzava in giro, parlando, correggendo e intromettendosi in continuazione.

Roedd Mercedes yn hedfan o gwmpas, yn siarad, yn cywiro ac yn ymyrryd yn gyson.

Quando le misero un sacco davanti, lei insistette perché lo mettesse dietro.

Pan osodwyd sach ar y blaen, mynnodd ei fod yn mynd ar y cefn.

Mise il sacco in fondo e un attimo dopo ne ebbe bisogno.

Paciodd y sach yn y gwaelod, a'r funud nesaf roedd ei hangen arni.

Quindi la slitta venne disimballata di nuovo per raggiungere quella specifica borsa.

Felly dadbacio'r sled eto i gyrraedd yr un bag penodol.

Lì vicino, tre uomini stavano fuori da una tenda e osservavano la scena che si svolgeva.

Gerllaw, roedd tri dyn yn sefyll y tu allan i babell, yn gwylio'r olygfa'n datblygu.

Sorrisero, ammiccarono e sogghignarono di fronte all'evidente confusione dei nuovi arrivati.

Fe wnaethon nhw wenu, wincio, a gwenu ar ddryswch amlwg y newydd-ddyfodiaid.

"Hai già un carico parecchio pesante", disse uno degli uomini.

"Mae gennych chi lwyth trwm iawn yn barod," meddai un o'r dynion.

"Non credo che dovresti portare quella tenda, ma la scelta è tua."

"Dydw i ddim yn meddwl y dylech chi gario'r babell honno, ond eich dewis chi yw hi."

"Impensabile!" esclamò Mercedes, alzando le mani in segno di disperazione.

"Heb freuddwydio amdano!" gwaeddodd Mercedes, gan daflu ei dwylo i fyny mewn anobaith.

"Come potrei viaggiare senza una tenda sotto cui dormire?"

"Sut allwn i deithio heb babell i aros oddi tani?"

«È primavera, non vedrai più il freddo», rispose l'uomo.

"Mae hi'n wanwyn—fyddwch chi ddim yn gweld tywydd oer eto," atebodd y dyn.

Ma lei scosse la testa e loro continuarono ad accumulare oggetti sulla slitta.

Ond ysgwydodd ei phen, ac fe barhaon nhw i bentyrru eitemau ar y sled.

Il carico era pericolosamente alto mentre aggiungevano gli ultimi oggetti.

Cododd y llwyth yn beryglus o uchel wrth iddyn nhw ychwanegu'r pethau olaf.

"Pensi che la slitta andrà avanti?" chiese uno degli uomini con aria scettica.

"Tybed a fydd y sled yn reidio?" gofynnodd un o'r dynion gyda golwg amheus.

"E perché non dovrebbe?" ribatté Charles con netto fastidio.

"Pam na ddylai?" atebodd Charles yn sydyn gyda dicter llym.

"Oh, va bene", disse rapidamente l'uomo, evitando di offendersi.

"O, mae hynny'n iawn," meddai'r dyn yn gyflym, gan gilio rhag y sarhad.
"Mi chiedevo solo: mi sembrava un po' troppo pesante nella parte superiore."
"Roeddwn i ond yn meddwl tybed—roedd e'n edrych ychydig yn rhy drwm ar ei ben i mi."
Charles si voltò e legò il carico meglio che poté.
Trodd Charles i ffwrdd a rhwymo'r llwyth i lawr cyn gynted ag y gallai.
Ma le legature erano allentate e l'imballaggio nel complesso era fatto male.
Ond roedd y clymiadau'n llac a'r pacio wedi'i wneud yn wael ar y cyfan.
"Certo, i cani tireranno così tutto il giorno", disse sarcasticamente un altro uomo.
"Wrth gwrs, bydd y cŵn yn tynnu hynny drwy'r dydd," meddai dyn arall yn sarkastig.
«Certamente», rispose Hal freddamente, afferrando il lungo timone della slitta.
"Wrth gwrs," atebodd Hal yn oer, gan afael ym polyn hir y sled.
Tenendo una mano sul palo, faceva roteare la frusta nell'altra.
Gyda un llaw ar y polyn, siglodd y chwip yn y llall.
"Andiamo!" urlò. "Muovetevi!", incitando i cani a partire.
"Gadewch i ni fynd!" gwaeddodd. "Symudwch hi!" gan annog y cŵn i gychwyn.
I cani si appoggiarono all'imbracatura e si sforzarono per qualche istante.
Pwysodd y cŵn i'r harnais ac straenio am ychydig eiliadau.
Poi si fermarono, incapaci di spostare di un centimetro la slitta sovraccarica.
Yna fe stopion nhw, heb allu symud y sled gorlwythog fodfedd.
"Quei fannulloni!" urlò Hal, alzando la frusta per colpirli.
"Y creaduriaid diog!" gwaeddodd Hal, gan godi'r chwip i'w taro.

Ma Mercedes si precipitò dentro e strappò la frusta dalle mani di Hal.

Ond rhuthrodd Mercedes i mewn a chipio'r chwip o ddwylo Hal.

«Oh, Hal, non osare far loro del male», gridò allarmata.

"O, Hal, paid â meiddio eu brifo nhw," gwaeddodd mewn dychryn.

"Promettimi che sarai gentile con loro, altrimenti non farò un altro passo."

"Addawa i mi y byddi di'n garedig wrthyn nhw, neu wna i ddim mynd gam arall."

"Non sai niente di cani", scattò Hal contro la sorella.

"Dwyt ti ddim yn gwybod dim am gŵn," meddai Hal yn sydyn wrth ei chwaer.

"Sono pigri e l'unico modo per smuoverli è frustarli."

"Maen nhw'n ddiog, a'r unig ffordd i'w symud yw eu chwipio."

"Chiedi a chiunque, chiedi a uno di quegli uomini laggiù se dubiti di me."

"Gofynnwch i unrhyw un — gofynnwch i un o'r dynion hynny draw fan'na os ydych chi'n amau fi."

Mercedes guardò gli astanti con occhi imploranti e pieni di lacrime.

Edrychodd Mercedes ar y gwylwyr â llygaid erfyniol, dagreuol.

Il suo viso rivelava quanto odiasse la vista di qualsiasi dolore.

Roedd ei hwyneb yn dangos pa mor ddwfn yr oedd hi'n casáu gweld unrhyw boen.

"Sono deboli, tutto qui", ha detto un uomo. "Sono sfiniti."

"Maen nhw'n wan, dyna'r cyfan," meddai un dyn. "Maen nhw wedi blino'n lân."

"Hanno bisogno di riposare: hanno lavorato troppo a lungo senza una pausa."

"Mae angen gorffwys arnyn nhw — maen nhw wedi cael eu gweithio'n rhy hir heb seibiant."

«Che il resto sia maledetto», borbottò Hal arricciando il labbro.

"Melltith ar y gweddill," muttered Hal â'i wefus wedi'i chyrlio.

Mercedes sussultò, visibilmente addolorata per le parole volgari pronunciate da lui.

Anadlodd Mercedes, yn amlwg wedi'i phoeni gan y gair garw ganddo.

Ciononostante, lei rimase leale e difese immediatamente il fratello.

Serch hynny, arhosodd yn ffyddlon ac amddiffynnodd ei brawd ar unwaith.

"Non badare a quell'uomo", disse ad Hal. "Sono i nostri cani."

"Paid â phoeni am y dyn yna," meddai wrth Hal. "Nhw yw ein cŵn ni."

"Li guidi come meglio credi: fai ciò che ritieni giusto."

"Rydych chi'n eu gyrru fel y gwelwch chi'n dda—gwnewch yr hyn sy'n iawn yn eich barn chi."

Hal sollevò la frusta e colpì di nuovo i cani senza pietà.

Cododd Hal y chwip a tharo'r cŵn eto heb drugaredd.

Si lanciarono in avanti, con i corpi bassi e i piedi che affondavano nella neve.

Neidion nhw ymlaen, cyrff yn isel, traed yn gwthio i'r eira.

Tutta la loro forza era concentrata nel traino, ma la slitta non si muoveva.

Aeth eu holl nerth i'r tynnu, ond nid oedd y sled yn symud.

La slitta rimase bloccata, come un'ancora congelata nella neve compatta.

Arhosodd y sled yn sownd, fel angor wedi rhewi i'r eira wedi'i bacio.

Dopo un secondo tentativo, i cani si fermarono di nuovo, ansimando forte.

Ar ôl ail ymdrech, stopiodd y cŵn eto, gan anadlu'n drwm.

Hal sollevò di nuovo la frusta, proprio mentre Mercedes interferiva di nuovo.

Cododd Hal y chwip unwaith eto, wrth i Mercedes ymyrryd eto.

Si lasciò cadere in ginocchio davanti a Buck e gli abbracciò il collo.

Syrthiodd ar ei phen-gliniau o flaen Buck a chofleidio ei wddf.

Le lacrime le riempivano gli occhi mentre implorava il cane esausto.

Llenwodd dagrau ei llygaid wrth iddi erfyn ar y ci blinedig.

"Poveri cari", disse, "perché non tirate più forte?"

"Chwi annwyliaid tlawd," meddai hi, "pam na wnewch chi dynnu'n galetach?"

"Se tiri, non verrai frustato così."

"Os wyt ti'n tynnu, yna fyddi di ddim yn cael dy chwipio fel hyn."

A Buck non piaceva Mercedes, ma ormai era troppo stanco per resisterle.

Nid oedd Buck yn hoffi Mercedes, ond roedd yn rhy flinedig i'w gwrthsefyll nawr.

Lui accettò le sue lacrime come se fossero solo un'altra parte di quella giornata miserabile.

Derbyniodd ei dagrau fel dim ond rhan arall o'r diwrnod truenus.

Uno degli uomini che osservavano, dopo aver represso la rabbia, finalmente parlò.

Siaradodd un o'r dynion oedd yn gwylio o'r diwedd ar ôl atal ei ddicter.

"Non mi interessa cosa succede a voi, ma quei cani sono importanti."

"Does dim ots gen i beth sy'n digwydd i chi bobl, ond mae'r cŵn hynny'n bwysig."

"Se vuoi aiutare, stacca quella slitta: è ghiacciata e innevata."

"Os ydych chi eisiau helpu, torrwch y sled yna'n rhydd—mae wedi rhewi i'r eira."

"Spingi con forza il palo della luce, a destra e a sinistra, e rompi il sigillo di ghiaccio."

"Gwthiwch yn galed ar y polyn gee, i'r dde ac i'r chwith, a thorrwch y sêl iâ."

Fu fatto un terzo tentativo, questa volta seguendo il suggerimento dell'uomo.

Gwnaed trydydd ymgais, y tro hwn yn dilyn awgrym y dyn.

Hal fece oscillare la slitta da una parte all'altra, facendo staccare i pattini.

Ysgwydodd Hal y sled o ochr i ochr, gan ryddhau'r rhedwyr.

La slitta, benché sovraccarica e scomoda, alla fine sobbalzò in avanti.

Er bod y sled wedi'i orlwytho ac yn lletchwith, fe syrthiodd ymlaen o'r diwedd.

Buck e gli altri tirarono selvaggiamente, spinti da una tempesta di frustate.

Tynnodd Buck a'r lleill yn wyllt, wedi'u gyrru gan storm o chwiplashes.

Un centinaio di metri più avanti, il sentiero curvava e scendeva in pendenza verso la strada.

Can llath ymlaen, roedd y llwybr yn troi ac yn llethr i'r stryd.

Ci sarebbe voluto un guidatore esperto per tenere la slitta in posizione verticale.

Byddai wedi cymryd gyrrwr medrus i gadw'r sled yn unionsyth.

Hal non era abile e la slitta si ribaltò mentre svoltava.

Nid oedd Hal yn fedrus, a throdd y sled wrth iddo siglo o amgylch y tro.

Le cinghie allentate cedettero e metà del carico si rovesciò sulla neve.

Rhoddodd llinynnau rhydd ffordd, a thywalltodd hanner y llwyth ar yr eira.

I cani non si fermarono; la slitta più leggera continuò a procedere su un fianco.

Ni stopiodd y cŵn; hedfanodd y sled ysgafnach ar ei ochr.

I cani, furiosi per i maltrattamenti e per il peso del carico, corsero più veloci.

Yn flin oherwydd y cam-drin a'r baich trwm, rhedodd y cŵn yn gyflymach.

Buck, infuriato, si lanciò a correre, seguito dalla squadra.

Mewn cynddaredd, dechreuodd Buck redeg, gyda'r tîm yn dilyn ar ei ôl.

Hal urlò "Whoa! Whoa!" ma la squadra non gli prestò attenzione.

Gwaeddodd Hal "Whoa! Whoa!" ond ni roddodd y tîm unrhyw sylw iddo.

Inciampò, cadde e fu trascinato a terra dall'imbracatura.

Baglodd, syrthiodd, a chafodd ei lusgo ar hyd y llawr gan yr harnais.

La slitta rovesciata lo travolse mentre i cani continuavano a correre avanti.

Tarodd y sled oedd wedi troi drosto wrth i'r cŵn rasio ymlaen.

Il resto delle provviste è sparso lungo la trafficata strada di Skaguay.

Roedd gweddill y cyflenwadau wedi'u gwasgaru ar draws stryd brysur Skaguay.

Le persone di buon cuore si precipitarono a fermare i cani e a raccogliere l'attrezzatura.

Rhuthrodd pobl garedig i atal y cŵn a chasglu'r offer.

Diedero anche consigli schietti e pratici ai nuovi viaggiatori.

Rhoddasant gyngor, yn blwmp ac yn ymarferol, i'r teithwyr newydd hefyd.

"Se vuoi raggiungere Dawson, prendi metà del carico e raddoppia i cani."

"Os ydych chi eisiau cyrraedd Dawson, cymerwch hanner y llwyth a dyblwch y cŵn."

Hal, Charles e Mercedes ascoltarono, anche se non con entusiasmo.

Gwrandawodd Hal, Charles, a Mercedes, er nad gyda brwdfrydedd.

Montarono la tenda e cominciarono a sistemare le loro provviste.

Fe wnaethon nhw godi eu pabell a dechrau didoli eu cyflenwadau.

Ne uscirono dei cibi in scatola, che fecero ridere a crepapelle gli astanti.

Allan daeth nwyddau tun, a wnaeth i'r gwylwyr chwerthin yn uchel.

"Roba in scatola sul sentiero? Morirai di fame prima che si sciolga", disse uno.

"Stwff tun ar y llwybr? Byddwch chi'n llwgu cyn i hynny doddi," meddai un.

"Coperte d'albergo? Meglio buttarle via tutte."

"Blancedi gwesty? Mae'n well i chi eu taflu nhw i gyd allan."

"Togli anche la tenda e qui nessuno laverà più i piatti."

"Gadael y babell hefyd, a does neb yn golchi llestri yma."

"Pensi di viaggiare su un treno Pullman con dei servitori a bordo?"

"Tybed a ydych chi'n meddwl eich bod chi'n teithio ar drên Pullman gyda gweision ar fwrdd?"

Il processo ebbe inizio: ogni oggetto inutile venne gettato da parte.

Dechreuodd y broses—cafodd pob eitem ddiwerth ei thaflu i'r ochr.

Mercedes pianse quando le sue borse furono svuotate sul terreno innevato.

Criodd Mercedes pan gafodd ei bagiau eu gwagio ar y ddaear eiraog.

Singhiozzava per ogni oggetto buttato via, uno per uno, senza sosta.

Wylodd dros bob eitem a daflwyd allan, un wrth un heb oedi.

Giurò di non fare un altro passo, nemmeno per dieci Charles.

Addawodd na fyddai'n mynd un cam arall—ddim hyd yn oed am ddeg Siarl.

Pregò ogni persona vicina di lasciarle conservare le sue cose preziose.

Erfyniodd ar bob person gerllaw i adael iddi gadw ei phethau gwerthfawr.

Alla fine si asciugò gli occhi e cominciò a gettare via anche i vestiti più importanti.

O'r diwedd, sychodd ei llygaid a dechrau taflu hyd yn oed dillad hanfodol.

Una volta terminato il suo, cominciò a svuotare le scorte degli uomini.

Pan oedd hi wedi gorffen gyda'i nwyddau ei hun, dechreuodd wagio cyflenwadau'r dynion.

Come un turbine, fece a pezzi gli effetti personali di Charles e Hal.

Fel corwynt, rhwygodd drwy eiddo Charles a Hal.

Sebbene il carico fosse dimezzato, era comunque molto più pesante del necessario.

Er bod y llwyth wedi'i haneru, roedd yn dal i fod yn llawer trymach nag oedd ei angen.

Quella notte, Charles e Hal uscirono e comprarono sei nuovi cani.

Y noson honno, aeth Charles a Hal allan a phrynu chwe chi newydd.

Questi nuovi cani si unirono ai sei originali, più Teek e Koona.

Ymunodd y cŵn newydd hyn â'r chwech gwreiddiol, ynghyd â Teek a Koona.

Insieme formarono una squadra di quattordici cani attaccati alla slitta.

Gyda'i gilydd fe wnaethon nhw dîm o bedwar ci ar ddeg wedi'u clymu wrth y sled.

Ma i nuovi cani erano inadatti e poco addestrati per il lavoro con la slitta.

Ond roedd y cŵn newydd yn anaddas ac wedi'u hyfforddi'n wael ar gyfer gwaith sled.

Tre dei cani erano cani da caccia a pelo corto, mentre uno era un Terranova.

Roedd tri o'r cŵn yn gŵn pwyntydd blew byr, ac roedd un yn Newfoundland.

Gli ultimi due cani erano meticci senza alcuna razza o scopo ben definito.

Roedd y ddau gi olaf yn gŵn mwt heb unrhyw frid na phwrpas clir o gwbl.

Non capivano il percorso e non lo imparavano in fretta.

Doedden nhw ddim yn deall y llwybr, ac doedden nhw ddim yn ei ddysgu'n gyflym.

Buck e i suoi compagni li osservavano con disprezzo e profonda irritazione.

Gwyliodd Buck a'i ffrindiau nhw gyda dirmyg a llid dwfn.

Sebbene Buck insegnasse loro cosa non fare, non poteva insegnare loro il dovere.

Er i Buck ddysgu iddyn nhw beth i beidio â'i wneud, ni allai ddysgu iddyn nhw ddyletswydd.

Non amavano la vita sui sentieri né la trazione delle redini e delle slitte.

Doedden nhw ddim yn hoffi bywyd ar hyd y llwybr na thynnu awenau a slediau.

Soltanto i bastardi cercarono di adattarsi, e anche a loro mancava lo spirito combattivo.

Dim ond y mongrels a geisiodd addasu, a hyd yn oed nhw oedd yn brin o ysbryd ymladd.

Gli altri cani erano confusi, indeboliti e distrutti dalla loro nuova vita.

Roedd y cŵn eraill wedi drysu, wedi gwanhau, ac wedi torri gan eu bywyd newydd.

Con i nuovi cani all'oscuro e i vecchi esausti, la speranza era flebile.

Gyda'r cŵn newydd yn ddi-glem a'r hen rai wedi blino'n lân, roedd gobaith yn brin.

La squadra di Buck aveva percorso duemilacinquecento miglia di sentiero accidentato.

Roedd tîm Buck wedi gorchuddio dau ddeg pump cant o filltiroedd o lwybr garw.

Ciononostante, i due uomini erano allegri e orgogliosi della loro grande squadra di cani.

Serch hynny, roedd y ddau ddyn yn llawen ac yn falch o'u tîm cŵn mawr.

Pensavano di viaggiare con stile, con quattordici cani al seguito.

Roedden nhw'n meddwl eu bod nhw'n teithio mewn steil, gyda phedwar ar ddeg o gŵn wedi'u clymu.

Avevano visto delle slitte partire per Dawson e altre arrivarne.
Roedden nhw wedi gweld slediau'n gadael am Dawson, ac eraill yn cyrraedd oddi yno.
Ma non ne avevano mai vista una trainata da ben quattordici cani.
Ond ni welsant erioed un yn cael ei dynnu gan gynifer â phedwar ar ddeg o gŵn.
C'era un motivo per cui squadre del genere erano rare nelle terre selvagge dell'Artico.
Roedd yna reswm pam fod timau o'r fath yn brin yn anialwch yr Arctig.
Nessuna slitta poteva trasportare cibo sufficiente a sfamare quattordici cani per l'intero viaggio.
Ni allai unrhyw sled gario digon o fwyd i fwydo pedwar ar ddeg o gŵn ar gyfer y daith.
Ma Charles e Hal non lo sapevano: avevano fatto i calcoli.
Ond doedd Charles a Hal ddim yn gwybod hynny—roedden nhw wedi gwneud y mathemateg.
Hanno pianificato la razione di cibo: una certa quantità per cane, per un certo numero di giorni, fatta.
Fe wnaethon nhw nodi'r bwyd gyda phensil: cymaint i bob ci, cymaint o ddyddiau, wedi'i wneud.
Mercedes guardò i numeri e annuì come se avessero senso.
Edrychodd Mercedes ar eu ffigurau ac amneidiodd fel pe bai'n gwneud synnwyr.
Tutto le sembrava molto semplice, almeno sulla carta.
Roedd y cyfan yn ymddangos yn syml iawn iddi, o leiaf ar bapur.

La mattina seguente, Buck guidò lentamente la squadra lungo la strada innevata.
Y bore wedyn, arweiniodd Buck y tîm yn araf i fyny'r stryd eiraog.
Non c'era né energia né spirito in lui e nei cani dietro di lui.
Nid oedd unrhyw egni nac ysbryd ynddo nac yn y cŵn y tu ôl iddo.

Erano stanchi morti fin dall'inizio: non avevano più riserve.
Roedden nhw wedi blino'n lân o'r dechrau — doedd dim arian wrth gefn ar ôl.
Buck aveva già fatto quattro viaggi tra Salt Water e Dawson.
Roedd Buck wedi gwneud pedair taith rhwng Salt Water a Dawson eisoes.
Ora, di fronte alla stessa pista, non provava altro che amarezza.
Nawr, yn wynebu'r un llwybr eto, nid oedd yn teimlo dim byd ond chwerwder.
Il suo cuore non c'era, e nemmeno quello degli altri cani.
Nid oedd ei galon ynddo, nac yr oedd calonnau'r cŵn eraill chwaith.
I nuovi cani erano timidi e gli husky non si fidavano per niente.
Roedd y cŵn newydd yn swil, ac roedd yr hyscis yn brin o ymddiriedaeth.
Buck capì che non poteva fare affidamento su quei due uomini o sulla loro sorella.
Teimlai Buck na allai ddibynnu ar y ddau ddyn hyn na'u chwaer.
Non sapevano nulla e non mostravano alcun segno di apprendimento lungo il percorso.
Doedden nhw ddim yn gwybod dim ac nid oedden nhw'n dangos unrhyw arwyddion o ddysgu ar y llwybr.
Erano disorganizzati e privi di qualsiasi senso di disciplina.
Roeddent yn anhrefnus ac yn brin o unrhyw ymdeimlad o ddisgyblaeth.
Ogni volta impiegavano metà della notte per allestire un accampamento malmesso.
Cymerodd hanner y nos iddyn nhw sefydlu gwersyll flêr bob tro.
E metà della mattina successiva la trascorsero di nuovo armeggiando con la slitta.
A hanner y bore canlynol treulion nhw'n ymyrryd â'r sled eto.
Spesso a mezzogiorno si fermavano solo per sistemare il carico irregolare.

Erbyn hanner dydd, byddent yn aml yn stopio dim ond i drwsio'r llwyth anwastad.

In alcuni giorni percorsero meno di dieci miglia in totale.

Ar rai dyddiau, roedden nhw'n teithio llai na deg milltir i gyd.

Altri giorni non riuscivano proprio ad abbandonare l'accampamento.

Dyddiau eraill, ni lwyddodd nhw i adael y gwersyll o gwbl.

Non sono mai riusciti a coprire la distanza alimentare prevista.

Ni ddaethant byth yn agos at gwmpasu'r pellter bwyd a gynlluniwyd.

Come previsto, il cibo per i cani finì molto presto.

Fel y disgwyliwyd, fe wnaethon nhw redeg yn brin o fwyd i'r cŵn yn gyflym iawn.

Nei primi tempi hanno peggiorato ulteriormente la situazione con l'eccesso di cibo.

Fe wnaethon nhw waethygu pethau trwy or-fwydo yn y dyddiau cynnar.

Ciò rendeva la carestia sempre più vicina, con ogni razione disattenta.

Daeth hyn â newyn yn nes gyda phob dogn diofal.

I nuovi cani non avevano ancora imparato a sopravvivere con molto poco.

Nid oedd y cŵn newydd wedi dysgu goroesi ar ychydig iawn.

Mangiarono avidamente, con un appetito troppo grande per il sentiero.

Bwytasant yn llwglyd, gydag archwaeth yn rhy fawr ar gyfer y llwybr.

Vedendo i cani indebolirsi, Hal pensò che il cibo non fosse sufficiente.

Wrth weld y cŵn yn gwanhau, credai Hal nad oedd y bwyd yn ddigon.

Raddoppiò le razioni, peggiorando ulteriormente l'errore.

Dyblodd y dognau, gan wneud y camgymeriad hyd yn oed yn waeth.

Mercedes aggravò il problema con le sue lacrime e le sue suppliche sommesse.

Ychwanegodd Mercedes at y broblem gyda dagrau ac erfyn ysgafn.

Quando non riuscì a convincere Hal, diede da mangiare ai cani di nascosto.

Pan na allai hi argyhoeddi Hal, bwydodd y cŵn yn gyfrinachol.

Rubò il pesce dai sacchi e glielo diede alle spalle.

Lladrataodd o'r sachau pysgod a'i rhoi iddyn nhw y tu ôl i'w gefn.

Ma ciò di cui i cani avevano veramente bisogno non era altro cibo: era riposo.

Ond nid mwy o fwyd oedd ei angen ar y cŵn mewn gwirionedd—gorffwys oedd e.

Nonostante la loro scarsa velocità, la pesante slitta continuava a procedere.

Roedden nhw'n gwneud amser gwael, ond roedd y sled trwm yn dal i lusgo ymlaen.

Quel peso da solo esauriva ogni giorno le loro forze rimanenti.

Roedd y pwysau hwnnw yn unig yn draenio eu cryfder sy'n weddill bob dydd.

Poi arrivò la fase della sottoalimentazione, quando le scorte scarseggiavano.

Yna daeth y cam o danfwydo wrth i'r cyflenwadau redeg yn brin.

Una mattina Hal si accorse che metà del cibo per cani era già finito.

Sylweddolodd Hal un bore fod hanner bwyd y cŵn eisoes wedi mynd.

Avevano percorso solo un quarto della distanza totale del sentiero.

Dim ond chwarter o gyfanswm pellter y llwybr yr oeddent wedi teithio.

Non si poteva più comprare cibo, a qualunque prezzo.

Ni ellid prynu mwy o fwyd, ni waeth beth oedd y pris a gynigiwyd.

Ridusse le porzioni dei cani al di sotto della razione giornaliera standard.
Gostyngodd ddognau'r cŵn islaw'r dogn dyddiol safonol.
Allo stesso tempo, chiese di viaggiare più a lungo per compensare la perdita.
Ar yr un pryd, mynnodd deithio hirach i wneud iawn am y golled.
Mercedes e Charles appoggiarono questo piano, ma fallirono nella sua realizzazione.
Cefnogodd Mercedes a Charles y cynllun hwn, ond methodd â'i weithredu.
La loro pesante slitta e la mancanza di abilità rendevano il progresso quasi impossibile.
Roedd eu sled trwm a'u diffyg sgiliau yn gwneud cynnydd bron yn amhosibl.
Era facile dare meno cibo, ma impossibile forzare uno sforzo maggiore.
Roedd yn hawdd rhoi llai o fwyd, ond yn amhosibl gorfodi mwy o ymdrech.
Non potevano partire prima, né viaggiare per ore extra.
Ni allent ddechrau'n gynnar, nac ychwaith deithio am oriau ychwanegol.
Non sapevano come gestire i cani, e nemmeno loro stessi, a dire il vero.
Doedden nhw ddim yn gwybod sut i weithio'r cŵn, nac ychwaith nhw eu hunain, o ran hynny.
Il primo cane a morire fu Dub, lo sfortunato ma laborioso ladro.
Y ci cyntaf i farw oedd Dub, y lleidr anlwcus ond gweithgar.
Sebbene spesso punito, Dub aveva fatto la sua parte senza lamentarsi.
Er ei fod yn aml yn cael ei gosbi, roedd Dub wedi gwneud ei orau heb gwyno.
La sua spalla ferita peggiorò se non ricevette cure adeguate e non ebbe bisogno di riposo.
Gwaethygodd ei ysgwydd anafedig heb ofal nac angen gorffwys.

Alla fine, Hal usò la pistola per porre fine alle sofferenze di Dub.
Yn olaf, defnyddiodd Hal y rifolfer i roi terfyn ar ddioddefaint Dub.
Un detto comune afferma che i cani normali muoiono se vengono nutriti con razioni di husky.
Dywediad cyffredin oedd bod cŵn normal yn marw ar fwyd husky.
I sei nuovi compagni di Buck avevano ricevuto solo metà della quota di cibo riservata all'husky.
Dim ond hanner cyfran yr husky o fwyd oedd gan chwe chyfaill newydd Buck.
Il Terranova morì per primo, seguito dai tre cani da caccia a pelo corto.
Bu farw'r Newfoundland yn gyntaf, yna'r tri chi pwyntydd gwallt byr.
I due bastardi resistettero più a lungo ma alla fine morirono come gli altri.
Daliodd y ddau gymysgydd ymlaen yn hirach ond bu farw yn y diwedd fel y gweddill.
Ormai tutti i comfort e la gentilezza del Southland erano scomparsi.
Erbyn hyn, roedd holl fwynderau a thynerwch y Deheudir wedi diflannu.
Le tre persone avevano perso le ultime tracce della loro educazione civile.
Roedd y tri pherson wedi taflu olion olaf eu magwraeth waraidd.
Spogliato di glamour e romanticismo, il viaggio nell'Artico è diventato brutalmente reale.
Heb unrhyw hud a lledrith, daeth teithio yn yr Arctig yn gwbl real.
Era una realtà troppo dura per il loro senso di virilità e femminilità.
Roedd yn realiti rhy llym i'w synnwyr o wrywdod a benyweidd-dra.

Mercedes non piangeva più per i cani, ma piangeva solo per se stessa.
Nid oedd Mercedes yn wylo am y cŵn mwyach, ond yn awr dim ond amdani ei hun yr oedd yn wylo.
Trascorreva il tempo piangendo e litigando con Hal e Charles.
Treuliodd ei hamser yn crio ac yn ffraeo gyda Hal a Charles.
Litigare era l'unica cosa per cui non si stancavano mai.
Ffraeo oedd yr un peth nad oeddent byth yn rhy flinedig i'w wneud.
La loro irritabilità derivava dalla miseria, cresceva con essa e la superava.
Deilliodd eu anniddigrwydd o drallod, tyfodd gydag ef, a rhagori arno.
La pazienza del cammino, nota a coloro che faticano e soffrono con generosità, non è mai arrivata.
Ni ddaeth amynedd y llwybr, a adnabyddir i'r rhai sy'n llafurio ac yn dioddef yn garedig.
Quella pazienza che rende dolce la parola nonostante il dolore, era a loro sconosciuta.
Yr oedd yr amynedd hwnnw, sy'n cadw lleferydd yn felys trwy boen, yn anhysbys iddynt.
Non avevano alcun briciolo di pazienza, nessuna forza derivante dalla sofferenza con grazia.
Nid oedd ganddyn nhw unrhyw awgrym o amynedd, dim nerth a dynnwyd o ddioddefaint â gras.
Erano irrigiditi dal dolore: dolori nei muscoli, nelle ossa e nel cuore.
Roedden nhw'n stiff gyda phoen—yn dolurus yn eu cyhyrau, eu hesgyrn, a'u calonnau.
Per questo motivo, divennero taglienti nella lingua e pronti a pronunciare parole dure.
Oherwydd hyn, daethant yn finiog o dafod a chyflym gyda geiriau llym.
Ogni giorno iniziava e finiva con voci arrabbiate e lamentele amare.

Dechreuodd a gorffennodd pob diwrnod gyda lleisiau blin a chwynion chwerw.

Charles e Hal litigavano ogni volta che Mercedes ne dava loro l'occasione.

Roedd Charles a Hal yn ffraeo pryd bynnag y byddai Mercedes yn rhoi cyfle iddyn nhw.

Ogni uomo credeva di aver fatto più del dovuto.

Credai pob dyn ei fod wedi gwneud mwy na'i gyfran deg o'r gwaith.

Nessuno dei due ha mai perso l'occasione di dirlo, ancora e ancora.

Ni chollodd y naill na'r llall gyfle i ddweud hynny, dro ar ôl tro.

A volte Mercedes si schierava con Charles, a volte con Hal.

Weithiau roedd Mercedes yn ochri gyda Charles, weithiau gyda Hal.

Ciò portò a una grande e infinita lite tra i tre.

Arweiniodd hyn at ffrae fawr a diddiwedd ymhlith y tri.

La disputa su chi dovesse tagliare la legna da ardere divenne incontrollabile.

Aeth anghydfod ynghylch pwy ddylai dorri coed tân allan o reolaeth.

Ben presto vennero nominati padri, madri, cugini e parenti defunti.

Yn fuan, enwyd tadau, mamau, cefndryd, a pherthnasau marw.

Le opinioni di Hal sull'arte o sulle opere teatrali di suo zio divennero parte della lotta.

Daeth barn Hal ar gelf neu ddramâu ei ewythr yn rhan o'r frwydr.

Anche le convinzioni politiche di Carlo entrarono nel dibattito.

Ymunodd credoau gwleidyddol Charles â'r ddadl hefyd.

Per Mercedes, perfino i pettegolezzi della sorella del marito sembravano rilevanti.

I Mercedes, roedd hyd yn oed clecs chwaer ei gŵr yn ymddangos yn berthnasol.

Espresse la sua opinione su questo e su molti dei difetti della famiglia di Charles.
Mynegodd farn ar hynny ac ar lawer o ddiffygion teulu Charles.
Mentre discutevano, il fuoco rimase spento e l'accampamento mezzo allestito.
Tra roedden nhw'n dadlau, arhosodd y tân heb ei gynnau a'r gwersyll hanner gosod.
Nel frattempo i cani erano rimasti infreddoliti e senza cibo.
Yn y cyfamser, roedd y cŵn yn parhau i fod yn oer a heb unrhyw fwyd.
Mercedes nutriva un risentimento che considerava profondamente personale.
Roedd gan Mercedes gŵyn yr oedd hi'n ei hystyried yn bersonol iawn.
Si sentiva maltrattata in quanto donna e le venivano negati i suoi gentili privilegi.
Teimlai hi'n cael ei cham-drin fel menyw, wedi cael ei gwadu ei breintiau tyner.
Era carina e gentile, e per tutta la vita era stata abituata alla cavalleria.
Roedd hi'n bert ac yn feddal, ac wedi arfer â marchogion ar hyd ei hoes.
Ma suo marito e suo fratello ora la trattavano con impazienza.
Ond roedd ei gŵr a'i brawd bellach yn ei thrin â diffyg amynedd.
Aveva l'abitudine di comportarsi in modo impotente e loro cominciarono a lamentarsi.
Ei harfer oedd ymddwyn yn ddiymadferth, a dechreuon nhw gwyno.
Offesa da ciò, rese loro la vita ancora più difficile.
Wedi'i thramgwyddo gan hyn, gwnaeth hi eu bywydau hyd yn oed yn anoddach.
Ignorò i cani e insistette per guidare lei stessa la slitta.
Anwybyddodd y cŵn a mynnu reidio'r sled ei hun.

Sebbene sembrasse esile, pesava centoventi libbre (circa quaranta chili).
Er ei bod yn ysgafn o ran golwg, roedd hi'n pwyso cant ugain pwys.
Quel peso aggiuntivo era troppo per i cani affamati e deboli.
Roedd y baich ychwanegol hwnnw'n ormod i'r cŵn newynog, gwan.
Nonostante ciò, continuò a cavalcare per giorni, finché i cani non crollarono nelle redini.
Serch hynny, roedd hi'n marchogaeth am ddyddiau, nes i'r cŵn gwympo yn yr awenau.
La slitta si fermò e Charles e Hal la implorarono di proseguire a piedi.
Safodd y sled yn llonydd, ac erfyniodd Charles a Hal arni i gerdded.
Loro la implorarono e la scongiurarono, ma lei pianse e li definì crudeli.
Fe wnaethon nhw erfyn ac ymbil, ond fe wylodd hi a'u galw'n greulon.
In un'occasione, la tirarono giù dalla slitta con pura forza e rabbia.
Ar un achlysur, fe'i tynnon nhw oddi ar y sled gyda grym a dicter pur.
Dopo quello che accadde quella volta non ci riprovarono più.
Wnaethon nhw byth geisio eto ar ôl yr hyn a ddigwyddodd y tro hwnnw.
Si accasciò come una bambina viziata e si sedette nella neve.
Aeth hi'n llipa fel plentyn wedi'i ddifetha ac eisteddodd yn yr eira.
Continuarono a muoversi, ma lei si rifiutò di alzarsi o di seguirli.
Symudon nhw ymlaen, ond gwrthododd hi godi na dilyn ar ei hôl hi.
Dopo tre miglia si fermarono, tornarono indietro e la riportarono indietro.

Ar ôl tair milltir, fe wnaethon nhw stopio, dychwelyd, a'i chario hi'n ôl.

La ricaricarono sulla slitta, usando ancora una volta la forza bruta.

Fe wnaethon nhw ei hail-lwytho hi ar y sled, gan ddefnyddio cryfder creulon unwaith eto.

Nella loro profonda miseria, erano insensibili alla sofferenza dei cani.

Yn eu dioddefaint dwfn, roeddent yn ddi-hid i ddioddefaint y cŵn.

Hal credeva che fosse necessario indurirsi e impose questa convinzione agli altri.

Credai Hal fod yn rhaid caledu a gorfododd y gred honno ar eraill.

Inizialmente ha cercato di predicare la sua filosofia a sua sorella

Ceisiodd bregethu ei athroniaeth i'w chwaer yn gyntaf

e poi, senza successo, predicò al cognato.

ac yna, heb lwyddiant, pregethodd i'w frawd-yng-nghyfraith.

Ebbe più successo con i cani, ma solo perché li ferì.

Cafodd fwy o lwyddiant gyda'r cŵn, ond dim ond oherwydd iddo eu brifo.

Da Five Fingers, il cibo per cani è rimasto completamente vuoto.

Yn Five Fingers, rhedodd y bwyd cŵn allan yn llwyr.

Una vecchia squaw sdentata vendette qualche chilo di pelle di cavallo congelata

Gwerthodd hen sgwarc ddi-ddannedd ychydig bunnoedd o groen ceffyl wedi'i rewi

Hal scambiò la sua pistola con la pelle di cavallo secca.

Cyfnewidiodd Hal ei rifolfer am groen ceffyl sych.

La carne proveniva dai cavalli affamati di allevatori di bovini, morti mesi prima.

Roedd y cig wedi dod gan geffylau newynog neu wartheg fisoedd ynghynt.

Congelata, la pelle era come ferro zincato: dura e immangiabile.

Wedi rhewi, roedd y croen fel haearn galfanedig; yn galed ac yn anfwytadwy.

Per riuscire a mangiarla, i cani dovevano masticare la pelle senza sosta.

Roedd rhaid i'r cŵn gnoi'r croen yn ddiddiwedd i'w fwyta.

Ma le corde coriacee e i peli corti non erano certo un nutrimento.

Ond prin oedd y llinynnau lledr a'r gwallt byr yn faeth.

La maggior parte della pelle era irritante e non era cibo in senso stretto.

Roedd y rhan fwyaf o'r croen yn annifyr, ac nid bwyd mewn unrhyw ystyr wironeddol.

E nonostante tutto, Buck barcollava davanti a tutti, come in un incubo.

A thrwy'r cyfan, siglodd Buck ar y blaen, fel mewn hunllef.

Quando poteva, tirava; quando non poteva, restava lì finché non veniva sollevato dalla frusta o dal bastone.

Tynnodd pan allai; pan nad oedd, gorweddai nes i chwip neu glwb ei godi.

Il suo pelo fine e lucido aveva perso tutta la rigidità e la lucentezza di un tempo.

Roedd ei gôt denau, sgleiniog wedi colli'r holl anystwythder a llewyrch a oedd ganddi unwaith.

I suoi capelli erano flosci, spettinati e pieni di sangue rappreso a causa dei colpi.

Roedd ei wallt yn hongian yn llipa, yn llusgo, ac yn geulo â gwaed sych o'r ergydion.

I suoi muscoli si ridussero a midolli e i cuscinetti di carne erano tutti consumati.

Cwympodd ei gyhyrau'n llinynnau, ac roedd ei badiau cnawd i gyd wedi treulio i ffwrdd.

Ogni costola, ogni osso erano chiaramente visibili attraverso le pieghe della pelle rugosa.

Roedd pob asen, pob asgwrn yn dangos yn glir trwy blygiadau o groen crychlyd.

Fu straziante, ma il cuore di Buck non riuscì a spezzarsi.

Roedd yn dorcalonnus, ond ni allai calon Buck dorri.

L'uomo con il maglione rosso lo aveva testato e dimostrato molto tempo prima.
Roedd y dyn yn y siwmper goch wedi profi hynny a'i brofi amser maith yn ôl.
Così come accadde a Buck, accadde anche a tutti i suoi compagni di squadra rimasti.
Fel yr oedd gyda Buck, felly yr oedd gyda'i holl gyd-chwaraewyr sy'n weddill.
Ce n'erano sette in totale, ognuno uno scheletro ambulante di miseria.
Roedd saith i gyd, pob un yn sgerbwd cerdded o drallod.
Erano diventati insensibili alle fruste e sentivano solo un dolore distante.
Roedden nhw wedi mynd yn ddideimlad i chwipio, gan deimlo poen pell yn unig.
Anche la vista e i suoni li raggiungevano debolmente, come attraverso una fitta nebbia.
Cyrhaeddodd hyd yn oed golwg a sain hwy'n wan, fel trwy niwl trwchus.
Non erano mezzi vivi: erano ossa con deboli scintille al loro interno.
Nid oeddent yn hanner byw—esgyrn oeddent gyda gwreichion pylu y tu mewn.
Una volta fermati, crollarono come cadaveri, con le scintille quasi del tutto spente.
Pan gawsant eu stopio, cwympasant fel cyrff, eu gwreichion bron â diflannu.
E quando la frusta o il bastone colpivano di nuovo, le scintille sfarfallavano debolmente.
A phan darodd y chwip neu'r clwb eto, byddai'r gwreichion yn fflapio'n wan.
Poi si alzarono, barcollarono in avanti e trascinarono le loro membra in avanti.
Yna codasant, camu ymlaen, a llusgo eu haelodau ymlaen.
Un giorno il gentile Billee cadde e non riuscì più a rialzarsi.
Un diwrnod syrthiodd Billee caredig ac ni allai godi o gwbl mwyach.

Hal aveva scambiato la sua pistola con quella di Billee, così decise di ucciderla con un'ascia.
Roedd Hal wedi cyfnewid ei rifolfer, felly defnyddiodd fwyell i ladd Billee yn lle.
Lo colpì alla testa, poi gli tagliò il corpo e lo trascinò via.
Trawodd ef ar ei ben, yna torrodd ei gorff yn rhydd a'i lusgo i ffwrdd.
Buck se ne accorse, e così fecero anche gli altri: sapevano che la morte era vicina.
Gwelodd Buck hyn, a gwnaeth y lleill hefyd; roedden nhw'n gwybod bod marwolaeth yn agos.
Il giorno dopo Koona se ne andò, lasciando solo cinque cani nel gruppo affamato.
Y diwrnod wedyn aeth Koona, gan adael dim ond pum ci yn y tîm llwglyd.
Joe, non più cattivo, era ormai troppo fuori di sé per rendersi conto di nulla.
Roedd Joe, heb fod yn gas mwyach, wedi mynd yn rhy bell i fod yn ymwybodol o lawer o gwbl.
Pike, ormai non fingeva più di essere ferito, era appena cosciente.
Prin oedd Pike, heb ffugio ei anaf mwyach, yn ymwybodol.
Solleks, ancora fedele, si rammaricava di non avere più la forza di dare.
Roedd Solleks, yn dal yn ffyddlon, yn galaru nad oedd ganddo nerth i roi.
Teek fu battuto più di tutti perché era più fresco, ma stava calando rapidamente.
Cafodd Teek ei guro fwyaf oherwydd ei fod yn fwy ffres, ond yn pylu'n gyflym.
E Buck, ancora in testa, non mantenne più l'ordine né lo fece rispettare.
Ac nid oedd Buck, yn dal ar y blaen, yn cadw trefn nac yn ei gorfodi mwyach.
Mezzo accecato dalla debolezza, Buck seguì la pista solo a tentoni.

Yn hanner dall gyda gwendid, dilynodd Buck y llwybr ar ei ben ei hun.

Era una bellissima primavera, ma nessuno di loro se ne accorse.

Roedd hi'n dywydd gwanwyn hyfryd, ond wnaeth yr un ohonyn nhw sylwi arno.

Ogni giorno il sole sorgeva prima e tramontava più tardi.

Bob dydd roedd yr haul yn codi'n gynharach ac yn machlud yn hwyrach nag o'r blaen.

Alle tre del mattino era già spuntata l'alba; il crepuscolo durò fino alle nove.

Erbyn tri o'r gloch y bore, roedd y wawr wedi dod; parhaodd y cyfnos tan naw.

Le lunghe giornate erano illuminate dal sole primaverile.

Llenwyd y dyddiau hir â llewyrch llawn heulwen y gwanwyn.

Il silenzio spettrale dell'inverno si era trasformato in un caldo mormorio.

Roedd tawelwch ysbrydol y gaeaf wedi newid yn sibrwd cynnes.

Tutta la terra si stava svegliando, animata dalla gioia degli esseri viventi.

Roedd yr holl dir yn deffro, yn fyw gyda llawenydd pethau byw.

Il suono proveniva da ciò che era rimasto morto e immobile per tutto l'inverno.

Daeth y sain o'r hyn a oedd wedi gorwedd yn farw ac yn llonydd drwy'r gaeaf.

Ora quelle cose si mossero di nuovo, scrollandosi di dosso il lungo sonno del gelo.

Nawr, symudodd y pethau hynny eto, gan ysgwyd y cwsg rhewllyd hir i ffwrdd.

La linfa saliva attraverso i tronchi scuri dei pini in attesa.

Roedd sudd yn codi trwy foncyffion tywyll y coed pinwydd oedd yn aros.

Salici e pioppi tremuli fanno sbocciare giovani gemme luminose su ogni ramoscello.

Mae helyg ac aethnen yn byrstio allan blagur ifanc llachar ar bob cangen.
Arbusti e viti si tingono di un verde fresco mentre il bosco si anima.
Gwisgodd llwyni a gwinwydd wyrdd ffres wrth i'r coed ddod yn fyw.
Di notte i grilli cantavano e di giorno gli insetti strisciavano nella luce del sole.
Roedd cricediaid yn tincian yn y nos, a phryfed yn cropian yn haul golau dydd.
Le pernici gridavano e i picchi picchiavano in profondità tra gli alberi.
Roedd petrisod yn byrlymu, a chnocellod yn curo'n ddwfn yn y coed.
Gli scoiattoli chiacchieravano, gli uccelli cantavano e le oche starnazzavano per richiamare l'attenzione dei cani.
Roedd gwiwerod yn clebran, roedd adar yn canu, a gwyddau'n honcio dros y cŵn.
Gli uccelli selvatici arrivavano a cunei affilati, volando in alto da sud.
Daeth yr adar gwyllt mewn lletemau miniog, gan hedfan i fyny o'r de.
Da ogni pendio giungeva la musica di ruscelli nascosti e impetuosi.
O bob bryn daeth cerddoriaeth nentydd cudd, rhuthro.
Tutto si scongelava e si spezzava, si piegava e ricominciava a muoversi.
Dadmerodd popeth a thorrodd, plygodd a byrstio yn ôl i symud.
Lo Yukon si sforzò di spezzare le fredde catene del ghiaccio ghiacciato.
Ymdrechodd yr Yukon i dorri cadwyni oer y rhew wedi rhewi.
Il ghiaccio si scioglieva sotto, mentre il sole lo scioglieva dall'alto.
Toddodd y rhew oddi tano, tra bod yr haul yn ei doddi oddi uchod.

Si aprirono dei buchi, si allargarono delle crepe e dei pezzi caddero nel fiume.
Agorodd tyllau aer, lledaenodd craciau, a syrthiodd darnau i'r afon.
In mezzo a tutta questa vita sfrenata e sfrenata, i viaggiatori barcollavano.
Ynghanol yr holl fywyd prysur a thanllyd hwn, roedd y teithwyr yn siglo.
Due uomini, una donna e un branco di husky camminavano come morti.
Cerddodd dau ddyn, menyw, a heidiau o gŵn husk fel y meirw.
I cani cadevano, Mercedes piangeva, ma continuava a guidare la slitta.
Roedd y cŵn yn cwympo, roedd Mercedes yn wylo, ond yn dal i reidio'r sled.
Hal imprecò debolmente e Charles sbatté le palpebre con gli occhi lacrimanti.
Melltithiodd Hal yn wan, a blinciodd Charles trwy lygaid dyfrio.
Si imbatterono nell'accampamento di John Thornton, nei pressi della foce del White River.
Fe wnaethon nhw faglu i mewn i wersyll John Thornton wrth aber Afon Gwyn.
Quando si fermarono, i cani caddero a terra, come se fossero stati tutti colpiti a morte.
Pan stopion nhw, syrthiodd y cŵn yn fflat, fel pe baent i gyd wedi marw.
Mercedes si asciugò le lacrime e guardò John Thornton.
Sychodd Mercedes ei dagrau ac edrychodd ar draws at John Thornton.
Charles si sedette su un tronco, lentamente e rigidamente, dolorante per il sentiero.
Eisteddodd Charles ar foncyff, yn araf ac yn stiff, yn boenus o'r llwybr.
Hal parlava mentre Thornton intagliava l'estremità del manico di un'ascia.

Hal wnaeth y siarad wrth i Thornton gerfio pen handlen bwyell.

Tagliò il legno di betulla e rispose con frasi brevi e decise.

Naddodd bren bedw ac atebodd gydag atebion byr, cadarn.

Quando gli veniva chiesto, dava un consiglio, certo che non sarebbe stato seguito.

Pan ofynnwyd iddo, rhoddodd gyngor, yn sicr na fyddai'n cael ei ddilyn.

Hal spiegò: "Ci avevano detto che il ghiaccio lungo la pista si stava staccando".

Esboniodd Hal, "Dywedon nhw wrthon ni fod iâ'r llwybr yn cwympo allan."

"Ci avevano detto che dovevamo restare fermi, ma siamo arrivati a White River."

"Dywedon nhw y dylen ni aros lle rydyn ni—ond fe gyrhaeddon ni Afon Wen."

Concluse con un tono beffardo, come per cantare vittoria nelle difficoltà.

Gorffennodd gyda thôn watwarus, fel pe bai'n hawlio buddugoliaeth mewn caledi.

"E ti hanno detto la verità", rispose John Thornton a bassa voce ad Hal.

"A dywedon nhw'r gwir wrthych chi," atebodd John Thornton i Hal yn dawel.

"Il ghiaccio potrebbe cedere da un momento all'altro: è pronto a staccarsi."

"Gall yr iâ ildio ar unrhyw adeg—mae'n barod i ddisgyn allan."

"Solo la fortuna cieca e gli sciocchi avrebbero potuto arrivare vivi fin qui."

"Dim ond lwc ddall a ffyliaid allai fod wedi cyrraedd mor bell â hyn yn fyw."

"Te lo dico senza mezzi termini: non rischierei la vita per tutto l'oro dell'Alaska."

"Rwy'n dweud yn blwmp ac yn blaen wrthych chi, fyddwn i ddim yn peryglu fy mywyd dros holl aur Alaska."

"Immagino che tu non sia uno stupido", rispose Hal.

"Dyna oherwydd nad wyt ti'n ffŵl, mae'n debyg," atebodd Hal.

"Comunque, andiamo avanti con Dawson." Srotolò la frusta.

"Serch hynny, awn ymlaen at Dawson." Datgochodd ei chwip.

"Sali, Buck! Ehi! Alzati! Forza!" urlò con voce roca.

"Cod i fyny yna, Buck! Helo! Cod i fyny! Dos ymlaen!" gwaeddodd yn llym.

Thornton continuò a intagliare, sapendo che gli sciocchi non volevano sentire ragioni.

Daliodd Thornton ati i naddu, gan wybod na fyddai ffyliaid yn gwrando ar reswm.

Fermare uno stupido era inutile, e due o tre stupidi non cambiavano nulla.

Roedd atal ffŵl yn ofer—ac ni newidiodd dau neu dri o bobl wedi cael eu twyllo ddim.

Ma la squadra non si mosse al suono del comando di Hal.

Ond ni symudodd y tîm wrth sŵn gorchymyn Hal.

Ormai solo i colpi potevano farli sollevare e avanzare.

Erbyn hyn, dim ond ergydion allai eu gwneud yn codi a thynnu ymlaen.

La frusta schioccava ripetutamente sui cani indeboliti.

Cleciaodd y chwip dro ar ôl tro ar draws y cŵn gwanedig.

John Thornton strinse forte le labbra e osservò in silenzio.

Gwasgodd John Thornton ei wefusau'n dynn a gwylio mewn distawrwydd.

Solleks fu il primo a rialzarsi sotto la frusta.

Solleks oedd y cyntaf i gropian i'w draed o dan y chwip.

Poi Teek lo seguì, tremando. Joe urlò mentre barcollava.

Yna dilynodd Teek, yn crynu. Gwaeddodd Joe wrth iddo faglu i fyny.

Pike cercò di alzarsi, fallì due volte, poi alla fine si rialzò barcollando.

Ceisiodd Pike godi, methodd ddwywaith, yna safodd yn ansicr o'r diwedd.

Ma Buck rimase lì dov'era caduto, senza muoversi affatto.

Ond gorweddodd Buck lle'r oedd wedi syrthio, heb symud o gwbl y tro hwn.

La frusta lo colpì più volte, ma lui non emise alcun suono.
Trawodd y chwip ef dro ar ôl tro, ond ni wnaeth unrhyw sŵn.
Lui non sussultò né oppose resistenza, rimase semplicemente immobile e in silenzio.
Ni wnaeth grynu na gwrthsefyll, dim ond arhosodd yn llonydd ac yn dawel.
Thornton si mosse più di una volta, come per dire qualcosa, ma non lo fece.
Trowodd Thornton fwy nag unwaith, fel pe bai'n siarad, ond wnaeth e ddim.
I suoi occhi si inumidirono, ma la frusta continuava a schioccare contro Buck.
Gwlychodd ei lygaid, ac roedd y chwip yn dal i gracio yn erbyn Buck.
Alla fine Thornton cominciò a camminare lentamente, incerto sul da farsi.
O'r diwedd, dechreuodd Thornton gerdded yn araf, yn ansicr beth i'w wneud.
Era la prima volta che Buck falliva e Hal si infuriò.
Dyma'r tro cyntaf i Buck fethu, a daeth Hal yn gandryll.
Gettò via la frusta e prese al suo posto il pesante manganello.
Taflodd y chwip i lawr a chodi'r clwb trwm yn lle hynny.
La mazza di legno colpì con violenza, ma Buck non si alzò per muoversi.
Daeth y clwb pren i lawr yn galed, ond ni chododd Buck i symud o hyd.
Come i suoi compagni di squadra, era troppo debole, ma non solo.
Fel ei gyd-chwaraewyr, roedd yn rhy wan—ond yn fwy na hynny.
Buck aveva deciso di non muoversi, qualunque cosa accadesse.
Roedd Buck wedi penderfynu peidio â symud, beth bynnag a ddeuai nesaf.
Sentì qualcosa di oscuro e sicuro incombere proprio davanti a sé.

Teimlodd rywbeth tywyll a sicr yn hofran ychydig o'i flaen.
Quel terrore lo aveva colto non appena aveva raggiunto la riva del fiume.
Cipiodd yr ofn hwnnw ef cyn gynted ag y cyrhaeddodd lan yr afon.
Quella sensazione non lo aveva abbandonato da quando aveva sentito il ghiaccio assottigliarsi sotto le zampe.
Nid oedd y teimlad wedi ei adael ers iddo deimlo'r iâ yn denau o dan ei bawennau.
Qualcosa di terribile lo stava aspettando: lo sentiva proprio lungo il sentiero.
Roedd rhywbeth ofnadwy yn aros—teimlai e i lawr y llwybr.
Non avrebbe camminato verso quella cosa terribile davanti a lui
Doedd e ddim am gerdded tuag at y peth ofnadwy hwnnw oedd o'i flaen
Non avrebbe obbedito a nessun ordine che lo avrebbe condotto a quella cosa.
Nid oedd yn mynd i ufuddhau i unrhyw orchymyn a'i harweiniai at y peth hwnnw.
Ormai il dolore dei colpi non lo sfiorava più: era troppo stanco.
Prin y cyffyrddodd poen yr ergydion ag ef bellach—roedd wedi mynd yn rhy bell.
La scintilla della vita tremolava lentamente, affievolita da ogni colpo crudele.
Fflachiodd gwreichionen bywyd yn isel, wedi'i pylu o dan bob ergyd greulon.
Gli arti gli sembravano distanti; tutto il corpo sembrava appartenere a un altro.
Teimlai ei aelodau'n bell; roedd ei gorff cyfan fel pe bai'n perthyn i rywun arall.
Sentì uno strano torpore mentre il dolore scompariva completamente.
Teimlodd fferdod rhyfedd wrth i'r boen ddiflannu'n llwyr.
Da lontano, sentiva che lo stavano picchiando, ma non se ne rendeva conto.

O bell, roedd yn teimlo ei fod yn cael ei guro, ond prin y gwyddai.

Poteva udire debolmente i tonfi, ma ormai non gli facevano più male.

Gallai glywed y twrw'n wan, ond nid oeddent yn brifo mewn gwirionedd mwyach.

I colpi andarono a segno, ma il suo corpo non sembrava più il suo.

Glaniodd yr ergydion, ond nid oedd ei gorff yn teimlo fel ei gorff ei hun mwyach.

Poi, all'improvviso, senza alcun preavviso, John Thornton lanciò un grido selvaggio.

Yna'n sydyn, heb rybudd, rhoddodd John Thornton waedd wyllt.

Era inarticolato, più il grido di una bestia che di un uomo.

Roedd yn aneglur, yn fwy o gri bwystfil nag o ddyn.

Si lanciò sull'uomo con la mazza e fece cadere Hal all'indietro.

Neidiodd at y dyn gyda'r clwb a tharo Hal yn ôl.

Hal volò come se fosse stato colpito da un albero, atterrando pesantemente al suolo.

Hedfanodd Hal fel pe bai wedi'i daro gan goeden, gan lanio'n galed ar y ddaear.

Mercedes urlò a gran voce in preda al panico e si portò le mani al viso.

Gwaeddodd Mercedes yn uchel mewn panig a gafael yn ei hwyneb.

Charles si limitò a guardare, si asciugò gli occhi e rimase seduto.

Dim ond edrych ymlaen a wnaeth Charles, sychodd ei lygaid, ac arhosodd yn eistedd.

Il suo corpo era troppo irrigidito dal dolore per alzarsi o contribuire alla lotta.

Roedd ei gorff yn rhy stiff gan boen i godi na helpu yn yr ymladd.

Thornton era in piedi davanti a Buck, tremante di rabbia, incapace di parlare.

Safodd Thornton uwchben Buck, yn crynu gan gynddaredd, yn methu siarad.
Tremava di rabbia e lottò per trovare la voce.
Crynodd gyda chynddaredd ac ymladdodd i ddod o hyd i'w lais drwyddo.
"Se colpisci ancora quel cane, ti uccido", disse infine.
"Os wyt ti'n taro'r ci yna eto, byddaf yn dy ladd di," meddai o'r diwedd.
Hal si asciugò il sangue dalla bocca e tornò avanti.
Sychodd Hal waed o'i geg a daeth ymlaen eto.
"È il mio cane", borbottò. "Togliti di mezzo o ti sistemo io."
"Fy nghi i ydy o," sibrydodd. "Ewch o'r ffordd, neu mi wna i eich trwsio chi."
"Vado da Dawson e tu non mi fermerai", ha aggiunto.
"Dw i'n mynd i Dawson, a dydych chi ddim yn fy atal," ychwanegodd.
Thornton si fermò tra Buck e il giovane arrabbiato.
Safodd Thornton yn gadarn rhwng Buck a'r dyn ifanc blin.
Non aveva alcuna intenzione di farsi da parte o di lasciar passare Hal.
Nid oedd ganddo unrhyw fwriad i gamu o'r neilltu na gadael i Hal fynd heibio.
Hal tirò fuori il suo coltello da caccia, lungo e pericoloso nella sua mano.
Tynnodd Hal ei gyllell hela allan, yn hir ac yn beryglus yn ei law.
Mercedes urlò, poi pianse, poi rise in preda a un'isteria selvaggia.
Sgrechiodd Mercedes, yna criodd, yna chwarddodd mewn hysteria gwyllt.
Thornton colpì la mano di Hal con il manico dell'ascia, con forza e rapidità.
Trawodd Thornton law Hal â choes ei fwyell, yn galed ac yn gyflym.
Il coltello si liberò dalla presa di Hal e volò a terra.
Cafodd y gyllell ei tharo'n rhydd o afael Hal a hedfanodd i'r llawr.

Hal cercò di raccogliere il coltello, ma Thornton gli batté di nuovo le nocche.
Ceisiodd Hal godi'r gyllell, a tharodd Thornton ei migyrnau eto.
Poi Thornton si chinò, afferrò il coltello e lo tenne fermo.
Yna plygodd Thornton i lawr, gafaelodd yn y gyllell, a'i dal.
Con due rapidi colpi del manico dell'ascia, tagliò le redini di Buck.
Gyda dau doriad cyflym o goes y fwyell, torrodd awenau Buck.
Hal non aveva più voglia di combattere e si allontanò dal cane.
Nid oedd gan Hal unrhyw ymladd ar ôl ynddo a chamodd yn ôl oddi wrth y ci.
Inoltre, ora Mercedes aveva bisogno di entrambe le braccia per restare in piedi.
Heblaw, roedd angen y ddwy fraich ar Mercedes nawr i'w chadw'n unionsyth.
Buck era troppo vicino alla morte per poter nuovamente tirare la slitta.
Roedd Buck yn rhy agos at farwolaeth i fod o ddefnydd i dynnu sled eto.
Pochi minuti dopo, ripartirono, dirigendosi verso il fiume.
Ychydig funudau'n ddiweddarach, fe wnaethon nhw dynnu allan, gan anelu i lawr yr afon.
Buck sollevò debolmente la testa e li guardò lasciare la banca.
Cododd Buck ei ben yn wan a'u gwylio nhw'n gadael y banc.
Pike guidava la squadra, con Solleks dietro al volante.
Pike oedd ar y blaen yn y tîm, gyda Solleks yn y cefn yn y safle olwyn.
Joe e Teek camminavano in mezzo, zoppicando entrambi per la stanchezza.
Cerddodd Joe a Teek rhyngddynt, y ddau yn cloffi o flinder.
Mercedes si sedette sulla slitta e Hal afferrò la lunga pertica.
Eisteddodd Mercedes ar y sled, a gafaelodd Hal yn y polyn hir.

Charles barcollava dietro di lui, con passi goffi e incerti.
Baglodd Charles y tu ôl, ei gamau'n lletchwith ac yn ansicr.
Thornton si inginocchiò accanto a Buck e tastò delicatamente per vedere se aveva ossa rotte.
Penliniodd Thornton wrth ymyl Buck a theimlo'n ysgafn am esgyrn wedi torri.
Le sue mani erano ruvide, ma si muovevano con gentilezza e cura.
Roedd ei ddwylo'n arw ond yn symud gyda charedigrwydd a gofal.
Il corpo di Buck era pieno di lividi, ma non presentava lesioni permanenti.
Roedd corff Buck wedi'i gleisio ond nid oedd unrhyw anaf parhaol yn cael ei ddangos.
Ciò che restava era una fame terribile e una debolezza quasi totale.
Yr hyn a arhosodd oedd newyn ofnadwy a gwendid bron yn llwyr.
Quando la situazione fu più chiara, la slitta era già andata molto a valle.
Erbyn i hyn fod yn glir, roedd y sled wedi mynd ymhell i lawr yr afon.
L'uomo e il cane osservavano la slitta avanzare lentamente sul ghiaccio che si rompeva.
Gwyliodd y dyn a'r ci y sled yn cropian yn araf dros y rhew oedd yn cracio.
Poi videro la slitta sprofondare in una cavità.
Yna, gwelsant y sled yn suddo i lawr i bant.
La pertica volò in alto, ma Hal vi si aggrappò ancora invano.
Hedfanodd y polyn gee i fyny, gyda Hal yn dal i lynu wrtho yn ofer.
L'urlo di Mercedes li raggiunse attraverso la fredda distanza.
Cyrhaeddodd sgrech Mercedes atynt ar draws y pellter oer.
Charles si voltò e fece un passo indietro, ma era troppo tardi.
Trodd Charles a chamu yn ôl—ond roedd yn rhy hwyr.
Un'intera calotta di ghiaccio cedette e tutti precipitarono.
Rhoddodd llen iâ gyfan ffordd, a syrthiasant i gyd drwodd.

Cani, slitte e persone scomparvero nelle acque nere sottostanti.

Diflannodd cŵn, sled, a phobl i'r dŵr du isod.

Nel punto in cui erano passati era rimasto solo un largo buco nel ghiaccio.

Dim ond twll llydan yn yr iâ oedd ar ôl lle roedden nhw wedi pasio.

Il fondo del sentiero era crollato, proprio come aveva previsto Thornton.

Roedd gwaelod y llwybr wedi cwympo allan—yn union fel y rhybuddiodd Thornton.

Thornton e Buck si guardarono l'un l'altro, in silenzio per un momento.

Edrychodd Thornton a Buck ar ei gilydd, yn dawel am eiliad.

"Povero diavolo", disse Thornton dolcemente, e Buck gli leccò la mano.

"Ti ddiawl tlawd," meddai Thornton yn feddal, a llyfu Buck ei law.

Per amore di un uomo
Er Cariad Dyn

John Thornton si congelò i piedi per il freddo del dicembre precedente.
Rhewodd John Thornton ei draed yn oerfel y mis Rhagfyr blaenorol.
I suoi compagni lo fecero sentire a suo agio e lo lasciarono guarire da solo.
Gwnaeth ei bartneriaid iddo fod yn gyfforddus a'i adael i wella ar ei ben ei hun.
Risalirono il fiume per raccogliere una zattera di tronchi da sega per Dawson.
Aethant i fyny'r afon i gasglu llu o foncyffion llifio i Dawson.
Zoppicava ancora leggermente quando salvò Buck dalla morte.
Roedd yn dal i gloffi ychydig pan achubodd Buck rhag marwolaeth.
Ma con il persistere del caldo, anche quella zoppia è scomparsa.
Ond gyda'r tywydd cynnes yn parhau, diflannodd hyd yn oed y cloffni hwnnw.
Sdraiato sulla riva del fiume durante le lunghe giornate primaverili, Buck si riposò.
Gan orwedd wrth lan yr afon yn ystod dyddiau hir y gwanwyn, gorffwysodd Buck.
Osservava l'acqua che scorreva e ascoltava gli uccelli e gli insetti.
Gwyliodd y dŵr yn llifo a gwrando ar adar a phryfed.
Lentamente Buck riacquistò le forze sotto il sole e il cielo.
Yn araf bach, adennillodd Buck ei nerth o dan yr haul a'r awyr.
Dopo aver viaggiato tremila miglia, riposarsi è stato meraviglioso.
Roedd gorffwys yn teimlo'n hyfryd ar ôl teithio tair mil o filltiroedd.

Buck diventò pigro man mano che le sue ferite guarivano e il suo corpo si riempiva.
Daeth Buck yn ddiog wrth i'w glwyfau wella a'i gorff lenwi.
I suoi muscoli si rassodarono e la carne tornò a ricoprire le sue ossa.
Tyfodd ei gyhyrau'n gadarn, a dychwelodd cnawd i orchuddio ei esgyrn.
Stavano tutti riposando: Buck, Thornton, Skeet e Nig.
Roedden nhw i gyd yn gorffwys—Buck, Thornton, Skeet, a Nig.
Aspettarono la zattera che li avrebbe portati a Dawson.
Fe wnaethon nhw aros am y rafft oedd yn mynd i'w cario nhw i lawr i Dawson.
Skeet era un piccolo setter irlandese che fece amicizia con Buck.
Ci bach Gwyddelig oedd Skeet a wnaeth ffrindiau gyda Buck.
Buck era troppo debole e malato per resisterle al loro primo incontro.
Roedd Buck yn rhy wan ac yn rhy sâl i'w gwrthsefyll yn eu cyfarfod cyntaf.
Skeet aveva la caratteristica di guaritore che alcuni cani possiedono per natura.
Roedd gan Skeet y nodwedd iachäwr sydd gan rai cŵn yn naturiol.
Come una gatta, leccò e pulì le ferite aperte di Buck.
Fel mam gath, roedd hi'n llyfu a glanhau clwyfau crai Buck.
Ogni mattina, dopo colazione, ripeteva il suo attento lavoro.
Bob bore ar ôl brecwast, ailadroddodd ei gwaith gofalus.
Buck finì per aspettarsi il suo aiuto tanto quanto quello di Thornton.
Daeth Buck i ddisgwyl ei chymorth hi cymaint ag yr oedd yn disgwyl cymorth Thornton.
Anche Nig era amichevole, ma meno aperto e meno affettuoso.
Roedd Nig yn gyfeillgar hefyd, ond yn llai agored a llai cariadus.

Nig era un grosso cane nero, in parte segugio e in parte levriero.
Ci du mawr oedd Nig, rhan gi gwaed a rhan gi ceirw.
Aveva occhi sorridenti e un'infinita bontà d'animo.
Roedd ganddo lygaid chwerthinllyd a natur dda ddiddiwedd yn ei ysbryd.
Con sorpresa di Buck, nessuno dei due cani mostrò gelosia nei suoi confronti.
Er syndod i Buck, ni ddangosodd y naill gi na'r llall genfigen tuag ato.
Sia Skeet che Nig condividevano la gentilezza di John Thornton.
Rhannodd Skeet a Nig garedigrwydd John Thornton.
Man mano che Buck diventava più forte, lo attiravano in stupidi giochi da cani.
Wrth i Buck fynd yn gryfach, fe wnaethon nhw ei ddenu i gemau cŵn ffôl.
Anche Thornton giocava spesso con loro, incapace di resistere alla loro gioia.
Byddai Thornton yn aml yn chwarae gyda nhw hefyd, heb allu gwrthsefyll eu llawenydd.
In questo modo giocoso, Buck passò dalla malattia a una nuova vita.
Yn y ffordd chwareus hon, symudodd Buck o salwch i fywyd newydd.
L'amore, quello vero, ardente e passionale, era finalmente suo.
Cariad—cariad gwir, llosg, ac angerddol—oedd yn eiddo iddo o'r diwedd.
Non aveva mai conosciuto questo tipo di amore nella tenuta di Miller.
Nid oedd erioed wedi adnabod y math hwn o gariad yn ystâd Miller.
Con i figli del giudice aveva condiviso lavoro e avventure.
Gyda meibion y Barnwr, roedd wedi rhannu gwaith ac antur.
Nei nipoti notò un orgoglio rigido e vanitoso.
Gyda'r wyrion, gwelodd falchder anystwyth a broliog.

Con lo stesso giudice Miller aveva un rapporto di rispettosa amicizia.
Gyda'r Barnwr Miller ei hun, roedd ganddo gyfeillgarwch parchus.
Ma l'amore che era fuoco, follia e adorazione era ciò che accadeva con Thornton.
Ond daeth cariad a oedd yn dân, yn wallgofrwydd, ac yn addoliad gyda Thornton.
Quest'uomo aveva salvato la vita di Buck, e questo di per sé significava molto.
Roedd y dyn hwn wedi achub bywyd Buck, ac roedd hynny yn unig yn golygu llawer iawn.
Ma più di questo, John Thornton era il tipo ideale di maestro.
Ond yn fwy na hynny, John Thornton oedd y math delfrydol o feistr.
Altri uomini si prendevano cura dei cani per dovere o per necessità lavorative.
Roedd dynion eraill yn gofalu am gŵn allan o ddyletswydd neu angen busnes.
John Thornton si prendeva cura dei suoi cani come se fossero figli.
Roedd John Thornton yn gofalu am ei gŵn fel pe baent yn blant iddo.
Si prendeva cura di loro perché li amava e semplicemente non poteva farne a meno.
Roedd yn gofalu amdanyn nhw oherwydd ei fod yn eu caru ac yn syml ni allai ei helpu.
John Thornton vide molto più lontano di quanto la maggior parte degli uomini riuscisse mai a vedere.
Gwelodd John Thornton hyd yn oed ymhellach nag y llwyddodd y rhan fwyaf o ddynion erioed i'w weld.
Non dimenticava mai di salutarli gentilmente o di pronunciare una parola di incoraggiamento.
Ni anghofiodd byth eu cyfarch yn garedig na dweud gair calonogol.

Amava sedersi con i cani per fare lunghe chiacchierate, o "gassy", come diceva lui.
Roedd wrth ei fodd yn eistedd i lawr gyda'r cŵn am sgyrsiau hir, neu "gassy," fel y dywedodd.
Gli piaceva afferrare bruscamente la testa di Buck tra le sue mani forti.
Roedd yn hoffi gafael ym mhen Buck yn arw rhwng ei ddwylo cryfion.
Poi appoggiò la testa contro quella di Buck e lo scosse delicatamente.
Yna gorffwysodd ei ben ei hun yn erbyn pen Buck a'i ysgwyd yn ysgafn.
Nel frattempo, chiamava Buck con nomi volgari che per lui significavano affetto.
Drwy'r amser, galwodd Buck enwau anghwrtais a oedd yn golygu cariad i Buck.
Per Buck, quell'abbraccio rude e quelle parole portarono una gioia profonda.
I Buck, daeth y cofleidiad garw hwnnw a'r geiriau hynny â llawenydd dwfn.
A ogni movimento il suo cuore sembrava sussultare di felicità.
Roedd ei galon fel petai'n crynu'n rhydd gan hapusrwydd gyda phob symudiad.
Quando poi balzò in piedi, la sua bocca sembrava ridere.
Pan neidiodd i fyny wedyn, roedd ei geg yn edrych fel pe bai'n chwerthin.
I suoi occhi brillavano intensamente e la sua gola tremava per una gioia inespressa.
Roedd ei lygaid yn disgleirio'n llachar a'i wddf yn crynu gan lawenydd aneiriol.
Il suo sorriso rimase immobile in quello stato di emozione e affetto ardente.
Safodd ei wên yn llonydd yn y cyflwr hwnnw o emosiwn a hoffter tywynnol.
Allora Thornton esclamò pensieroso: "Dio! Riesce quasi a parlare!"

Yna gwaeddodd Thornton yn feddylgar, "Duw! mae bron yn gallu siarad!"

Buck aveva uno strano modo di esprimere l'amore che quasi gli causava dolore.

Roedd gan Buck ffordd ryfedd o fynegi cariad a oedd bron â achosi poen.

Spesso stringeva forte la mano di Thornton tra i denti.

Yn aml, byddai'n gafael yn llaw Thornton yn dynn iawn yn ei ddannedd.

Il morso avrebbe lasciato segni profondi che sarebbero rimasti per qualche tempo.

Roedd y brathiad yn mynd i adael marciau dwfn a arhosodd am beth amser wedyn.

Buck credeva che quei giuramenti fossero amore, e Thornton la pensava allo stesso modo.

Credai Buck mai cariad oedd y llwon hynny, ac roedd Thornton yn gwybod yr un peth.

Il più delle volte, l'amore di Buck si manifestava in un'adorazione silenziosa, quasi silenziosa.

Yn amlaf, dangoswyd cariad Buck mewn addoliad tawel, bron yn ddistaw.

Sebbene fosse emozionato quando veniva toccato o gli si parlava, non cercava attenzione.

Er ei fod wrth ei fodd pan fyddai'n cael ei gyffwrdd neu ei siarad ag ef, nid oedd yn ceisio sylw.

Skeet spinse il naso sotto la mano di Thornton finché lui non la accarezzò.

Gwthiodd Skeet ei thrwyn o dan law Thornton nes iddo ei hanwesu.

Nig si avvicinò silenziosamente e appoggiò la sua grande testa sulle ginocchia di Thornton.

Cerddodd Nig i fyny'n dawel a gorffwys ei ben mawr ar lin Thornton.

Buck, al contrario, si accontentava di amare da una rispettosa distanza.

Roedd Buck, mewn cyferbyniad, yn fodlon caru o bellter parchus.

Rimase sdraiato per ore ai piedi di Thornton, vigile e attento.
Gorweddodd am oriau wrth draed Thornton, yn effro ac yn gwylio'n ofalus.
Buck studiò ogni dettaglio del volto del suo padrone, perfino il più piccolo movimento.
Astudiodd Buck bob manylyn o wyneb ei feistr a'r symudiad lleiaf.
Oppure sdraiati più lontano, studiando in silenzio la sagoma dell'uomo.
Neu wedi dweud celwydd ymhellach i ffwrdd, gan astudio siâp y dyn mewn distawrwydd.
Buck osservava ogni piccolo movimento, ogni cambiamento di postura o di gesto.
Gwyliodd Buck bob symudiad bach, pob newid mewn ystum neu ystum.
Questo legame era così potente che spesso catturava lo sguardo di Thornton.
Mor bwerus oedd y cysylltiad hwn nes iddo aml dynnu golwg Thornton.
Incontrò lo sguardo di Buck senza dire parole, e il suo amore traspariva chiaramente.
Cyfarfu â llygaid Buck heb eiriau, cariad yn disgleirio'n glir drwyddo.
Per molto tempo dopo essere stato salvato, Buck non perse mai di vista Thornton.
Am gyfnod hir ar ôl cael ei achub, ni adawodd Buck Thornton o'i olwg erioed.
Ogni volta che Thornton usciva dalla tenda, Buck lo seguiva da vicino all'esterno.
Pryd bynnag y byddai Thornton yn gadael y babell, byddai Buck yn ei ddilyn yn agos y tu allan.
Tutti i severi padroni delle Terre del Nord avevano fatto sì che Buck non riuscisse più a fidarsi.
Roedd yr holl feistri llym yn y Gogledd wedi gwneud i Buck ofni ymddiried.
Temeva che nessun uomo potesse restare suo padrone se non per un breve periodo.

Ofnai na allai unrhyw ddyn aros yn feistr arno am fwy nag amser byr.

Temeva che John Thornton sarebbe scomparso come Perrault e François.

Roedd yn ofni y byddai John Thornton yn diflannu fel Perrault a François.

Anche di notte, la paura di perderlo tormentava il sonno agitato di Buck.

Hyd yn oed yn y nos, roedd yr ofn o'i golli yn aflonyddu ar gwsg aflonydd Buck.

Quando Buck si svegliò, si trascinò fuori al freddo e andò nella tenda.

Pan ddeffrodd Buck, sleifiodd allan i'r oerfel, ac aeth at y babell.

Ascoltò attentamente il leggero suono del suo respiro interiore.

Gwrandawodd yn ofalus am sŵn meddal anadlu y tu mewn.

Nonostante il profondo amore di Buck per John Thornton, la natura selvaggia sopravvisse.

Er gwaethaf cariad dwfn Buck at John Thornton, arhosodd y gwyllt yn fyw.

Quell'istinto primitivo, risvegliatosi nel Nord, non scomparve.

Ni ddiflannodd y reddf gyntefig honno, a ddeffrodd yn y Gogledd.

L'amore portava devozione, lealtà e il caldo legame attorno al fuoco.

Daeth cariad â ymroddiad, teyrngarwch, a chwlwm cynnes ochr y tân.

Ma Buck mantenne anche i suoi istinti selvaggi, acuti e sempre all'erta.

Ond cadwodd Buck ei reddfau gwyllt hefyd, yn finiog ac yn effro bob amser.

Non era solo un animale domestico addomesticato proveniente dalle dolci terre della civiltà.

Nid anifail anwes dof o diroedd meddal gwareiddiad yn unig ydoedd.

Buck era un essere selvaggio che si era seduto accanto al fuoco di Thornton.
Roedd Buck yn greadur gwyllt a oedd wedi dod i mewn i eistedd wrth dân Thornton.
Sembrava un cane del Southland, ma in lui albergava la natura selvaggia.
Roedd yn edrych fel ci o'r De, ond roedd gwylltineb yn byw ynddo.
Il suo amore per Thornton era troppo grande per permettersi un furto da parte di quell'uomo.
Roedd ei gariad at Thornton yn rhy fawr i ganiatáu lladrad oddi wrth y dyn.
Ma in qualsiasi altro campo ruberebbe con audacia e senza esitazione.
Ond mewn unrhyw wersyll arall, byddai'n dwyn yn feiddgar a heb oedi.
Era così abile nel rubare che nessuno riusciva a catturarlo o accusarlo.
Roedd mor glyfar wrth ddwyn fel na allai neb ei ddal na'i gyhuddo.
Il suo viso e il suo corpo erano coperti di cicatrici dovute a molti combattimenti passati.
Roedd ei wyneb a'i gorff wedi'u gorchuddio â chreithiau o lawer o ymladdfeydd yn y gorffennol.
Buck continuava a combattere con ferocia, ma ora lo faceva con maggiore astuzia.
Roedd Buck yn dal i ymladd yn ffyrnig, ond nawr roedd yn ymladd â mwy o gyfrwystra.
Skeet e Nig erano troppo docili per combattere, ed erano di Thornton.
Roedd Skeet a Nig yn rhy addfwyn i ymladd, ac roedden nhw'n eiddo i Thornton.
Ma qualsiasi cane estraneo, non importa quanto forte o coraggioso, cedeva.
Ond unrhyw gi dieithr, ni waeth pa mor gryf neu ddewr, ildiodd.

Altrimenti, il cane si ritrovò a combattere contro Buck, lottando per la propria vita.
Fel arall, byddai'r ci yn brwydro yn erbyn Buck; yn ymladd am ei fywyd.
Buck non ebbe pietà quando decise di combattere contro un altro cane.
Ni chafodd Buck drugaredd unwaith iddo ddewis ymladd yn erbyn ci arall.
Aveva imparato bene la legge del bastone e della zanna nel Nord.
Roedd wedi dysgu cyfraith clwb a fang yn dda yn y Gogledd.
Non ha mai rinunciato a un vantaggio e non si è mai tirato indietro dalla battaglia.
Ni ildiodd fantais erioed ac ni giliai byth yn ôl o'r frwydr.
Aveva studiato Spitz e i cani più feroci della polizia e della posta.
Roedd wedi astudio Spitz a chŵn mwyaf ffyrnig y post a'r heddlu.
Sapeva chiaramente che non esisteva via di mezzo in un combattimento selvaggio.
Roedd yn gwybod yn glir nad oedd tir canol mewn brwydr wyllt.
Doveva governare o essere governato; mostrare misericordia significava mostrare debolezza.
Rhaid iddo deyrnasu neu gael ei deyrnasu; roedd dangos trugaredd yn golygu dangos gwendid.
La pietà era sconosciuta nel mondo crudo e brutale della sopravvivenza.
Roedd trugaredd yn anhysbys ym myd crai a chreulon goroesi.
Mostrare pietà era visto come un atto di paura, e la paura conduceva rapidamente alla morte.
Ystyriwyd dangos trugaredd fel ofn, ac arweiniodd ofn yn gyflym at farwolaeth.
La vecchia legge era semplice: uccidere o essere uccisi, mangiare o essere mangiati.

Roedd yr hen gyfraith yn syml: lladd neu gael eich lladd, bwyta neu gael eich bwyta.

Quella legge proveniva dalle profondità del tempo e Buck la seguì alla lettera.

Daeth y gyfraith honno o ddyfnderoedd amser, a dilynodd Buck hi'n llwyr.

Buck era più vecchio dei suoi anni e del numero dei suoi respiri.

Roedd Buck yn hŷn na'i flynyddoedd a nifer yr anadliadau a gymerodd.

Collegava in modo chiaro il passato remoto con il momento presente.

Cysylltodd y gorffennol hynafol â'r foment bresennol yn glir.

I ritmi profondi dei secoli si muovevano attraverso di lui come le maree.

Symudodd rhythmau dwfn yr oesoedd drwyddo fel y llanw.

Il tempo pulsava nel suo sangue con la stessa sicurezza con cui le stagioni muovevano la terra.

Pwlsiodd amser yn ei waed mor sicr ag y symudodd tymhorau'r ddaear.

Sedeva accanto al fuoco di Thornton, con il petto forte e le zanne bianche.

Eisteddodd wrth dân Thornton, â bron gref a dannedd gwyn.

La sua lunga pelliccia ondeggiava, ma dietro di lui lo osservavano gli spiriti dei cani selvatici.

Roedd ei ffwr hir yn chwifio, ond y tu ôl iddo roedd ysbrydion cŵn gwyllt yn gwylio.

Lupi mezzi e lupi veri si agitavano nel suo cuore e nei suoi sensi.

Deffrodd hanner bleiddiaid a bleiddiaid llawn yn ei galon a'i synhwyrau.

Assaggiarono la sua carne e bevvero la stessa acqua che bevve lui.

Fe wnaethon nhw flasu ei gig ac yfed yr un dŵr ag y gwnaeth ef.

Annusarono il vento insieme a lui e ascoltarono la foresta.

Fe wnaethon nhw arogli'r gwynt wrth ei ochr a gwrando ar y goedwig.

Sussurravano il significato dei suoni selvaggi nell'oscurità.

Sibrydasant ystyron y synau gwyllt yn y tywyllwch.

Modellavano il suo umore e guidavano ciascuna delle sue reazioni silenziose.

Roedden nhw'n llunio ei hwyliau ac yn arwain pob un o'i ymatebion tawel.

Giacevano accanto a lui mentre dormiva e diventavano parte dei suoi sogni profondi.

Fe wnaethon nhw orwedd gydag ef wrth iddo gysgu a daethant yn rhan o'i freuddwydion dwfn.

Sognavano con lui, oltre lui, e costituivano il suo stesso spirito.

Breuddwydion nhw gydag ef, y tu hwnt iddo, a ffurfio ei ysbryd ei hun.

Gli spiriti della natura selvaggia chiamavano con tanta forza che Buck si sentì attratto.

Galwodd ysbrydion y gwyllt mor gryf nes i Buck deimlo'n cael ei dynnu.

Ogni giorno che passava, l'umanità e le sue rivendicazioni si indebolivano nel cuore di Buck.

Bob dydd, roedd dynolryw a'i hawliadau'n gwannach yng nghalon Buck.

Nel profondo della foresta si stava per udire un richiamo strano ed emozionante.

Yn ddwfn yn y goedwig, roedd galwad ryfedd a chyffrous ar fin codi.

Ogni volta che sentiva la chiamata, Buck provava un impulso a cui non riusciva a resistere.

Bob tro y byddai'n clywed yr alwad, byddai Buck yn teimlo ysfa na allai ei gwrthsefyll.

Avrebbe voltato le spalle al fuoco e ai sentieri battuti dagli uomini.

Roedd yn mynd i droi oddi wrth y tân ac oddi wrth lwybrau dynol wedi'u curo.

Stava per addentrarsi nella foresta, avanzando senza sapere il perché.
Roedd yn mynd i blymio i'r goedwig, gan fynd ymlaen heb wybod pam.
Non mise in discussione questa attrazione, perché la chiamata era profonda e potente.
Ni chwestiynodd yr atyniad hwn, oherwydd roedd yr alwad yn ddwfn ac yn bwerus.
Spesso raggiungeva l'ombra verde e la terra morbida e intatta
Yn aml, cyrhaeddodd y cysgod gwyrdd a'r ddaear feddal heb ei chyffwrdd
Ma poi il forte amore per John Thornton lo riportò al fuoco.
Ond yna fe wnaeth y cariad cryf at John Thornton ei dynnu'n ôl at y tân.
Soltanto John Thornton riuscì davvero a tenere stretto il cuore selvaggio di Buck.
Dim ond John Thornton oedd yn wirioneddol yn dal calon wyllt Buck yn ei afael.
Per Buck il resto dell'umanità non aveva alcun valore o significato duraturo.
Nid oedd gan weddill dynolryw unrhyw werth nac ystyr parhaol i Buck.
Gli sconosciuti potrebbero lodarlo o accarezzargli la pelliccia con mani amichevoli.
Gallai dieithriaid ei ganmol neu fwytho ei ffwr â dwylo cyfeillgar.
Buck rimase impassibile e se ne andò per eccesso di affetto.
Arhosodd Buck yn ddigyffro a cherddodd i ffwrdd oherwydd gormod o hoffter.
Hans e Pete arrivarono con la zattera che era stata attesa a lungo
Cyrhaeddodd Hans a Pete gyda'r rafft yr oedd disgwyl mawr amdano.
Buck li ignorò finché non venne a sapere che erano vicini a Thornton.

Anwybyddodd Buck nhw nes iddo ddysgu eu bod nhw'n agos at Thornton.

Da allora in poi li tollerò, ma non dimostrò mai loro tutto il suo calore.

Ar ôl hynny, goddefodd nhw, ond ni ddangosodd gynhesrwydd llawn iddyn nhw erioed.

Accettava da loro cibo o gentilezza come se volesse fare loro un favore.

Cymerodd fwyd neu garedigrwydd ganddyn nhw fel pe bai'n gwneud ffafr iddyn nhw.

Erano come Thornton: semplici, onesti e lucidi nei pensieri.

Roedden nhw fel Thornton—syml, gonest, ac yn glir eu meddwl.

Tutti insieme viaggiarono verso la segheria di Dawson e il grande vortice

Gyda'i gilydd teithion nhw i felin lifio Dawson a'r trobwll mawr

Nel corso del loro viaggio impararono a comprendere profondamente la natura di Buck.

Ar eu taith dysgon nhw i ddeall natur Buck yn ddwfn.

Non cercarono di avvicinarsi come avevano fatto Skeet e Nig.

Wnaethon nhw ddim ceisio tyfu'n agos fel yr oedd Skeet a Nig wedi'i wneud.

Ma l'amore di Buck per John Thornton non fece che aumentare con il tempo.

Ond dim ond dyfnhau a wnaeth cariad Buck at John Thornton dros amser.

Solo Thornton poteva mettere uno zaino sulla schiena di Buck durante l'estate.

Dim ond Thornton allai roi pecyn ar gefn Buck yn yr haf.

Buck era disposto a eseguire senza riserve qualsiasi ordine impartito da Thornton.

Beth bynnag a orchmynnodd Thornton, roedd Buck yn barod i'w wneud yn llawn.

Un giorno, dopo aver lasciato Dawson per le sorgenti del Tanana,

Un diwrnod, ar ôl iddyn nhw adael Dawson am flaenddyfroedd afon Tanana,

il gruppo era seduto su una rupe che scendeva per un metro fino a raggiungere la nuda roccia.

roedd y grŵp yn eistedd ar glogwyn a oedd yn gostwng tair troedfedd i greigwely noeth.

John Thornton si sedette vicino al bordo e Buck si riposò accanto a lui.

Eisteddodd John Thornton ger yr ymyl, a gorffwysodd Buck wrth ei ymyl.

Thornton ebbe un'idea improvvisa e richiamò l'attenzione degli uomini.

Cafodd Thornton feddwl sydyn a galwodd sylw'r dynion.

Indicò l'altro lato del baratro e diede a Buck un unico comando.

Pwyntiodd ar draws y ceunant a rhoi un gorchymyn i Buck.

"Salta, Buck!" disse, allungando il braccio oltre il precipizio.

"Neidiwch, Buck!" meddai, gan siglo ei fraich allan dros y diferyn.

Un attimo dopo dovette afferrare Buck, che stava saltando per obbedire.

Mewn eiliad, roedd rhaid iddo afael yn Buck, a oedd yn neidio i ufuddhau.

Hans e Pete si precipitarono in avanti e tirarono entrambi indietro per metterli in salvo.

Rhuthrodd Hans a Pete ymlaen a thynnu'r ddau yn ôl i ddiogelwch.

Dopo che tutto fu finito e che ebbero ripreso fiato, Pete prese la parola.

Ar ôl i bopeth ddod i ben, a'u bod nhw wedi dal eu gwynt, siaradodd Pete.

«È un amore straordinario», disse, scosso dalla feroce devozione del cane.

"Mae'r cariad yn rhyfeddol," meddai, wedi'i ysgwyd gan ymroddiad ffyrnig y ci.

Thornton scosse la testa e rispose con calma e serietà.

Ysgwydodd Thornton ei ben ac atebodd gyda difrifoldeb tawel.

«No, l'amore è splendido», disse, «ma anche terribile».

"Na, mae'r cariad yn wych," meddai, "ond hefyd yn ofnadwy."

"A volte, devo ammetterlo, questo tipo di amore mi fa paura."

"Weithiau, rhaid i mi gyfaddef, mae'r math yma o gariad yn gwneud i mi ofni."

Pete annuì e disse: "Mi dispiacerebbe tanto essere l'uomo che ti tocca".

Nodiodd Pete a dweud, "Byddai'n gas gen i fod y dyn sy'n eich cyffwrdd chi."

Mentre parlava, guardava Buck con aria seria e piena di rispetto.

Edrychodd ar Buck wrth iddo siarad, yn ddifrifol ac yn llawn parch.

"Py Jingo!" esclamò Hans in fretta. "Neanch'io, no signore."

"Py Jingo!" meddai Hans yn gyflym. "Fi chwaith, na syr."

Prima che finisse l'anno, i timori di Pete si avverarono a Circle City.

Cyn i'r flwyddyn ddod i ben, daeth ofnau Pete yn wir yn Circle City.

Un uomo crudele di nome Black Burton attaccò una rissa nel bar.

Dechreuodd dyn creulon o'r enw Burton Du ymladd yn y bar.

Era arrabbiato e cattivo, e si scagliava contro un novellino.

Roedd yn ddig ac yn faleisus, gan ymosod ar droed dyner newydd.

John Thornton intervenne, calmo e bonario come sempre.

Camodd John Thornton i mewn, yn dawel ac yn garedig fel bob amser.

Buck giaceva in un angolo, con la testa bassa, e osservava Thornton attentamente.

Gorweddodd Buck mewn cornel, ei ben i lawr, yn gwylio Thornton yn agos.

Burton colpì all'improvviso e il suo pugno fece girare Thornton.
Tarodd Burton yn sydyn, gan wneud i Thornton droelli.
Solo la ringhiera della sbarra gli impedì di cadere violentemente a terra.
Dim ond rheilen y bar a'i ataliodd rhag cwympo'n galed i'r llawr.
Gli osservatori hanno sentito un suono che non era un abbaio o un guaito
Clywodd y gwylwyr sŵn nad oedd yn gyfarth nac yn gweiddi
Buck emise un profondo ruggito mentre si lanciava verso l'uomo.
Daeth rhuo dwfn gan Buck wrth iddo lansio tuag at y dyn.
Burton alzò il braccio e per poco non si salvò la vita.
Cododd Burton ei fraich ac achubodd ei fywyd ei hun o drwch blewyn.
Buck si schiantò contro di lui, facendolo cadere a terra.
Tarodd Buck i mewn iddo, gan ei daro'n fflat ar y llawr.
Buck gli diede un morso profondo al braccio, poi si lanciò alla gola.
Brathodd Buck yn ddwfn i fraich y dyn, yna rhuthrodd am y gwddf.
Burton riuscì a parare solo in parte e il suo collo fu squarciato.
Dim ond yn rhannol y gallai Burton ei rwystro, a rhwygwyd ei wddf ar agor.
Gli uomini si precipitarono dentro, brandendo i manganelli e allontanarono Buck dall'uomo sanguinante.
Rhuthrodd dynion i mewn, clybiau wedi'u codi, a gyrrodd Buck oddi ar y dyn gwaedlyd.
Un chirurgo ha lavorato rapidamente per impedire che il sangue fuoriuscisse.
Gweithiodd llawfeddyg yn gyflym i atal y gwaed rhag llifo allan.
Buck camminava avanti e indietro ringhiando, tentando di attaccare ancora e ancora.

Cerddodd Buck o gwmpas a grwgnach, gan geisio ymosod dro ar ôl tro.

Soltanto i bastoni oscillanti gli impedirono di raggiungere Burton.

Dim ond clybiau siglo a'i ataliodd rhag cyrraedd Burton.

Proprio lì, sul posto, venne convocata una riunione dei minatori.

Galwyd cyfarfod glowyr a'i gynnal yno ar y fan a'r lle.

Concordarono sul fatto che Buck era stato provocato e votarono per liberarlo.

Cytunasant fod Buck wedi cael ei gythruddo a phleidleisiasant i'w ryddhau.

Ma il nome feroce di Buck risuonava ormai in ogni accampamento dell'Alaska.

Ond roedd enw ffyrnig Buck bellach yn atseinio ym mhob gwersyll yn Alaska.

Più tardi, quello stesso autunno, Buck salvò Thornton di nuovo in un modo nuovo.

Yn ddiweddarach yr hydref hwnnw, achubodd Buck Thornton eto mewn ffordd newydd.

I tre uomini stavano guidando una lunga barca lungo delle rapide impetuose.

Roedd y tri dyn yn tywys cwch hir i lawr rhaeadrau garw.

Thornton manovrava la barca, gridando indicazioni per raggiungere la riva.

Thornton oedd yn rheoli'r cwch, gan alw cyfarwyddiadau i'r lan.

Hans e Pete correvano sulla terraferma, tenendo una corda da un albero all'altro.

Rhedodd Hans a Pete ar dir, gan ddal rhaff o goeden i goeden.

Buck procedeva a passo d'uomo sulla riva, tenendo sempre d'occhio il suo padrone.

Cadwodd Buck gyflymder ar y lan, gan wylio ei feistr bob amser.

In un punto pericoloso, delle rocce sporgevano dall'acqua veloce.

Mewn un lle cas, roedd creigiau'n ymwthio allan o dan y dŵr cyflym.

Hans lasciò andare la cima e Thornton tirò la barca verso la larghezza.

Gollyngodd Hans y rhaff, a llywiodd Thornton y cwch yn llydan.

Hans corse a percorrerla di nuovo, superando le pericolose rocce.

Sbrintiodd Hans i ddal y cwch eto heibio i'r creigiau peryglus.

La barca superò la sporgenza ma trovò una corrente più forte.

Cliriodd y cwch y silff ond tarodd ran gryfach o'r cerrynt.

Hans afferrò la cima troppo velocemente e fece perdere l'equilibrio alla barca.

Gafaelodd Hans yn y rhaff yn rhy gyflym a thynnu'r cwch oddi ar ei gydbwysedd.

La barca si capovolse e sbatté contro la riva, con la parte inferiore rivolta verso l'alto.

Trodd y cwch drosodd a tharo i'r lan, y gwaelod i fyny.

Thornton venne scaraventato fuori e trascinato nella parte più selvaggia dell'acqua.

Cafodd Thornton ei daflu allan a'i ysgubo i ran fwyaf gwyllt y dŵr.

Nessun nuotatore sarebbe sopravvissuto in quelle acque pericolose e pericolose.

Ni allai unrhyw nofiwr fod wedi goroesi yn y dyfroedd marwol, rasus hynny.

Buck si lanciò all'istante e inseguì il suo padrone lungo il fiume.

Neidiodd Buck i mewn ar unwaith a rhedeg ar ôl ei feistr i lawr yr afon.

Dopo trecento metri finalmente raggiunse Thornton.

Ar ôl tri chant llath, cyrhaeddodd Thornton o'r diwedd.

Thornton afferrò la coda di Buck, e Buck si diresse verso la riva.

Gafaelodd Thornton yng nghynffon Buck, a throdd Buck am y lan.

Nuotò con tutte le sue forze, lottando contro la forte resistenza dell'acqua.
Nofiodd â'i holl nerth, gan ymladd yn erbyn llusgo gwyllt y dŵr.
Si spostarono verso valle più velocemente di quanto riuscissero a raggiungere la riva.
Symudasant i lawr yr afon yn gyflymach nag y gallent gyrraedd y lan.
Più avanti, il fiume ruggiva più forte, precipitando in rapide mortali.
O'i flaen, roedd yr afon yn rhuo'n uwch wrth iddi syrthio i mewn i gyflymderau marwol.
Le rocce fendevano l'acqua come i denti di un enorme pettine.
Roedd creigiau'n sleisio trwy'r dŵr fel dannedd crib enfawr.
La forza di attrazione dell'acqua nei pressi del dislivello era selvaggia e ineluttabile.
Roedd tynfa'r dŵr ger y diferyn yn wyllt ac yn anochel.
Thornton sapeva che non sarebbero mai riusciti a raggiungere la riva in tempo.
Roedd Thornton yn gwybod na fyddent byth yn cyrraedd y lan mewn pryd.
Raschiò una roccia, ne sbatté una seconda,
Crafodd dros un graig, tarodd ar draws ail,
Poi si schiantò contro una terza roccia, afferrandola con entrambe le mani.
Ac yna fe darodd i drydydd graig, gan ei gafael â'r ddwy law.
Lasciò andare Buck e urlò sopra il ruggito: "Vai, Buck! Vai!"
Gollyngodd afael ar Buck a gweiddi dros y rhuo, "Dos, Buck! Dos!"
Buck non riuscì a restare a galla e fu trascinato dalla corrente.
Ni allai Buck aros arnofio a chafodd ei ysgubo i lawr gan y cerrynt.
Lottò con tutte le sue forze, cercando di girarsi, ma non fece alcun progresso.

Ymladdodd yn galed, gan frwydro i droi, ond ni wnaeth unrhyw gynnydd o gwbl.

Poi sentì Thornton ripetere il comando sopra il fragore del fiume.

Yna clywodd Thornton yn ailadrodd y gorchymyn dros rhuo'r afon.

Buck si impennò fuori dall'acqua e sollevò la testa come per dare un'ultima occhiata.

Cododd Buck allan o'r dŵr, gan godi ei ben fel pe bai am edrychiad olaf.

poi si voltò e obbedì, nuotando verso la riva con risolutezza.

yna trodd ac ufuddhaodd, gan nofio tuag at y lan yn benderfynol.

Pete e Hans lo tirarono a riva all'ultimo momento possibile.

Tynnodd Pete a Hans ef i'r lan ar yr eiliad olaf bosibl.

Sapevano che Thornton avrebbe potuto aggrapparsi alla roccia solo per pochi minuti.

Roedden nhw'n gwybod y gallai Thornton lynu wrth y graig am funudau yn unig yn rhagor.

Corsero su per la riva fino a un punto molto più in alto rispetto al punto in cui lui era appeso.

Rhedon nhw i fyny'r lan i fan ymhell uwchben lle'r oedd e'n hongian.

Legarono con cura la cima della barca al collo e alle spalle di Buck.

Fe wnaethon nhw glymu llinyn y cwch i wddf ac ysgwyddau Buck yn ofalus.

La corda era stretta ma abbastanza larga da permettere di respirare e muoversi.

Roedd y rhaff yn dynn ond yn ddigon llac i anadlu a symud.

Poi lo gettarono di nuovo nel fiume impetuoso e mortale.

Yna fe'i lansiwyd ganddynt i'r afon ruthlyd, farwol eto.

Buck nuotò coraggiosamente ma non riuscì a prendere l'angolazione giusta per affrontare la forza della corrente.

Nofiodd Buck yn feiddgar ond methodd ei ongl i rym y nant.

Si accorse troppo tardi che stava per superare Thornton.

Gwelodd yn rhy hwyr ei fod yn mynd i ddrifftio heibio i Thornton.

Hans tirò forte la corda, come se Buck fosse una barca che si capovolge.

Tynnodd Hans y rhaff yn dynn, fel pe bai Buck yn gwch yn troi drosodd.

La corrente lo trascinò sott'acqua e lui scomparve sotto la superficie.

Tynnodd y cerrynt ef o dan, a diflannodd o dan yr wyneb.

Il suo corpo colpì la riva prima che Hans e Pete lo tirassero fuori.

Tarodd ei gorff y banc cyn i Hans a Pete ei dynnu allan.

Era mezzo annegato e gli tolsero l'acqua dal corpo.

Roedd wedi hanner boddi, a thyfasant y dŵr allan ohono.

Buck si alzò, barcollò e crollò di nuovo a terra.

Safodd Buck, siglodd, a chwympodd eto ar y llawr.

Poi udirono la voce di Thornton portata debolmente dal vento.

Yna clywsant lais Thornton yn cael ei gario'n wan gan y gwynt.

Sebbene le parole non fossero chiare, sapevano che era vicino alla morte.

Er bod y geiriau'n aneglur, roedden nhw'n gwybod ei fod bron â marw.

Il suono della voce di Thornton colpì Buck come una scossa elettrica.

Tarodd sŵn llais Thornton Buck fel ysgytwad drydanol.

Saltò in piedi e corse su per la riva, tornando al punto di partenza.

Neidiodd i fyny a rhedeg i fyny'r lan, gan ddychwelyd i'r man lansio.

Legarono di nuovo la corda a Buck, e di nuovo lui entrò nel fiume.

Unwaith eto fe glymasant y rhaff i Buck, ac unwaith eto aeth i mewn i'r nant.

Questa volta nuotò direttamente e con decisione nell'acqua impetuosa.

Y tro hwn, nofiodd yn uniongyrchol ac yn gadarn i'r dŵr rhuthro.

Hans lasciò scorrere la corda con regolarità, mentre Pete impediva che si aggrovigliasse.

Gollyngodd Hans y rhaff allan yn gyson tra bod Pete yn ei hatal rhag mynd yn glwm.

Buck nuotò con forza finché non si trovò allineato appena sopra Thornton.

Nofiodd Buck yn galed nes iddo gael ei leinio ychydig uwchben Thornton.

Poi si voltò e si lanciò verso di lui come un treno a tutta velocità.

Yna trodd a rhuthro i lawr fel trên ar gyflymder llawn.

Thornton lo vide arrivare, si preparò e gli abbracciò il collo.

Gwelodd Thornton ef yn dod, wedi ymbaratoi, ac wedi cloi breichiau o amgylch ei wddf.

Hans legò saldamente la corda attorno a un albero mentre entrambi venivano tirati sott'acqua.

Clymodd Hans y rhaff yn gyflym o amgylch coeden wrth i'r ddau gael eu tynnu oddi tano.

Caddero sott'acqua, schiantandosi contro rocce e detriti del fiume.

Fe wnaethon nhw syrthio o dan y dŵr, gan daro i mewn i greigiau a malurion afon.

Un attimo prima Buck era in cima e un attimo dopo Thornton si alzava ansimando.

Un eiliad roedd Buck ar ei ben, y funud nesaf cododd Thornton gan anadlu'n drwm.

Malconci e soffocati, si diressero verso la riva e si misero in salvo.

Wedi'u curo ac yn tagu, fe wnaethon nhw droi at y lan a man diogel.

Thornton riprese conoscenza mentre era sdraiato su un tronco alla deriva.

Daeth Thornton yn ôl i ymwybyddiaeth, yn gorwedd ar draws boncyff drifft.

Hans e Pete lavorarono duramente per riportarlo a respirare e a vivere.
Gweithiodd Hans a Pete yn galed ag ef i ddod ag anadl a bywyd yn ôl.
Il suo primo pensiero fu per Buck, che giaceva immobile e inerte.
Ei feddwl cyntaf oedd am Buck, a orweddai'n ddisymud ac yn llipa.
Nig ululò sul corpo di Buck e Skeet gli leccò delicatamente il viso.
Udodd Nig dros gorff Buck, a llyfuodd Skeet ei wyneb yn ysgafn.
Thornton, dolorante e contuso, esaminò Buck con mano attenta.
Archwiliodd Thornton, yn ddolurus ac wedi'i gleisio, Buck â dwylo gofalus.
Ha trovato tre costole rotte, ma il cane non presentava ferite mortali.
Canfu fod tri asen wedi torri, ond dim clwyfau angheuol yn y ci.
"Questo è tutto", disse Thornton. "Ci accamperemo qui". E così fecero.
"Mae hynny'n setlo'r cyfan," meddai Thornton. "Rydyn ni'n gwersylla yma." Ac fe wnaethon nhw.
Rimasero lì finché le costole di Buck non guarirono e lui poté di nuovo camminare.
Arhoson nhw nes i asennau Buck wella a'i fod yn gallu cerdded eto.

Quell'inverno Buck compì un'impresa che accrebbe ulteriormente la sua fama.
Y gaeaf hwnnw, perfformiodd Buck gamp a gododd ei enwogrwydd ymhellach.
Fu un gesto meno eroico del salvataggio di Thornton, ma altrettanto impressionante.
Roedd yn llai arwrol nag achub Thornton, ond yr un mor drawiadol.

A Dawson, i soci avevano bisogno di provviste per un viaggio lontano.
Yn Dawson, roedd angen cyflenwadau ar y partneriaid ar gyfer taith bell.
Volevano viaggiare verso est, in terre selvagge e incontaminate.
Roedden nhw eisiau teithio i'r Dwyrain, i diroedd anialwch heb eu cyffwrdd.
Quel viaggio fu possibile grazie all'impresa compiuta da Buck nell'Eldorado Saloon.
Gwnaeth gweithred Buck yn yr Eldorado Saloon y daith honno'n bosibl.
Tutto cominciò con degli uomini che si vantavano dei loro cani bevendo qualcosa.
Dechreuodd gyda dynion yn brolio am eu cŵn dros ddiodydd.
La fama di Buck lo rese bersaglio di sfide e dubbi.
Gwnaeth enwogrwydd Buck ef yn darged heriau ac amheuaeth.
Thornton, fiero e calmo, rimase fermo nel difendere il nome di Buck.
Safodd Thornton, yn falch ac yn dawel, yn gadarn wrth amddiffyn enw Buck.
Un uomo ha affermato che il suo cane riusciva a trainare facilmente duecentocinquanta chili.
Dywedodd un dyn y gallai ei gi dynnu pum cant o bunnoedd yn rhwydd.
Un altro disse seicento, e un terzo si vantò di settecento.
Dywedodd un arall chwe chant, ac ymffrostiodd trydydd saith cant.
"Pfft!" disse John Thornton, "Buck può trainare una slitta da mille libbre."
"Pfft!" meddai John Thornton, "Gall Buck dynnu sled mil o bunnoedd."
Matthewson, un Bonanza King, si sporse in avanti e lo sfidò.
Plygodd Matthewson, Brenin Bonanza, ymlaen a'i herio.
"Pensi che possa spostare tutto quel peso?"

"Tybed a all e roi cymaint o bwysau mewn symudiad?"
"E pensi che riesca a sollevare il peso per cento metri?"
"Ac wyt ti'n meddwl y gall e dynnu'r pwysau cant llath llawn?"
Thornton rispose freddamente: "Sì. Buck è abbastanza cane da farlo."
Atebodd Thornton yn oer, "Ie. Mae Buck yn ddigon ci i wneud hynny."
"Metterà in moto mille libbre e la tirerà per cento metri."
"Bydd yn rhoi mil o bunnoedd ar waith, ac yn ei dynnu cant llath."
Matthewson sorrise lentamente e si assicurò che tutti gli uomini udissero le sue parole.
Gwenodd Matthewson yn araf a gwneud yn siŵr bod pob dyn yn clywed ei eiriau.
"Ho mille dollari che dicono che non può. Eccoli."
"Mae gen i fil o ddoleri sy'n dweud na all e. Dyna fe."
Sbatté sul bancone un sacco di polvere d'oro grande quanto una salsiccia.
Taflodd sach o lwch aur maint selsig ar y bar.
Nessuno disse una parola. Il silenzio si fece pesante e teso intorno a loro.
Ni ddywedodd neb air. Daeth y distawrwydd yn drwm ac yn dynn o'u cwmpas.
Il bluff di Thornton, se mai lo fu, era stato preso sul serio.
Roedd bluff Thornton—os oedd un—wedi cael ei gymryd o ddifrif.
Sentì il calore salirgli al viso mentre il sangue gli affluiva alle guance.
Teimlodd wres yn codi yn ei wyneb wrth i waed ruthro i'w fochau.
In quel momento la sua lingua aveva preceduto la ragione.
Roedd ei dafod wedi mynd o flaen ei reswm ar y foment honno.
Non sapeva davvero se Buck sarebbe riuscito a spostare mille libbre.

Doedd e wir ddim yn gwybod a allai Buck symud mil o bunnoedd.

Mezza tonnellata! Solo la sua mole gli faceva sentire il cuore pesante.

Hanner tunnell! Roedd ei faint yn unig yn gwneud i'w galon deimlo'n drwm.

Aveva fiducia nella forza di Buck e lo riteneva capace.

Roedd ganddo ffydd yng nghryfder Buck ac roedd wedi meddwl ei fod yn abl.

Ma non aveva mai affrontato una sfida di questo tipo, non in questo modo.

Ond nid oedd erioed wedi wynebu'r math hwn o her, nid fel hon.

Una dozzina di uomini lo osservavano in silenzio, in attesa di vedere cosa avrebbe fatto.

Gwyliodd dwsin o ddynion ef yn dawel, yn aros i weld beth fyddai'n ei wneud.

Lui non aveva i soldi, e nemmeno Hans e Pete.

Doedd ganddo ddim yr arian—nid oedd gan Hans na Pete chwaith.

"Ho una slitta fuori", disse Matthewson in modo freddo e diretto.

"Mae gen i sled y tu allan," meddai Matthewson yn oer ac yn uniongyrchol.

"È carico di venti sacchi, da cinquanta libbre ciascuno, tutti di farina.

"Mae wedi'i lwytho ag ugain sach, hanner cant pwys yr un, y cyfan yn flawd.

Quindi non lasciare che la scomparsa della slitta diventi la tua scusa", ha aggiunto.

Felly peidiwch â gadael i sled coll fod yn esgus i chi nawr," ychwanegodd.

Thornton rimase in silenzio. Non sapeva che parole dire.

Safodd Thornton yn dawel. Doedd e ddim yn gwybod pa eiriau i'w cynnig.

Guardò i volti intorno a sé senza vederli chiaramente.

Edrychodd o gwmpas ar yr wynebau heb eu gweld yn glir.

Sembrava un uomo immerso nei suoi pensieri, che cercava di ripartire.
Roedd yn edrych fel dyn wedi rhewi mewn meddwl, yn ceisio ailgychwyn.
Poi incontrò Jim O'Brien, un amico dei tempi dei Mastodon.
Yna gwelodd Jim O'Brien, ffrind o ddyddiau'r Mastodoniaid.
Quel volto familiare gli diede un coraggio che non sapeva di avere.
Rhoddodd yr wyneb cyfarwydd hwnnw ddewrder iddo nad oedd yn gwybod ei fod ganddo.
Si voltò e chiese a bassa voce: "Puoi prestarmi mille dollari?"
Trodd a gofyn mewn llais isel, "Allwch chi fenthyg mil i mi?"
"Certo", disse O'Brien, lasciando cadere un pesante sacco vicino all'oro.
"Wrth gwrs," meddai O'Brien, gan ollwng sach trwm wrth yr aur yn barod.
"Ma sinceramente, John, non credo che la bestia possa fare questo."
"Ond a dweud y gwir, John, dydw i ddim yn credu y gall y bwystfil wneud hyn."
Tutti quelli presenti all'Eldorado Saloon si precipitarono fuori per assistere all'evento.
Rhuthrodd pawb yn yr Eldorado Saloon allan i weld y digwyddiad.
Lasciarono tavoli e bevande e perfino le partite furono sospese.
Gadawon nhw fyrddau a diodydd, a hyd yn oed cafodd y gemau eu hoedi.
Croupier e giocatori accorsero per assistere alla conclusione di questa audace scommessa.
Daeth deliwr a gamblwyr i weld diwedd y bet beiddgar.
Centinaia di persone si radunarono attorno alla slitta sulla strada ghiacciata.
Ymgasglodd cannoedd o amgylch y sled yn y stryd agored rhewllyd.
La slitta di Matthewson era carica di un carico completo di sacchi di farina.

Roedd sled Matthewson yn sefyll gyda llwyth llawn o sachau blawd.
La slitta era rimasta ferma per ore a temperature sotto lo zero.
Roedd y sled wedi bod yn eistedd am oriau mewn tymereddau minws.
I pattini della slitta erano congelati e incollati alla neve compatta.
Roedd rhedwyr y sled wedi rhewi'n dynn i'r eira wedi'i bacio i lawr.
Gli uomini scommettevano due a uno che Buck non sarebbe riuscito a spostare la slitta.
Cynigiodd dynion ods dau i un na allai Buck symud y sled.
Scoppiò una disputa su cosa significasse realmente "break out".
Dechreuodd anghydfod ynghylch beth oedd ystyr "torri allan" mewn gwirionedd.
O'Brien ha affermato che Thornton dovrebbe allentare la base ghiacciata della slitta.
Dywedodd O'Brien y dylai Thornton lacio sylfaen rewedig y sled.
Buck potrebbe quindi "rompere" una partenza solida e immobile.
Yna gallai Buck "dorri allan" o ddechrau cadarn, llonydd.
Matthewson sosteneva che anche il cane doveva liberare i corridori.
Dadleuodd Matthewson fod yn rhaid i'r ci ryddhau'r rhedwyr hefyd.
Gli uomini che avevano sentito la scommessa concordavano con Matthewson.
Cytunodd y dynion a glywodd y bet â barn Matthewson.
Con questa sentenza, le probabilità contro Buck salirono a tre a uno.
Gyda'r dyfarniad hwnnw, neidiodd y tebygolrwydd i dri-i-un yn erbyn Buck.
Nessuno si fece avanti per accettare le crescenti quote di tre a uno.

Ni gamodd neb ymlaen i dderbyn y ods tri i un cynyddol.
Nessuno credeva che Buck potesse compiere la grande impresa.
Ni chredodd unrhyw ddyn y gallai Buck gyflawni'r gamp fawr.
Thornton era stato spinto a scommettere, pieno di dubbi.
Roedd Thornton wedi cael ei ruthro i mewn i'r bet, yn drwm gan amheuon.
Ora guardava la slitta e la muta di dieci cani accanto ad essa.
Nawr edrychodd ar y sled a'r tîm deg ci wrth ei ymyl.
Vedere la realtà del compito lo faceva sembrare ancora più impossibile.
Roedd gweld realiti'r dasg yn ei gwneud hi'n ymddangos yn fwy amhosibl.
In quel momento Matthewson era pieno di orgoglio e sicurezza.
Roedd Matthewson yn llawn balchder a hyder yn y foment honno.
"Tre a uno!" urlò. "Ne scommetto altri mille, Thornton!
"Tri i un!" gwaeddodd. "Mi fe betiaf fil arall, Thornton!"
"Cosa dici?" aggiunse, abbastanza forte da farsi sentire da tutti.
"Beth wyt ti'n ei ddweud?" ychwanegodd, yn ddigon uchel i bawb ei glywed.
Il volto di Thornton esprimeva i suoi dubbi, ma il suo spirito era sollevato.
Dangosodd wyneb Thornton ei amheuon, ond roedd ei ysbryd wedi codi.
Quello spirito combattivo ignorava le avversità e non temeva nulla.
Anwybyddodd yr ysbryd ymladd hwnnw'r siawns ac nid oedd yn ofni dim o gwbl.
Chiamò Hans e Pete perché portassero tutti i loro soldi al tavolo.
Galwodd ar Hans a Pete i ddod â'u holl arian parod i'r bwrdd.
Non gli era rimasto molto altro: solo duecento dollari in tutto.

Ychydig oedd ganddyn nhw ar ôl—dim ond dau gant o ddoleri gyda'i gilydd.
Questa piccola somma costituiva la loro intera fortuna nei momenti difficili.
Y swm bach hwn oedd eu cyfanswm ffortiwn yn ystod cyfnodau caled.
Ciononostante puntarono tutta la loro fortuna contro la scommessa di Matthewson.
Serch hynny, fe wnaethon nhw osod yr holl ffortiwn yn erbyn bet Matthewson.
La muta composta da dieci cani venne sganciata e allontanata dalla slitta.
Datgysylltwyd y tîm deg ci a symudodd i ffwrdd o'r sled.
Buck venne messo alle redini, indossando la sua consueta imbracatura.
Gosodwyd Buck yn yr awenau, yn gwisgo ei harnais cyfarwydd.
Aveva colto l'energia della folla e ne aveva percepito la tensione.
Roedd wedi dal egni'r dorf ac wedi teimlo'r tensiwn.
In qualche modo sapeva che doveva fare qualcosa per John Thornton.
Rywsut, roedd yn gwybod bod yn rhaid iddo wneud rhywbeth i John Thornton.
La gente mormorava ammirata di fronte alla figura fiera del cane.
Sibrydodd pobl gydag edmygedd at ffigur balch y ci.
Era magro e forte, senza un solo grammo di carne in più.
Roedd yn fain ac yn gryf, heb un owns ychwanegol o gnawd.
Il suo peso di centocinquanta chili era sinonimo di potenza e resistenza.
Ei bwysau llawn o gant a hanner pwys oedd yr holl nerth a'r dygnwch.
Il mantello di Buck brillava come la seta, denso di salute e forza.
Roedd côt Buck yn disgleirio fel sidan, yn drwchus o iechyd a chryfder.

La pelliccia sul collo e sulle spalle sembrava sollevarsi e drizzarsi.
Roedd y ffwr ar hyd ei wddf a'i ysgwyddau fel pe bai'n codi ac yn gwrychog.
La sua criniera si muoveva leggermente, ogni capello era animato dalla sua grande energia.
Symudodd ei fwng ychydig, pob blew yn fyw gyda'i egni mawr.
Il suo petto ampio e le sue gambe forti si sposavano bene con la sua corporatura pesante e robusta.
Roedd ei frest lydan a'i goesau cryfion yn cyd-fynd â'i gorff trwm, caled.
I muscoli si tesero sotto il cappotto, tesi e sodi come ferro legato.
Roedd cyhyrau'n crychu o dan ei gôt, yn dynn ac yn gadarn fel haearn wedi'i rwymo.
Gli uomini lo toccavano e giuravano che era fatto come una macchina d'acciaio.
Cyffyrddodd dynion ag ef a thyngu ei fod wedi'i adeiladu fel peiriant dur.
Le probabilità contro il grande cane sono scese leggermente a due a uno.
Gostyngodd yr ods ychydig i ddau i un yn erbyn y ci gwych.
Un uomo dei banchi di Skookum si fece avanti balbettando.
Gwthiodd dyn o Feinciau Skookum ymlaen, gan atal dweud.
"Bene, signore! Offro ottocento per lui... prima della prova, signore!"
"Da, syr! Rwy'n cynnig wyth cant amdano—cyn y prawf, syr!"
"Ottocento, così com'è adesso!" insistette l'uomo.
"Wyth cant, fel mae e ar hyn o bryd!" mynnodd y dyn.
Thornton fece un passo avanti, sorrise e scosse la testa con calma.
Camodd Thornton ymlaen, gwenu, ac ysgwyd ei ben yn dawel.
Matthewson intervenne rapidamente con tono ammonitore e aggrottando la fronte.

Camodd Matthewson i mewn yn gyflym gyda llais rhybuddiol a gwgu.

"Devi allontanarti da lui", disse. "Dagli spazio."

"Rhaid i chi gamu i ffwrdd oddi wrtho," meddai. "Rhowch le iddo."

La folla tacque; solo i giocatori continuavano a offrire due a uno.

Tawelodd y dorf; dim ond gamblwyr oedd yn dal i gynnig dau i un.

Tutti ammiravano la corporatura di Buck, ma il carico sembrava troppo pesante.

Roedd pawb yn edmygu corff Buck, ond roedd y llwyth yn edrych yn rhy fawr.

Venti sacchi di farina, ciascuno del peso di cinquanta libbre, sembravano decisamente troppi.

Roedd ugain sach o flawd—pob un yn pwyso hanner cant pwys—yn ymddangos yn llawer gormod.

Nessuno era disposto ad aprire la borsa e a rischiare i propri soldi.

Doedd neb yn fodlon agor eu cwdyn a mentro eu harian.

Thornton si inginocchiò accanto a Buck e gli prese la testa tra entrambe le mani.

Penliniodd Thornton wrth ymyl Buck a chymryd ei ben yn ei ddwy law.

Premette la guancia contro quella di Buck e gli parlò all'orecchio.

Pwysodd ei foch yn erbyn boch Buck a siaradodd i'w glust.

Non c'erano più né scossoni giocosi né insulti affettuosi sussurrati.

Doedd dim ysgwyd chwareus na sibrwd sarhad cariadus bellach.

Mormorò solo dolcemente: "Quanto mi ami, Buck."

Dim ond sibrydion ysgafn a wnaeth, "Cymaint ag yr wyt ti'n fy ngharu i, Buck."

Buck emise un gemito sommesso, trattenendo a stento la sua impazienza.

Gwynnodd Buck yn dawel, prin y byddai ei awyddusrwydd yn cael ei atal.

Gli astanti osservavano con curiosità la tensione che aleggiava nell'aria.

Gwyliodd y gwylwyr gyda chwilfrydedd wrth i densiwn lenwi'r awyr.

Quel momento sembrava quasi irreale, qualcosa che trascendeva la ragione.

Roedd y foment bron yn afreal, fel rhywbeth y tu hwnt i reswm.

Quando Thornton si alzò, Buck gli prese delicatamente la mano tra le fauci.

Pan safodd Thornton, cymerodd Buck ei law yn ysgafn yn ei ên.

Premette con i denti, poi lasciò andare lentamente e delicatamente.

Pwysodd i lawr gyda'i ddannedd, yna gollyngodd yn araf ac yn ysgafn.

Fu una risposta silenziosa d'amore, non detta, ma compresa.

Roedd yn ateb tawel o gariad, nid yn cael ei ddweud, ond yn cael ei ddeall.

Thornton si allontanò di molto dal cane e diede il segnale.

Camodd Thornton yn ôl ymhell oddi wrth y ci a rhoi'r arwydd.

"Ora, Buck", disse, e Buck rispose con calma concentrata.

"Nawr, Buck," meddai, ac ymatebodd Buck gyda thawelwch canolbwyntiedig.

Buck tese le corde, poi le allentò di qualche centimetro.

Tynhaodd Buck y traciau, yna eu llacio ychydig fodfeddi.

Questo era il metodo che aveva imparato; il suo modo per rompere la slitta.

Dyma'r dull yr oedd wedi'i ddysgu; ei ffordd o dorri'r sled.

"Caspita!" urlò Thornton, con voce acuta nel silenzio pesante.

"Wow!" gwaeddodd Thornton, ei lais yn finiog yn y distawrwydd trwm.

Buck si girò verso destra e si lanciò con tutto il suo peso.

Trodd Buck i'r dde a neidiodd â'i holl bwysau.
Il gioco svanì e tutta la massa di Buck colpì le timonerie strette.
Diflannodd y llacrwydd, a tharodd màs llawn Buck yr olion tynn.
La slitta tremò e i pattini produssero un suono secco e scoppiettante.
Crynodd y sled, a gwnaeth y rhedwyr sŵn cracio clir.
"Haw!" ordinò Thornton, cambiando di nuovo direzione a Buck.
"Haw!" gorchmynnodd Thornton, gan newid cyfeiriad Buck eto.
Buck ripeté la mossa, questa volta tirando bruscamente verso sinistra.
Ailadroddodd Buck y symudiad, gan dynnu'n sydyn i'r chwith y tro hwn.
La slitta scricchiolava più forte, i pattini schioccavano e si spostavano.
Craciodd y sled yn uwch, y rhedwyr yn snapio ac yn symud.
Il pesante carico scivolò leggermente di lato sulla neve ghiacciata.
Llithrodd y llwyth trwm ychydig i'r ochr ar draws yr eira wedi rhewi.
La slitta si era liberata dalla presa del sentiero ghiacciato!
Roedd y sled wedi torri'n rhydd o afael y llwybr rhewllyd!
Gli uomini trattennero il respiro, inconsapevoli di non stare nemmeno respirando.
Daliodd dynion eu gwynt, heb sylweddoli nad oeddent hyd yn oed yn anadlu.
"Ora, TIRA!" gridò Thornton nel silenzio glaciale.
"Nawr, TYNNWCH!" gwaeddodd Thornton ar draws y distawrwydd rhewllyd.
Il comando di Thornton risuonò netto, come lo schiocco di una frusta.
Roedd gorchymyn Thornton yn atseinio'n finiog, fel crac chwip.
Buck si lanciò in avanti con un affondo violento e violento.

Taflodd Buck ei hun ymlaen gyda rhuthr ffyrnig a sydyn.
Tutto il suo corpo si irrigidì e si contrasse sotto l'enorme sforzo.
Tynnodd a chrychodd ei ffrâm gyfan oherwydd y straen enfawr.
I muscoli si muovevano sotto la pelliccia come serpenti che prendevano vita.
Roedd cyhyrau'n crychu o dan ei ffwr fel nadroedd yn dod yn fyw.
Il suo grande petto era basso e la testa era protesa in avanti verso la slitta.
Roedd ei frest fawr yn isel, ei ben wedi'i ymestyn ymlaen tuag at y sled.
Le sue zampe si muovevano come fulmini e gli artigli fendevano il terreno ghiacciato.
Symudodd ei bawennau fel mellten, crafangau'n sleisio'r ddaear rewedig.
I solchi erano profondi mentre lottava per ogni centimetro di trazione.
Torrwyd rhigolau'n ddwfn wrth iddo ymladd am bob modfedd o afael.
La slitta ondeggiò, tremò e cominciò a muoversi lentamente e in modo inquieto.
Siglodd y sled, crynodd, a dechreuodd symudiad araf, anesmwyth.
Un piede scivolò e un uomo tra la folla gemette ad alta voce.
Llithrodd un droed, ac ochainodd dyn yn y dorf yn uchel.
Poi la slitta si lanciò in avanti con un movimento brusco e a scatti.
Yna neidiodd y sled ymlaen mewn symudiad garw, sydyn.
Non si fermò più: mezzo pollice...un pollice...cinque pollici in più.
Wnaeth e ddim stopio eto—hanner modfedd...modfedd...dwy fodfedd yn rhagor.
Gli scossoni si fecero più lievi man mano che la slitta cominciava ad acquistare velocità.

Aeth y jerciau'n llai wrth i'r sled ddechrau cynyddu cyflymder.

Presto Buck cominciò a tirare con una potenza fluida e uniforme.

Yn fuan roedd Buck yn tynnu â phŵer rholio llyfn, unffurf.

Gli uomini sussultarono e finalmente si ricordarono di respirare di nuovo.

Anadlodd y dynion yn sydyn ac o'r diwedd cofion nhw anadlu eto.

Non si erano accorti che il loro respiro si era fermato per lo stupore.

Doedden nhw ddim wedi sylwi bod eu hanadl wedi stopio mewn parch.

Thornton gli corse dietro, gridando comandi brevi e allegri.

Rhedodd Thornton y tu ôl, gan weiddi gorchmynion byr, llawen.

Davanti a noi c'era una catasta di legna da ardere che segnava la distanza.

O'i flaen roedd pentwr o goed tân a oedd yn nodi'r pellter.

Mentre Buck si avvicinava al mucchio, gli applausi diventavano sempre più forti.

Wrth i Buck nesáu at y pentwr, tyfodd y bloeddio'n uwch ac uwch.

Gli applausi crebbero fino a diventare un boato quando Buck superò il traguardo.

Chwyddodd y bloeddio'n rhuo wrth i Buck basio'r pwynt terfyn.

Gli uomini saltarono e gridarono, perfino Matthewson sorrise.

Neidiodd dynion a gweiddi, hyd yn oed Matthewson a dorrodd i wenu.

I cappelli volavano in aria e i guanti venivano lanciati senza pensarci o mirare.

Hedfanodd hetiau i'r awyr, taflwyd maneg heb feddwl na nod.

Gli uomini si afferrarono e si strinsero la mano senza sapere chi.

Gafaelodd dynion yn ei gilydd ac ysgwyd llaw heb wybod pwy.
Tutta la folla era in delirio, in un tripudio di gioia e di entusiasmo.
Roedd y dorf gyfan yn bwrlwm mewn dathliad gwyllt, llawen.
Thornton cadde in ginocchio accanto a Buck con le mani tremanti.
Syrthiodd Thornton ar ei liniau wrth ymyl Buck â dwylo crynedig.
Premette la testa contro quella di Buck e lo scosse delicatamente avanti e indietro.
Pwysodd ei ben at ben Buck a'i ysgwyd yn ysgafn yn ôl ac ymlaen.
Chi si avvicinava lo sentiva maledire il cane con amore silenzioso.
Clywodd y rhai a nesáodd ef yn melltithio'r ci â chariad tawel.
Imprecò a lungo contro Buck, con dolcezza, calore, emozione.
Tyngodd ar Buck am amser hir—yn feddal, yn gynnes, gydag emosiwn.
"Bene, signore! Bene, signore!" esclamò di corsa il re della panchina di Skookum.
"Da, syr! Da, syr!" gwaeddodd brenin Mainc Skookum ar frys.
"Le darò mille, anzi milleduecento, per quel cane, signore!"
"Rhoddaf fil i chi—na, deuddeg cant—am y ci yna, syr!"
Thornton si alzò lentamente in piedi, con gli occhi brillanti di emozione.
Cododd Thornton yn araf i'w draed, ei lygaid yn disgleirio gydag emosiwn.
Le lacrime gli rigavano le guance senza alcuna vergogna.
Llifodd dagrau'n agored i lawr ei fochau heb unrhyw gywilydd.
"Signore", disse al re della panchina di Skookum, con fermezza e fermezza
"Syr," meddai wrth frenin Mainc Skookum, yn gyson a chadarn

"No, signore. Può andare all'inferno, signore. Questa è la mia risposta definitiva."

"Na, syr. Gallwch fynd i uffern, syr. Dyna fy ateb terfynol."

Buck afferrò delicatamente la mano di Thornton tra le sue forti mascelle.

Gafaelodd Buck yn llaw Thornton yn ysgafn yn ei ên cryf.

Thornton lo scosse scherzosamente; il loro legame era più profondo che mai.

Ysgwydodd Thornton ef yn chwareus, eu cwlwm mor ddwfn ag erioed.

La folla, commossa dal momento, fece un passo indietro in silenzio.

Camodd y dorf, wedi'u symud gan y foment, yn ôl mewn distawrwydd.

Da quel momento in poi nessuno osò più interrompere un affetto così sacro.

O hynny ymlaen, ni feiddiodd neb dorri ar draws hoffter mor gysegredig.

Il suono della chiamata
Sain yr Alwad

Buck aveva guadagnato milleseicento dollari in cinque minuti.
Roedd Buck wedi ennill un cant ar bymtheg o ddoleri mewn pum munud.
Il denaro permise a John Thornton di saldare alcuni dei suoi debiti.
Galluogodd yr arian John Thornton i dalu rhai o'i ddyledion.
Con il resto del denaro si diresse verso est insieme ai suoi soci.
Gyda gweddill yr arian aeth i'r Dwyrain gyda'i bartneriaid.
Cercarono una leggendaria miniera perduta, antica quanto il paese stesso.
Roedden nhw'n chwilio am fwynglawdd coll chwedlonol, mor hen â'r wlad ei hun.
Molti uomini avevano cercato la miniera, ma pochi l'avevano trovata.
Roedd llawer o ddynion wedi chwilio am y pwll glo, ond ychydig iawn oedd erioed wedi dod o hyd iddo.
Molti uomini erano scomparsi durante la pericolosa ricerca.
Roedd mwy nag ychydig o ddynion wedi diflannu yn ystod y chwiliad peryglus.
Questa miniera perduta era avvolta nel mistero e nella vecchia tragedia.
Roedd y pwll glo coll hwn wedi'i lapio mewn dirgelwch a hen drasiedi.
Nessuno sapeva chi fosse stato il primo uomo a scoprire la miniera.
Doedd neb yn gwybod pwy oedd y dyn cyntaf i ddod o hyd i'r pwll glo.
Le storie più antiche non menzionano nessuno per nome.
Nid yw'r straeon hynaf yn sôn am neb wrth enw.
Lì c'era sempre stata una vecchia capanna fatiscente.
Roedd caban hynafol adfeiliedig wedi bod yno erioed.

I moribondi avevano giurato che vicino a quella vecchia capanna ci fosse una miniera.
Roedd dynion oedd yn marw wedi tyngu llw bod pwll glo wrth ymyl yr hen gaban hwnnw.
Hanno dimostrato le loro storie con un oro che non ha eguali altrove.
Profon nhw eu straeon gydag aur fel na welwyd yn unman arall.
Nessuna anima viva aveva mai saccheggiato il tesoro da quel luogo.
Nid oedd unrhyw enaid byw erioed wedi ysbeilio'r trysor o'r lle hwnnw.
I morti erano morti e i morti non raccontano storie.
Roedd y meirw yn farw, ac nid yw dynion meirw yn adrodd straeon.
Così Thornton e i suoi amici si diressero verso Est.
Felly aeth Thornton a'i ffrindiau i'r Dwyrain.
Si unirono a noi Pete e Hans, portando con sé Buck e sei cani robusti.
Ymunodd Pete a Hans, gan ddod â Buck a chwe chi cryf.
Si avviarono lungo un sentiero sconosciuto dove altri avevano fallito.
Fe gychwynnon nhw ar hyd llwybr anhysbys lle roedd eraill wedi methu.
Percorsero in slitta settanta miglia lungo il fiume Yukon ghiacciato.
Fe wnaethon nhw sledio saith deg milltir i fyny Afon Yukon wedi rhewi.
Girarono a sinistra e seguirono il sentiero verso lo Stewart.
Troddant i'r chwith a dilyn y llwybr i mewn i Afon Stewart.
Superarono il Mayo e il McQuestion e proseguirono oltre.
Aethant heibio i'r Mayo a'r McQuestion, gan wthio ymhellach ymlaen.
Lo Stewart si restringeva fino a diventare un ruscello, infilandosi tra cime frastagliate.
Ciliodd Afon Stewart i mewn i nant, gan edafu ar draws copaon danheddog.

Queste vette aguzze rappresentavano la spina dorsale del continente.
Roedd y copaon miniog hyn yn nodi asgwrn cefn y cyfandir.

John Thornton pretendeva poco dagli uomini e dalla terra selvaggia.
Ychydig oedd ei angen gan John Thornton gan ddynion na'r tir gwyllt.

Non temeva nulla della natura e affrontava la natura selvaggia con disinvoltura.
Nid oedd yn ofni dim byd yn y byd natur ac roedd yn wynebu'r gwyllt yn rhwydd.

Con solo del sale e un fucile poteva viaggiare dove voleva.
Gyda halen a reiffl yn unig, gallai deithio lle bynnag y dymunai.

Come gli indigeni, durante il viaggio cacciava per procurarsi il cibo.
Fel y brodorion, roedd yn hela bwyd wrth deithio.

Se non prendeva nulla, continuava ad andare avanti, confidando nella fortuna che lo attendeva.
Os na ddaliodd ddim, parhaodd i fynd, gan ymddiried mewn lwc o'i flaen.

Durante questo lungo viaggio, la carne era l'alimento principale di cui si nutrivano.
Ar y daith hir hon, cig oedd y prif beth a fwytaent.

La slitta trasportava attrezzi e munizioni, ma non c'era un orario preciso.
Roedd y sled yn dal offer ac bwledi, ond dim amserlen gaeth.

Buck amava questo vagabondare, la caccia e la pesca senza fine.
Roedd Buck wrth ei fodd â'r crwydro hwn; yr hela a'r pysgota diddiwedd.

Per settimane viaggiarono senza sosta, giorno dopo giorno.
Am wythnosau roedden nhw'n teithio ddydd ar ôl diwrnod cyson.

Altre volte si accampavano e restavano fermi per settimane.
Ar adegau eraill fe wnaethon nhw wersylloedd ac aros yn llonydd am wythnosau.

I cani riposarono mentre gli uomini scavavano nel terreno ghiacciato.
Gorffwysodd y cŵn tra bod y dynion yn cloddio trwy faw wedi rhewi.
Scaldavano le padelle sul fuoco e cercavano l'oro nascosto.
Roedden nhw'n cynhesu sosbenni uwchben tanau ac yn chwilio am aur cudd.
C'erano giorni in cui pativano la fame, altri in cui banchettavano.
Rhai dyddiau roedden nhw'n llwgu, ac eraill roedden nhw'n cynnal gwleddoedd.
Il loro pasto dipendeva dalla selvaggina e dalla fortuna della caccia.
Roedd eu prydau bwyd yn dibynnu ar yr helwriaeth a lwc yr helfa.
Con l'arrivo dell'estate, uomini e cani caricavano carichi sulle spalle.
Pan ddaeth yr haf, byddai dynion a chŵn yn pacio llwythi ar eu cefnau.
Fecero rafting sui laghi azzurri nascosti nelle foreste di montagna.
Fe wnaethon nhw rafftio ar draws llynnoedd glas wedi'u cuddio mewn coedwigoedd mynyddig.
Navigavano su imbarcazioni sottili su fiumi che nessun uomo aveva mai mappato.
Hwylion nhw gychod main ar afonydd nad oedd dyn erioed wedi'u mapio.
Quelle barche venivano costruite con gli alberi che avevano segato in natura.
Adeiladwyd y cychod hynny o goed a lifiwyd ganddynt yn y gwyllt.

Passarono i mesi e loro viaggiarono attraverso terre selvagge e sconosciute.
Aeth y misoedd heibio, ac fe droellasant trwy'r tiroedd gwyllt anhysbys.

Non c'erano uomini lì, ma vecchie tracce lasciavano intendere che alcuni di loro fossero presenti.
Nid oedd unrhyw ddynion yno, ond roedd olion hen yn awgrymu bod dynion wedi bod.
Se la Capanna Perduta fosse esistita davvero, allora altre persone in passato erano passate da lì.
Os oedd y Caban Coll yn real, yna roedd eraill wedi dod y ffordd hon ar un adeg.
Attraversavano passi alti durante le bufere di neve, anche d'estate.
Roedden nhw'n croesi bylchau uchel mewn stormydd eira, hyd yn oed yn ystod yr haf.
Rabbrividivano sotto il sole di mezzanotte sui pendii brulli delle montagne.
Roedden nhw'n crynu o dan haul hanner nos ar lethrau mynyddoedd noeth.
Tra il limite degli alberi e i campi di neve, salivano lentamente.
Rhwng llinell y coed a'r caeau eira, fe dringon nhw'n araf.
Nelle valli calde, scacciavano nuvole di moscerini e mosche.
Mewn dyffrynnoedd cynnes, roedden nhw'n taro cymylau o wybed a phryfed.
Raccolsero bacche dolci vicino ai ghiacciai nel pieno della fioritura estiva.
Fe wnaethon nhw gasglu aeron melys ger rhewlifoedd yng ngolau llawn yr haf.
I fiori che trovarono erano belli quanto quelli del Southland.
Roedd y blodau a ddaethon nhw o hyd iddyn nhw mor hyfryd â'r rhai yn y De.
Quell'autunno giunsero in una regione solitaria piena di laghi silenziosi.
Y cwymp hwnnw fe gyrhaeddon nhw ranbarth unig yn llawn llynnoedd tawel.
La terra era triste e vuota, un tempo brulicava di uccelli e animali.
Roedd y tir yn drist ac yn wag, unwaith yn fyw gydag adar ac anifeiliaid.

Ora non c'era più vita, solo il vento e il ghiaccio che si formava nelle pozze.
Nawr doedd dim bywyd, dim ond y gwynt a'r iâ yn ffurfio mewn pyllau.
Le onde lambivano le rive deserte con un suono dolce e lugubre.
Lapiai tonnau yn erbyn glannau gwag gyda sain feddal, galarus.

Arrivò un altro inverno e loro seguirono di nuovo deboli e vecchi sentieri.
Daeth gaeaf arall, ac fe ddilynon nhw lwybrau hen, gwan eto.
Erano le tracce di uomini che avevano cercato molto prima di loro.
Dyma oedd llwybrau dynion a oedd wedi chwilio ymhell o'u blaenau.
Una volta trovarono un sentiero che si inoltrava nel profondo della foresta oscura.
Unwaith fe wnaethon nhw ddod o hyd i lwybr wedi'i dorri'n ddwfn i'r goedwig dywyll.
Era un vecchio sentiero e sentivano che la baita perduta era vicina.
Llwybr hen ydoedd, ac roedden nhw'n teimlo bod y caban coll yn agos.
Ma il sentiero non portava da nessuna parte e si perdeva nel fitto del bosco.
Ond nid oedd y llwybr yn arwain i unman ac yn pylu i'r coed trwchus.
Nessuno sapeva chi avesse tracciato il sentiero e perché lo avesse fatto.
Pwy bynnag wnaeth y llwybr, a pham y gwnaethon nhw ei wneud, doedd neb yn gwybod.
Più tardi trovarono i resti di una capanna nascosta tra gli alberi.
Yn ddiweddarach, fe ddaethon nhw o hyd i ddrylliad llety wedi'i guddio ymhlith y coed.

Coperte marce erano sparse dove un tempo qualcuno aveva dormito.
Roedd blancedi pydredig wedi'u gwasgaru lle roedd rhywun wedi cysgu ar un adeg.
John Thornton trovò sepolto all'interno un fucile a pietra focaia a canna lunga.
Daeth John Thornton o hyd i fflintloc hir-faril wedi'i gladdu y tu mewn.
Sapeva fin dai primi tempi che si trattava di un cannone della Hudson Bay.
Roedd yn gwybod mai gwn Bae Hudson oedd hwn o ddyddiau masnachu cynnar.
A quei tempi, tali armi venivano barattate con pile di pelli di castoro.
Yn y dyddiau hynny roedd gynnau o'r fath yn cael eu cyfnewid am bentyrrau o grwyn afanc.
Questo era tutto: non rimaneva alcuna traccia dell'uomo che aveva costruito la loggia.
Dyna oedd y cyfan—doedd dim cliw ar ôl am y dyn a adeiladodd y llety.

Arrivò di nuovo la primavera e non trovarono traccia della Capanna Perduta.
Daeth y gwanwyn eto, ac ni chawsant unrhyw arwydd o'r Caban Coll.
Invece trovarono un'ampia valle con un ruscello poco profondo.
Yn lle hynny, fe wnaethon nhw ddod o hyd i ddyffryn llydan gyda nant fas.
L'oro si stendeva sul fondo della pentola come burro giallo e liscio.
Roedd aur yn gorwedd ar draws gwaelodion y badell fel menyn llyfn, melyn.
Si fermarono lì e non cercarono oltre la cabina.
Fe wnaethon nhw stopio yno ac ni chwilio ymhellach am y caban.

Ogni giorno lavoravano e ne trovavano migliaia di pezzi in polvere d'oro.
Bob dydd roedden nhw'n gweithio ac yn dod o hyd i filoedd mewn llwch aur.
Confezionarono l'oro in sacchi di pelle di alce, da cinquanta libbre ciascuno.
Fe wnaethon nhw bacio'r aur mewn bagiau o groen elc, hanner cant punt yr un.
I sacchi erano accatastati come legna da ardere fuori dal loro piccolo rifugio.
Roedd y bagiau wedi'u pentyrru fel coed tân y tu allan i'w lety bach.
Lavoravano come giganti e i giorni trascorrevano veloci come sogni.
Roedden nhw'n gweithio fel cewri, ac aeth y dyddiau heibio fel breuddwydion cyflym.
Accumularono tesori mentre gli infiniti giorni trascorrevano rapidamente.
Fe wnaethon nhw bentyrru trysor wrth i'r dyddiau diddiwedd rolio heibio'n gyflym.
I cani avevano ben poco da fare, se non trasportare la carne di tanto in tanto.
Nid oedd llawer i'r cŵn ei wneud heblaw cludo cig o bryd i'w gilydd.
Thornton cacciò e uccise la selvaggina, mentre Buck si sdraiò accanto al fuoco.
Helodd Thornton a lladdodd yr anifeiliaid, a gorweddodd Buck wrth y tân.
Trascorse lunghe ore in silenzio, perso nei pensieri e nei ricordi.
Treuliodd oriau hir mewn distawrwydd, ar goll mewn meddwl a chof.
L'immagine dell'uomo peloso tornava sempre più spesso alla mente di Buck.
Daeth delwedd y dyn blewog i feddwl Buck yn amlach.
Ora che il lavoro scarseggiava, Buck sognava mentre sbatteva le palpebre verso il fuoco.

Gan fod gwaith yn brin bellach, breuddwydiodd Buck wrth blincio at y tân.

In quei sogni, Buck vagava con l'uomo in un altro mondo.

Yn y breuddwydion hynny, crwydrodd Buck gyda'r dyn mewn byd arall.

La paura sembrava il sentimento più forte in quel mondo lontano.

Ofn oedd yr ymdeimlad cryfaf yn y byd pell hwnnw, yn ôl pob golwg.

Buck vide l'uomo peloso dormire con la testa bassa.

Gwelodd Buck y dyn blewog yn cysgu â'i ben wedi'i grychu'n isel.

Aveva le mani giunte e il suo sonno era agitato e interrotto.

Roedd ei ddwylo wedi'u clymu, ac roedd ei gwsg yn aflonydd ac yn doredig.

Si svegliava di soprassalto e fissava il buio con timore.

Arferai ddeffro gyda syndod a syllu'n ofnus i'r tywyllwch.

Poi aggiungeva altra legna al fuoco per mantenere viva la fiamma.

Yna byddai'n taflu mwy o goed ar y tân i gadw'r fflam yn llachar.

A volte camminavano lungo una spiaggia in riva a un mare grigio e infinito.

Weithiau byddent yn cerdded ar hyd traeth wrth ymyl môr llwyd, diddiwedd.

L'uomo peloso raccolse i frutti di mare e li mangiò mentre camminava.

Cododd y dyn blewog bysgod cregyn a'u bwyta wrth iddo gerdded.

I suoi occhi cercavano sempre pericoli nascosti nell'ombra.

Roedd ei lygaid bob amser yn chwilio am beryglon cudd yn y cysgodion.

Le sue gambe erano sempre pronte a scattare al primo segno di minaccia.

Roedd ei goesau bob amser yn barod i sbrintio wrth yr arwydd cyntaf o fygythiad.

Avanzavano furtivamente nella foresta, silenziosi e cauti, uno accanto all'altro.
Fe wnaethon nhw sleifio drwy'r goedwig, yn dawel ac yn wyliadwrus, ochr yn ochr.
Buck lo seguì alle calcagna, ed entrambi rimasero all'erta.
Dilynodd Buck ar ei sodlau, ac arhosodd y ddau ohonyn nhw'n effro.
Le loro orecchie si muovevano e si contraevano, i loro nasi fiutavano l'aria.
Roedd eu clustiau'n crynu ac yn symud, eu trwynau'n arogli'r awyr.
L'uomo riusciva a sentire e ad annusare la foresta in modo altrettanto acuto quanto Buck.
Gallai'r dyn glywed ac arogli'r goedwig mor finiog â Buck.
L'uomo peloso si lanciò tra gli alberi a velocità improvvisa.
Siglodd y dyn blewog drwy'r coed gyda chyflymder sydyn.
Saltava da un ramo all'altro senza mai perdere la presa.
Neidiodd o gangen i gangen, heb golli ei afael byth.
Si muoveva con la stessa rapidità con cui si muoveva sopra e sopra il terreno.
Symudodd mor gyflym uwchben y ddaear ag y gwnaeth arni.
Buck ricordava le lunghe notti passate sotto gli alberi a fare la guardia.
Cofiai Buck nosweithiau hir o dan y coed, yn cadw golwg.
L'uomo dormiva appollaiato sui rami, aggrappandosi forte.
Cysgodd y dyn yn clwydo yn y canghennau, gan lynu'n dynn.
Questa visione dell'uomo peloso era strettamente legata al richiamo profondo.
Roedd y weledigaeth hon o'r dyn blewog wedi'i chysylltu'n agos â'r alwad ddofn.
Il richiamo risuonava ancora nella foresta con una forza inquietante.
Roedd y galwad yn dal i swnio drwy'r goedwig gyda grym atgofus.
La chiamata riempì Buck di desiderio e di un inquieto senso di gioia.

Llenwodd yr alwad Buck â hiraeth a theimlad aflonydd o lawenydd.

Sentì strani impulsi e stimoli a cui non riusciva a dare un nome.

Teimlodd ysgogiadau a chyffroadau rhyfedd na allai eu henwi.

A volte seguiva la chiamata inoltrandosi nel silenzio dei boschi.

Weithiau byddai'n dilyn yr alwad yn ddwfn i'r coed tawel.

Cercava il richiamo, abbaiando piano o bruscamente mentre camminava.

Chwiliodd am y galwad, gan gyfarth yn feddal neu'n finiog wrth iddo fynd.

Annusò il muschio e il terreno nero dove cresceva l'erba.

Aroglodd y mwsogl a'r pridd du lle tyfodd y glaswellt.

Sbuffò di piacere sentendo i ricchi odori della terra profonda.

Snwdiodd gyda hyfrydwch at arogleuon cyfoethog y ddaear ddofn.

Rimase accovacciato per ore dietro i tronchi ricoperti di funghi.

Cwrcwdodd am oriau y tu ôl i foncyffion wedi'u gorchuddio â ffwng.

Rimase immobile, ascoltando con gli occhi sgranati ogni minimo rumore.

Arhosodd yn llonydd, gan wrando â'i lygaid yn llydan ar bob sŵn bach.

Forse sperava di sorprendere la cosa che aveva emesso la chiamata.

Efallai ei fod wedi gobeithio synnu'r peth a roddodd yr alwad.

Non sapeva perché si comportava in quel modo: lo faceva e basta.

Doedd e ddim yn gwybod pam roedd e wedi ymddwyn fel hyn—fe wnaeth e'n syml.

Questi impulsi provenivano dal profondo, al di là del pensiero o della ragione.

Daeth yr ysfa o ddwfn y tu mewn, y tu hwnt i feddwl na rheswm.

Buck fu colto da impulsi irresistibili, senza preavviso o motivo.

Cymerodd awydd anorchfygol afael ar Buck heb rybudd na rheswm.

A volte sonnecchiava pigramente nell'accampamento, sotto il caldo di mezzogiorno.

Ar adegau roedd yn cysgu'n ddiog yn y gwersyll o dan wres canol dydd.

All'improvviso sollevò la testa e le sue orecchie si drizzarono in allerta.

Yn sydyn, cododd ei ben a saethu ei glustiau i fyny'n effro.

Poi balzò in piedi e si lanciò nella natura selvaggia senza fermarsi.

Yna neidiodd i fyny a rhuthro i'r gwyllt heb oedi.

Corse per ore attraverso sentieri forestali e spazi aperti.

Rhedodd am oriau trwy lwybrau coedwig a mannau agored.

Amava seguire i letti asciutti dei torrenti e spiare gli uccelli sugli alberi.

Roedd wrth ei fodd yn dilyn gwelyau nentydd sych ac yn ysbïo ar adar yn y coed.

Poteva restare nascosto tutto il giorno, osservando le pernici che si pavoneggiavano in giro.

Gallai orwedd yn gudd drwy'r dydd, yn gwylio petrisod yn strôc o gwmpas.

Suonavano i tamburi e marciavano, ignari della presenza immobile di Buck.

Fe wnaethon nhw ddrymio a gorymdeithio, heb fod yn ymwybodol o bresenoldeb llonydd Buck.

Ma ciò che amava di più era correre al crepuscolo estivo.

Ond yr hyn yr oedd yn ei garu fwyaf oedd rhedeg gyda'r cyfnos yn yr haf.

La luce fioca e i suoni assonnati della foresta lo riempivano di gioia.

Llenwodd y golau gwan a synau cysglyd y goedwig ef â llawenydd.

Leggeva i cartelli della foresta con la stessa chiarezza con cui un uomo legge un libro.
Darllenodd arwyddion y goedwig mor glir ag y mae dyn yn darllen llyfr.
E cercava sempre la strana cosa che lo chiamava.
Ac roedd yn chwilio bob amser am y peth rhyfedd a'i galwodd.
Quella chiamata non si è mai fermata: lo raggiungeva sia da sveglio che nel sonno.
Ni pheidiodd y galwad honno byth—cyrhaeddodd ef yn effro neu'n cysgu.

Una notte si svegliò di soprassalto, con gli occhi acuti e le orecchie tese.
Un noson, deffrodd gyda syndod, llygaid miniog a chlustiau'n uchel.
Le sue narici si contrassero mentre la sua criniera si rizzava in onde.
Trychodd ei ffroenau wrth i'w fwng sefyll yn donnau.
Dal profondo della foresta giunse di nuovo quel suono, il vecchio richiamo.
O ddyfnderoedd y goedwig daeth y sŵn eto, yr hen alwad.
Questa volta il suono risuonò chiaro, un ululato lungo, inquietante e familiare.
Y tro hwn roedd y sain yn canu'n glir, udo hir, atgofus, cyfarwydd.
Era come il verso di un husky, ma dal tono strano e selvaggio.
Roedd fel crio husky, ond yn rhyfedd ac yn wyllt ei naws.
Buck riconobbe subito quel suono: lo aveva già sentito molto tempo prima.
Roedd Buck yn adnabod y sain ar unwaith—roedd wedi clywed yr union sain amser maith yn ôl.
Attraversò con un balzo l'accampamento e scomparve rapidamente nel bosco.
Neidiodd drwy'r gwersyll a diflannodd yn gyflym i'r coed.
Avvicinandosi al suono, rallentò e si mosse con cautela.

Wrth iddo agosáu at y sain, arafodd a symudodd yn ofalus.
Presto raggiunse una radura tra fitti pini.
Yn fuan cyrhaeddodd llannerch rhwng coed pinwydd trwchus.
Lì, ritto sulle zampe posteriori, sedeva un lupo grigio alto e magro.
Yno, yn unionsyth ar ei gôl, eisteddai blaidd coed tal, main.
Il naso del lupo puntava verso il cielo, continuando a riecheggiare il richiamo.
Roedd trwyn y blaidd yn pwyntio tua'r awyr, yn dal i adleisio'r alwad.
Buck non aveva emesso alcun suono, eppure il lupo si fermò e ascoltò.
Nid oedd Buck wedi gwneud unrhyw sŵn, ond eto stopiodd y blaidd a gwrando.
Percependo qualcosa, il lupo si irrigidì e scrutò l'oscurità.
Gan deimlo rhywbeth, tensiwnodd y blaidd, gan chwilio'r tywyllwch.
Buck si fece avanti furtivamente, con il corpo basso e i piedi ben appoggiati al terreno.
Llithrodd Buck i'r golwg, ei gorff yn isel, ei draed yn dawel ar y ddaear.
La sua coda era dritta e il suo corpo era teso e teso.
Roedd ei gynffon yn syth, ei gorff wedi'i goilio'n dynn gyda thensiwn.
Manifestava sia un atteggiamento minaccioso che una sorta di rude amicizia.
Dangosodd fygythiad a math o gyfeillgarwch garw.
Era il saluto cauto tipico delle bestie selvatiche.
Dyma'r cyfarchiad gofalus a rennir gan anifeiliaid y gwyllt.
Ma il lupo si voltò e fuggì non appena vide Buck.
Ond trodd y blaidd a ffodd cyn gynted ag y gwelodd Buck.
Buck si lanciò all'inseguimento, saltando selvaggiamente, desideroso di raggiungerlo.
Rhoddodd Buck ei erlid, gan neidio'n wyllt, yn awyddus i'w oddiweddyd.

Seguì il lupo in un ruscello secco bloccato da un ingorgo di tronchi.

Dilynodd y blaidd i mewn i nant sych wedi'i blocio gan dagfa goed.

Messo alle strette, il lupo si voltò e rimase fermo.

Wedi'i gornelu, trodd y blaidd o gwmpas a sefyll ei dir.

Il lupo ringhiò e schioccò i denti come un husky intrappolato in una rissa.

Chwyrnodd a chleciodd y blaidd fel ci husky wedi'i ddal mewn ymladd.

I denti del lupo schioccarono rapidamente e il suo corpo si irrigidì per la furia selvaggia.

Clíciodd dannedd y blaidd yn gyflym, ei gorff yn llawn cynddaredd gwyllt.

Buck non attaccò, ma girò intorno al lupo con attenta cordialità.

Ni ymosododd Buck ond cylchodd y blaidd gyda chyfeillgarwch gofalus.

Cercò di bloccargli la fuga con movimenti lenti e innocui.

Ceisiodd rwystro ei ddihangfa trwy symudiadau araf, diniwed.

Il lupo era cauto e spaventato: Buck lo superava di peso tre volte.

Roedd y blaidd yn wyliadwrus ac yn ofnus—roedd Buck yn drech na fo dair gwaith.

La testa del lupo arrivava a malapena all'altezza della spalla massiccia di Buck.

Prin y cyrhaeddodd pen y blaidd ysgwydd enfawr Buck.

Il lupo, attento a individuare un varco, si lanciò e l'inseguimento ricominciò.

Gan chwilio am fwlch, dihangodd y blaidd a dechreuodd yr helfa eto.

Buck lo mise alle strette più volte e la danza si ripeté.

Sawl gwaith, fe wnaeth Buck ei gornelu, ac ailadroddodd y ddawns.

Il lupo era magro e debole, altrimenti Buck non avrebbe potuto catturarlo.

Roedd y blaidd yn denau ac yn wan, neu ni allai Buck fod wedi'i ddal.

Ogni volta che Buck si avvicinava, il lupo si girava di scatto e lo affrontava spaventato.

Bob tro y byddai Buck yn agosáu, byddai'r blaidd yn troi ac yn ei wynebu mewn ofn.

Poi, alla prima occasione, si precipitò di nuovo nel bosco.

Yna ar y cyfle cyntaf, rhuthrodd i ffwrdd i'r coed unwaith eto.

Ma Buck non si arrese e alla fine il lupo imparò a fidarsi di lui.

Ond ni roddodd Buck y gorau iddi, ac o'r diwedd daeth y blaidd i ymddiried ynddo.

Annusò il naso di Buck e i due diventarono giocosi e attenti.

Snyffiodd drwyn Buck, a thyfodd y ddau yn chwareus ac yn effro.

Giocavano come animali selvaggi, feroci ma timidi nella loro gioia.

Chwaraeasant fel anifeiliaid gwyllt, yn ffyrnig ond yn swil yn eu llawenydd.

Dopo un po' il lupo trotterellò via con calma e decisione.

Ar ôl ychydig, trotiodd y blaidd i ffwrdd gyda phwrpas tawel.

Dimostrò chiaramente a Buck che intendeva essere seguito.

Dangosodd yn glir i Buck ei fod yn bwriadu cael ei ddilyn.

Correvano fianco a fianco nel buio della sera.

Rhedasant ochr yn ochr trwy dywyllwch y cyfnos.

Seguirono il letto del torrente fino alla gola rocciosa.

Dilynasant wely'r nant i fyny i'r ceunant creigiog.

Attraversarono un freddo spartiacque nel punto in cui aveva avuto origine il fiume.

Fe groeson nhw raniad oer lle roedd y nant wedi dechrau.

Sul pendio più lontano trovarono un'ampia foresta e molti corsi d'acqua.

Ar y llethr pellaf fe ddaethon nhw o hyd i goedwig eang a llawer o nentydd.

Corsero per ore senza fermarsi attraverso quella terra immensa.

Drwy'r tir helaeth hwn, fe redasant am oriau heb stopio.

Il sole saliva sempre più alto, l'aria si faceva calda, ma loro continuavano a correre.
Cododd yr haul yn uwch, cynhesodd yr awyr, ond fe redegon nhw ymlaen.
Buck era pieno di gioia: sapeva di aver risposto alla sua chiamata.
Roedd Buck yn llawn llawenydd—roedd yn gwybod ei fod yn ateb ei alwad.
Corse accanto al fratello della foresta, più vicino alla fonte della chiamata.
Rhedodd wrth ochr ei frawd yn y goedwig, yn agosach at ffynhonnell yr alwad.
I vecchi sentimenti ritornano, potenti e difficili da ignorare.
Dychwelodd hen deimladau, yn bwerus ac yn anodd eu hanwybyddu.
Queste erano le verità nascoste nei ricordi dei suoi sogni.
Dyma oedd y gwirioneddau y tu ôl i'r atgofion o'i freuddwydion.
Tutto questo lo aveva già fatto in un mondo lontano e oscuro.
Roedd wedi gwneud hyn i gyd o'r blaen mewn byd pell a chysgodol.
Questa volta lo fece di nuovo, scatenandosi con il cielo aperto sopra di lui.
Nawr gwnaeth hyn eto, gan redeg yn wyllt gyda'r awyr agored uwchben.
Si fermarono presso un ruscello per bere l'acqua fredda che scorreva.
Fe wnaethon nhw stopio wrth nant i yfed o'r dŵr oer oedd yn llifo.
Mentre beveva, Buck si ricordò improvvisamente di John Thornton.
Wrth iddo yfed, cofiodd Buck yn sydyn am John Thornton.
Si sedette in silenzio, lacerato dal sentimento di lealtà e dalla chiamata.
Eisteddodd i lawr mewn distawrwydd, wedi'i rhwygo gan dynfa teyrngarwch a'r alwad.

Il lupo continuò a trottare, ma tornò indietro per incitare Buck ad andare avanti.
Trotiodd y blaidd ymlaen, ond daeth yn ôl i annog Buck ymlaen.
Gli annusò il naso e cercò di convincerlo con gesti gentili.
Sniffiodd ei drwyn a cheisiodd ei berswadio ag ystumiau meddal.
Ma Buck si voltò e riprese a tornare indietro per la strada da cui era venuto.
Ond trodd Buck o gwmpas a dechrau dychwelyd yr un ffordd ag y daeth.
Il lupo gli corse accanto per molto tempo, guaindo piano.
Rhedodd y blaidd wrth ei ymyl am amser hir, gan gwynfan yn dawel.
Poi si sedette, alzò il naso ed emise un lungo ululato.
Yna eisteddodd i lawr, cododd ei drwyn, a gollwng udo hir.
Era un grido lugubre, che si addolcì mentre Buck si allontanava.
Roedd yn gri galarus, yn meddalu wrth i Buck gerdded i ffwrdd.
Buck ascoltò mentre il suono del grido svaniva lentamente nel silenzio della foresta.
Gwrandawodd Buck wrth i sŵn y cri bylu'n araf i dawelwch y goedwig.
John Thornton stava cenando quando Buck irruppe nell'accampamento.
Roedd John Thornton yn bwyta cinio pan ffrwydrodd Buck i mewn i'r gwersyll.
Buck gli saltò addosso selvaggiamente, leccandolo, mordendolo e facendolo rotolare.
Neidiodd Buck arno'n wyllt, gan ei lyfu, ei frathu, a'i daflu.
Lo fece cadere, gli saltò sopra e gli baciò il viso.
Fe'i tarodd drosodd, sgramblodd ar ei ben, a chusanodd ei wyneb.
Thornton lo definì con affetto "fare il buffone".
Galwodd Thornton hyn yn "chwarae'r ffŵl cyffredinol" gyda hoffter.

Nel frattempo, imprecava dolcemente contro Buck e lo scuoteva avanti e indietro.
Drwy'r amser, roedd yn melltithio Buck yn ysgafn ac yn ei ysgwyd yn ôl ac ymlaen.
Per due interi giorni e due notti, Buck non lasciò l'accampamento nemmeno una volta.
Am ddau ddiwrnod a noson gyfan, ni adawodd Buck y gwersyll unwaith.
Si teneva vicino a Thornton e non lo perdeva mai di vista.
Cadwodd yn agos at Thornton ac ni adawodd ef o'i olwg erioed.
Lo seguiva mentre lavorava e lo osservava mentre mangiava.
Dilynodd ef wrth iddo weithio a'i wylio tra roedd yn bwyta.
Di notte vedeva Thornton avvolto nelle sue coperte e ogni mattina lo vedeva uscire.
Gwelodd Thornton i mewn i'w flancedi yn y nos ac allan bob bore.
Ma presto il richiamo della foresta ritornò, più forte che mai.
Ond yn fuan dychwelodd galwad y goedwig, yn uwch nag erioed o'r blaen.
Buck si sentì di nuovo irrequieto, agitato dal pensiero del lupo selvatico.
Daeth Buck yn aflonydd eto, wedi'i gyffroi gan feddyliau am y blaidd gwyllt.
Ricordava la terra aperta e le corse fianco a fianco.
Roedd yn cofio'r tir agored a'r rhedeg ochr yn ochr.
Ricominciò a vagare nella foresta, solo e vigile.
Dechreuodd grwydro i'r goedwig unwaith eto, ar ei ben ei hun ac yn effro.
Ma il fratello selvaggio non tornò e l'ululato non fu udito.
Ond ni ddychwelodd y brawd gwyllt, ac ni chlywwyd yr udo.
Buck cominciò a dormire all'aperto, restando lontano anche per giorni interi.
Dechreuodd Buck gysgu y tu allan, gan aros i ffwrdd am ddyddiau ar y tro.
Una volta attraversò l'alto spartiacque dove aveva origine il torrente.

Unwaith croesodd y rhaniad uchel lle roedd y nant wedi dechrau.
Entrò nella terra degli alberi scuri e dei grandi corsi d'acqua.
Aeth i mewn i wlad y coed tywyll a'r nentydd llydan.
Vagò per una settimana alla ricerca di tracce del fratello selvaggio.
Am wythnos bu'n crwydro, yn chwilio am arwyddion o'r brawd gwyllt.
Uccideva la propria carne e viaggiava a passi lunghi e instancabili.
Lladdodd ei gig ei hun a theithiodd gyda chamau hir, diflino.
Pescò salmoni in un ampio fiume che arrivava fino al mare.
Pysgotaodd am eog mewn afon lydan a gyrhaeddai'r môr.
Lì lottò e uccise un orso nero reso pazzo dagli insetti.
Yno, ymladdodd a lladd arth ddu a oedd wedi'i wallgofio gan bryfed.
L'orso stava pescando e corse alla cieca tra gli alberi.
Roedd yr arth wedi bod yn pysgota ac wedi rhedeg yn ddall drwy'r coed.
La battaglia fu feroce e risvegliò il profondo spirito combattivo di Buck.
Roedd y frwydr yn un ffyrnig, gan ddeffro ysbryd ymladd dwfn Buck.
Due giorni dopo, Buck tornò e trovò dei ghiottoni nei pressi della sua preda.
Ddeuddydd yn ddiweddarach, dychwelodd Buck i ddod o hyd i bleiddiaid wrth ei laddfa.
Una dozzina di loro litigarono furiosamente e rumorosamente per la carne.
Bu dwsin ohonyn nhw'n ffraeo dros y cig mewn cynddaredd swnllyd.
Buck caricò e li disperse come foglie al vento.
Ymosododd Buck a'u gwasgaru fel dail yn y gwynt.
Due lupi rimasero indietro: silenziosi, senza vita e immobili per sempre.
Arhosodd dau flaidd ar ôl—dawel, difywyd, a digyfaddawd am byth.

La sete di sangue divenne più forte che mai.
Tyfodd y syched am waed yn gryfach nag erioed.
Buck era un cacciatore, un assassino, che si nutriva di creature viventi.
Roedd Buck yn heliwr, yn llofrudd, yn bwydo ar greaduriaid byw.
Sopravvisse da solo, affidandosi alla sua forza e ai suoi sensi acuti.
Goroesodd ar ei ben ei hun, gan ddibynnu ar ei gryfder a'i synhwyrau craff.
Prosperava nella natura selvaggia, dove solo i più forti potevano sopravvivere.
Ffynnodd yn y gwyllt, lle dim ond y rhai caletaf allai fyw.
Da ciò nacque un grande orgoglio che riempì tutto l'essere di Buck.
O hyn, cododd balchder mawr a llenwodd holl fodolaeth Buck.
Il suo orgoglio traspariva da ogni passo, dal fremito di ogni muscolo.
Roedd ei falchder yn amlwg ym mhob cam, yng nghrychdon pob cyhyr.
Il suo orgoglio era evidente, come si vedeva dal suo comportamento.
Roedd ei falchder mor glir â lleferydd, i'w weld yn y ffordd yr oedd yn ymddwyn.
Persino il suo spesso mantello appariva più maestoso e splendeva di più.
Roedd hyd yn oed ei gôt drwchus yn edrych yn fwy mawreddog ac yn disgleirio'n fwy disglair.
Buck avrebbe potuto essere scambiato per un lupo grigio gigante.
Gallai Buck fod wedi cael ei gamgymryd am blaidd coed anferth.
A parte il marrone sul muso e le macchie sopra gli occhi.
Ac eithrio brown ar ei drwyn a smotiau uwchben ei lygaid.
E la striscia bianca di pelo che gli correva lungo il centro del petto.

A'r stribed gwyn o ffwr a redodd i lawr canol ei frest.
Era addirittura più grande del più grande lupo di quella feroce razza.
Roedd hyd yn oed yn fwy na'r blaidd mwyaf o'r brîd ffyrnig hwnnw.
Suo padre, un San Bernardo, gli ha trasmesso la stazza e la corporatura robusta.
Rhoddodd ei dad, Sant Bernard, faint a ffrâm drwm iddo.
Sua madre, una pastorella, plasmò quella mole conferendole la forma di un lupo.
Ei fam, bugail, a luniodd y swmp hwnnw'n debyg i flaidd.
Aveva il muso lungo di un lupo, anche se più pesante e largo.
Roedd ganddo drwyn hir blaidd, er yn drymach ac yn lletach.
La sua testa era quella di un lupo, ma di dimensioni enormi e maestose.
Pen blaidd oedd ei ben, ond wedi'i adeiladu ar raddfa enfawr, fawreddog.
L'astuzia di Buck era l'astuzia del lupo e della natura selvaggia.
Cyfrwystra Buck oedd cyfrwystra'r blaidd a'r gwyllt.
La sua intelligenza gli venne sia dal Pastore Tedesco che dal San Bernardo.
Daeth ei ddeallusrwydd o'r Bugail Almaenig a'r Sant Bernard.
Tutto ciò, unito alla dura esperienza, lo rese una creatura temibile.
Gwnaeth hyn i gyd, ynghyd â phrofiad caled, ef yn greadur ofnadwy.
Era formidabile quanto qualsiasi animale che vagasse nelle terre selvagge del nord.
Roedd mor aruthrol ag unrhyw fwystfil a grwydrai yng ngwyllt y gogledd.
Nutrendosi solo di carne, Buck raggiunse l'apice della sua forza.
Gan fyw ar gig yn unig, cyrhaeddodd Buck uchafbwynt ei nerth.

Trasudava potenza e forza maschile in ogni fibra del suo corpo.
Roedd yn gorlifo â phŵer a grym gwrywaidd ym mhob ffibr ohono.
Quando Thornton gli accarezzò la schiena, i peli brillarono di energia.
Pan fwythodd Thornton ei gefn, roedd y gwallt yn disgleirio ag egni.
Ogni capello scricchiolava, carico del tocco di un magnetismo vivente.
Craciodd pob gwallt, wedi'i wefru â chyffyrddiad magnetedd byw.
Il suo corpo e il suo cervello erano sintonizzati sulla tonalità più fine possibile.
Roedd ei gorff a'i ymennydd wedi'u tiwnio i'r traw gorau posibl.
Ogni nervo, ogni fibra e ogni muscolo lavoravano in perfetta armonia.
Roedd pob nerf, ffibr a chyhyr yn gweithio mewn cytgord perffaith.
A qualsiasi suono o visione che richiedesse un intervento, rispondeva immediatamente.
I unrhyw sŵn neu olygfa oedd angen gweithredu, ymatebodd ar unwaith.
Se un husky saltava per attaccare, Buck poteva saltare due volte più velocemente.
Pe bai huski yn neidio i ymosod, gallai Buck neidio ddwywaith mor gyflym.
Reagì più rapidamente di quanto gli altri potessero vedere o sentire.
Ymatebodd yn gyflymach nag y gallai eraill hyd yn oed ei weld neu ei glywed.
Percezione, decisione e azione avvennero tutte in un unico, fluido istante.
Daeth canfyddiad, penderfyniad a gweithredu i gyd mewn un foment hylifol.

In realtà si tratta di atti separati, ma troppo rapidi per essere notati.
Mewn gwirionedd, roedd y gweithredoedd hyn ar wahân, ond yn rhy gyflym i'w sylwi.
Gli intervalli tra questi atti erano così brevi che sembravano uno solo.
Mor fyr oedd y bylchau rhwng y gweithredoedd hyn, roeddent yn ymddangos fel un.
I suoi muscoli e il suo essere erano come molle strettamente avvolte.
Roedd ei gyhyrau a'i fodolaeth fel sbringiau wedi'u coilio'n dynn.
Il suo corpo traboccava di vita, selvaggia e gioiosa nella sua potenza.
Roedd ei gorff yn llawn bywyd, yn wyllt ac yn llawen yn ei bŵer.
A volte aveva la sensazione che la forza stesse per esplodere completamente dentro di lui.
Ar adegau roedd yn teimlo fel pe bai'r grym yn mynd i ffrwydro allan ohono'n llwyr.
"Non c'è mai stato un cane simile", disse Thornton un giorno tranquillo.
"Ni fu erioed gi o'r fath," meddai Thornton un diwrnod tawel.
I soci osservarono Buck uscire fiero dall'accampamento.
Gwyliodd y partneriaid Buck yn cerdded yn falch o'r gwersyll.
"Quando è stato creato, ha cambiato il modo in cui un cane può essere", ha detto Pete.
"Pan gafodd ei greu, newidiodd yr hyn y gall ci fod," meddai Pete.
"Per Dio! Lo penso anch'io", concordò subito Hans.
"Wrth Iesu! Dw i'n meddwl hynny fy hun," cytunodd Hans yn gyflym.
Lo videro allontanarsi, ma non il cambiamento che avvenne dopo.
Gwelsant ef yn gorymdeithio i ffwrdd, ond nid y newid a ddaeth wedi hynny.

Non appena entrò nel bosco, Buck si trasformò completamente.
Cyn gynted ag y aeth i mewn i'r coed, trawsnewidiodd Buck yn llwyr.

Non marciava più, ma si muoveva come uno spettro selvaggio tra gli alberi.
Nid oedd yn gorymdeithio mwyach, ond yn symud fel ysbryd gwyllt ymhlith coed.

Divenne silenzioso, come un gatto, un bagliore che attraversava le ombre.
Daeth yn dawel, fel traed cath, fel fflach yn mynd trwy gysgodion.

Usava la copertura con abilità, strisciando sulla pancia come un serpente.
Defnyddiodd guddfan gyda medrusrwydd, gan gropian ar ei fol fel neidr.

E come un serpente, sapeva balzare in avanti e colpire in silenzio.
Ac fel neidr, gallai neidio ymlaen a tharo mewn distawrwydd.

Potrebbe rubare una pernice bianca direttamente dal suo nido nascosto.
Gallai ddwyn ptarmigan yn syth o'i nyth cudd.

Uccideva i conigli addormentati senza emettere alcun suono.
Lladdodd gwningod cysgu heb un sŵn.

Riusciva a catturare gli scoiattoli a mezz'aria anche se fuggivano troppo lentamente.
Gallai ddal gwiwerod yng nghanol yr awyr wrth iddyn nhw ffoi'n rhy araf.

Nemmeno i pesci nelle pozze riuscivano a sfuggire ai suoi attacchi improvvisi.
Ni allai hyd yn oed pysgod mewn pyllau ddianc rhag ei ymosodiadau sydyn.

Nemmeno i furbi castori impegnati a riparare le dighe erano al sicuro da lui.
Nid oedd hyd yn oed afancod clyfar oedd yn trwsio argaeau yn ddiogel rhagddo.

Uccideva per nutrirsi, non per divertirsi, ma preferiva uccidere le proprie vittime.
Lladdodd am fwyd, nid am hwyl—ond roedd yn hoffi ei laddfeydd ei hun orau.
Eppure, un umorismo subdolo permeava alcune delle sue cacce silenziose.
Serch hynny, roedd hiwmor cyfrwys yn rhedeg trwy rai o'i helfeydd tawel.
Si avvicinò furtivamente agli scoiattoli, solo per lasciarli scappare.
Sleifiodd yn agos at wiwerod, dim ond i adael iddyn nhw ddianc.
Stavano per fuggire tra gli alberi, chiacchierando con rabbia e paura.
Roedden nhw'n mynd i ffoi i'r coed, gan glebran mewn dicter ofnus.
Con l'arrivo dell'autunno, le alci cominciarono ad apparire in numero maggiore.
Wrth i'r hydref ddod, dechreuodd elciaid ymddangos mewn niferoedd mwy.
Si spostarono lentamente verso le basse valli per affrontare l'inverno.
Symudasant yn araf i'r dyffrynnoedd isel i gyfarfod â'r gaeaf.
Buck aveva già abbattuto un giovane vitello randagio.
Roedd Buck eisoes wedi lladd un llo ifanc, crwydr.
Ma lui desiderava ardentemente affrontare prede più grandi e pericolose.
Ond roedd yn hiraethu i wynebu ysglyfaeth fwy, mwy peryglus.
Un giorno, sul crinale, alla sorgente del torrente, trovò la sua occasione.
Un diwrnod ar y rhaniad, wrth ben y nant, cafodd ei gyfle.
Una mandria di venti alci era giunta da terre boscose.
Roedd haid o ugain o elc wedi croesi o diroedd coediog.
Tra loro c'era un possente toro, il capo del gruppo.
Yn eu plith roedd tarw nerthol; arweinydd y grŵp.

Il toro era alto più di due metri e mezzo e appariva feroce e selvaggio.
Roedd y tarw dros chwe throedfedd o daldra ac yn edrych yn ffyrnig ac yn wyllt.

Lanciò le sue grandi corna, le cui quattordici punte si diramavano verso l'esterno.
Taflodd ei gyrn llydan, pedwar ar ddeg o flaenau yn ymestyn allan.

Le punte di quelle corna si estendevano per due metri.
Roedd blaenau'r cyrn hynny'n ymestyn saith troedfedd ar draws.

I suoi piccoli occhi ardevano di rabbia quando vide Buck lì vicino.
Llosgodd ei lygaid bach gyda chynddaredd wrth iddo weld Buck gerllaw.

Emise un ruggito furioso, tremando di rabbia e dolore.
Rhyddhaodd rhuo cynddeiriog, gan grynu gan gynddaredd a phoen.

Vicino al suo fianco spuntava la punta di una freccia, appuntita e piumata.
Roedd pen saeth yn ymwthio allan ger ei ochr, yn bluog ac yn finiog.

Questa ferita contribuì a spiegare il suo umore selvaggio e amareggiato.
Helpodd y clwyf hwn i egluro ei hwyliau gwyllt, chwerw.

Buck, guidato dall'antico istinto di caccia, fece la sua mossa.
Gwnaeth Buck, wedi'i arwain gan reddf hela hynafol, ei symudiad.

Il suo obiettivo era separare il toro dal resto della mandria.
Ei nod oedd gwahanu'r tarw oddi wrth weddill y praidd.

Non era un compito facile: richiedeva velocità e una grande astuzia.
Nid tasg hawdd oedd hon—roedd angen cyflymder a chyfrwystra ffyrnig.

Abbaiava e danzava vicino al toro, appena fuori dalla sua portata.

Cyfarthodd a dawnsiodd ger y tarw, ychydig allan o gyrraedd.
L'alce si lanciò con enormi zoccoli e corna mortali.
Neidiodd yr elc gyda charnau enfawr a chyrn marwol.
Un colpo avrebbe potuto porre fine alla vita di Buck in un batter d'occhio.
Gallai un ergyd fod wedi dod â bywyd Buck i ben mewn curiad calon.
Incapace di abbandonare la minaccia, il toro si infuriò.
Gan fethu â gadael y bygythiad ar ôl, aeth y tarw yn wallgof.
Lui caricava con furia, ma Buck riusciva sempre a sfuggirgli.
Ymosododd mewn cynddaredd, ond llithrodd Buck i ffwrdd bob tro.
Buck finse di essere debole, allontanandosi ulteriormente dalla mandria.
Roedd Buck yn ffugio gwendid, gan ei ddenu ymhellach o'r praidd.
Ma i giovani tori sarebbero tornati alla carica per proteggere il capo.
Ond roedd teirw ifanc yn mynd i ruthro'n ôl i amddiffyn yr arweinydd.
Costrinsero Buck a ritirarsi e il toro a ricongiungersi al gruppo.
Fe wnaethon nhw orfodi Buck i encilio a'r tarw i ailymuno â'r grŵp.
C'è una pazienza nella natura selvaggia, profonda e inarrestabile.
Mae amynedd yn y gwyllt, dwfn ac anorchfygol.
Un ragno resta immobile nella sua tela per innumerevoli ore.
Mae pry cop yn aros yn ddisymud yn ei we am oriau di-rif.
Un serpente si avvolge su se stesso senza contrarsi e aspetta il momento giusto.
Mae neidr yn troelli heb ysgwyd, ac yn aros nes ei bod hi'n bryd.
Una pantera è in agguato, finché non arriva il momento.
Mae panther yn gorwedd mewn cudd-ymosodiad, nes i'r foment gyrraedd.

Questa è la pazienza dei predatori che cacciano per sopravvivere.
Dyma amynedd ysglyfaethwyr sy'n hela i oroesi.
La stessa pazienza ardeva dentro Buck mentre gli restava accanto.
Llosgodd yr un amynedd hwnnw y tu mewn i Buck wrth iddo aros yn agos.
Rimase vicino alla mandria, rallentandone la marcia e incutendo timore.
Arhosodd yn agos at y praidd, gan arafu ei orymdaith a chodi ofn.
Provocava i giovani tori e molestava le mucche madri.
Roedd yn pryfocio'r teirw ifanc ac yn aflonyddu ar y mamau buchod.
Spinse il toro ferito in una rabbia ancora più profonda e impotente.
Gyrrodd y tarw clwyfedig i gynddaredd dyfnach, diymadferth.
Per mezza giornata il combattimento si trascinò senza alcuna tregua.
Am hanner diwrnod, llusgodd yr ymladd ymlaen heb unrhyw orffwys o gwbl.
Buck attaccò da ogni angolazione, veloce e feroce come il vento.
Ymosododd Buck o bob ongl, mor gyflym a ffyrnig â'r gwynt.
Impedì al toro di riposare o di nascondersi con la mandria.
Fe ataliodd y tarw rhag gorffwys neu guddio gyda'i braidd.
Buck logorò la volontà dell'alce più velocemente del suo corpo.
Treuliodd Bwch ewyllys yr elc yn gyflymach na'i gorff.
Il giorno passò e il sole tramontò basso nel cielo a nord-ovest.
Aeth y diwrnod heibio a suddodd yr haul yn isel yn awyr y gogledd-orllewin.
I giovani tori tornarono più lentamente per aiutare il loro capo.

Dychwelodd y teirw ifanc yn arafach i gynorthwyo eu harweinydd.
Erano tornate le notti autunnali e il buio durava ormai sei ore.
Roedd nosweithiau'r hydref wedi dychwelyd, ac roedd y tywyllwch bellach yn para am chwe awr.
L'inverno li spingeva verso valli più sicure e calde.
Roedd y gaeaf yn eu gwthio i lawr i ddyffrynnoedd mwy diogel a chynhesach.
Ma non riuscirono comunque a sfuggire al cacciatore che li tratteneva.
Ond eto ni allent ddianc rhag yr heliwr a'u daliodd yn ôl.
Era in gioco solo una vita: non quella del branco, ma quella del loro capo.
Dim ond un bywyd oedd yn y fantol—nid bywyd y praidd, dim ond bywyd eu harweinydd.
Ciò rendeva la minaccia lontana e non una loro preoccupazione urgente.
Gwnaeth hynny'r bygythiad yn bell ac nid yn bryder brys iddynt.
Col tempo accettarono questo prezzo e lasciarono che Buck prendesse il vecchio toro.
Ymhen amser, fe wnaethon nhw dderbyn y gost hon a gadael i Buck gymryd yr hen darw.
Mentre calava il crepuscolo, il vecchio toro rimase in piedi con la testa bassa.
Wrth i'r cyfnos dawelu, safodd yr hen darw â'i ben i lawr.
Guardò la mandria che aveva guidato svanire nella luce morente.
Gwyliodd y praidd yr oedd wedi'i arwain yn diflannu i'r goleuni pylu.
C'erano mucche che aveva conosciuto, vitelli che un tempo aveva generato.
Roedd buchod yr oedd wedi'u hadnabod, lloi yr oedd wedi'u geni ar un adeg.
C'erano tori più giovani con cui aveva combattuto e che aveva dominato nelle stagioni passate.

Roedd teirw iau yr oedd wedi ymladd yn eu herbyn ac wedi rheoli yn y tymhorau blaenorol.

Non poteva seguirli, perché davanti a lui era di nuovo accovacciato Buck.

Ni allai eu dilyn—oherwydd o'i flaen yr oedd Buck yn cwrcwd eto.

Il terrore spietato e zannuto gli bloccava ogni via che potesse percorrere.

Roedd yr arswyd danheddog didrugaredd yn rhwystro pob llwybr y gallai ei gymryd.

Il toro pesava più di trecento chili di potenza densa.

Roedd y tarw yn pwyso mwy na thri chant pwysau o bŵer trwchus.

Aveva vissuto a lungo e lottato duramente in un mondo di difficoltà.

Roedd wedi byw'n hir ac wedi ymladd yn galed mewn byd o frwydr.

Eppure, alla fine, la morte gli venne commessa da una bestia molto più bassa di lui.

Ac eto nawr, ar y diwedd, daeth marwolaeth gan fwystfil ymhell islaw iddo.

La testa di Buck non arrivò nemmeno alle enormi ginocchia noccate del toro.

Ni chododd pen Buck hyd yn oed i ben-gliniau enfawr y tarw.

Da quel momento in poi, Buck rimase con il toro notte e giorno.

O'r foment honno ymlaen, arhosodd Buck gyda'r tarw ddydd a nos.

Non gli dava mai tregua, non gli permetteva mai di brucare o bere.

Ni roddodd orffwys iddo erioed, ni chaniataodd iddo bori na yfed erioed.

Il toro cercò di mangiare giovani germogli di betulla e foglie di salice.

Ceisiodd y tarw fwyta egin bedw ifanc a dail helyg.

Ma Buck lo scacciò, sempre all'erta e sempre all'attacco.

Ond gyrrodd Buck ef i ffwrdd, bob amser yn effro ac yn ymosod bob amser.

Anche nei torrenti che scorrevano, Buck bloccava ogni assetato tentativo.

Hyd yn oed wrth nentydd yn diferu, roedd Buck yn rhwystro pob ymgais sychedig.

A volte, in preda alla disperazione, il toro fuggiva a tutta velocità.

Weithiau, mewn anobaith, byddai'r tarw yn ffoi ar gyflymder llawn.

Buck lo lasciò correre, avanzando tranquillamente dietro di lui, senza mai allontanarsi troppo.

Gadawodd Buck iddo redeg, gan lopio'n dawel ychydig y tu ôl iddo, byth yn bell i ffwrdd.

Quando l'alce si fermò, Buck si sdraiò, ma rimase pronto.

Pan oedodd yr elc, gorweddodd Buck i lawr, ond arhosodd yn barod.

Se il toro provava a mangiare o a bere, Buck colpiva con tutta la sua furia.

Os byddai'r tarw yn ceisio bwyta neu yfed, byddai Buck yn taro â chynddaredd llawn.

La grande testa del toro si abbassava sotto le enormi corna.

Plygodd pen mawr y tarw yn is o dan ei gyrn enfawr.

Il suo passo rallentò, il trotto divenne pesante, un'andatura barcollante.

Arafodd ei gyflymder, daeth y trot yn drwm; yn gerddediad baglu.

Spesso restava immobile con le orecchie abbassate e il naso rivolto verso il terreno.

Yn aml byddai'n sefyll yn llonydd gyda'i glustiau'n plygu a'i drwyn i'r llawr.

In quei momenti Buck si prese del tempo per bere e riposare.

Yn ystod y cyfnodau hynny, cymerodd Buck amser i yfed a gorffwys.

Con la lingua fuori e gli occhi fissi, Buck sentì che la terra stava cambiando.

Tafod allan, llygaid wedi'u gosod, teimlai Buck fod y tir yn newid.

Sentì qualcosa di nuovo muoversi nella foresta e nel cielo.

Teimlodd rywbeth newydd yn symud trwy'r goedwig a'r awyr.

Con il ritorno delle alci tornarono anche altre creature selvatiche.

Wrth i elc ddychwelyd, felly hefyd y gwnaeth creaduriaid eraill y gwyllt.

La terra sembrava viva di una presenza invisibile ma fortemente nota.

Teimlai'r tir yn fyw gyda phresenoldeb, yn anweledig ond yn hysbys iawn.

Buck non lo sapeva tramite l'udito, la vista o l'olfatto.

Nid trwy sain, golwg, nac arogl y gwyddai Buck hyn.

Un sentimento più profondo gli diceva che nuove forze erano in movimento.

Dywedodd synnwyr dyfnach wrtho fod grymoedd newydd ar y symud.

Una strana vita si agitava nei boschi e lungo i corsi d'acqua.

Roedd bywyd rhyfedd yn cyffroi trwy'r coed ac ar hyd y nentydd.

Decise di esplorare questo spirito una volta completata la caccia.

Penderfynodd archwilio'r ysbryd hwn, ar ôl i'r helfa gael ei chwblhau.

Il quarto giorno, Buck riuscì finalmente a catturare l'alce.

Ar y pedwerydd diwrnod, llwyddodd Buck i ladd yr elc o'r diwedd.

Rimase nei pressi della preda per un giorno e una notte interi, nutrendosi e riposandosi.

Arhosodd wrth y lladdfa am ddiwrnod a nos gyfan, yn bwydo ac yn gorffwys.

Mangiò, poi dormì, poi mangiò ancora, finché non fu forte e sazio.

Bwytodd, yna cysgodd, yna bwytaodd eto, nes ei fod yn gryf ac yn llawn.

Quando fu pronto, tornò indietro verso l'accampamento e Thornton.
Pan oedd yn barod, trodd yn ôl tuag at y gwersyll a Thornton.
Con passo costante iniziò il lungo viaggio di ritorno verso casa.
Gyda chyflymder cyson, dechreuodd ar y daith hir yn ôl adref.
Correva con la sua andatura instancabile, ora dopo ora, senza mai smarrirsi.
Rhedodd yn ei daith ddiflino, awr ar ôl awr, heb grwydro unwaith.
Attraverso terre sconosciute, si muoveva dritto come l'ago di una bussola.
Trwy diroedd anhysbys, symudodd yn syth fel nodwydd cwmpawd.
Il suo senso dell'orientamento faceva sembrare deboli, al confronto, l'uomo e la mappa.
Roedd ei synnwyr cyfeiriad yn gwneud i ddyn a map ymddangos yn wan o'u cymharu.
Mentre Buck correva, sentiva sempre più forte l'agitazione nella terra selvaggia.
Wrth i Buck redeg, teimlodd yn gryfach y cynnwrf yn y tir gwyllt.
Era un nuovo tipo di vita, diverso da quello dei tranquilli mesi estivi.
Roedd yn fath newydd o fywyd, yn wahanol i fywyd misoedd tawel yr haf.
Questa sensazione non giungeva più come un messaggio sottile o distante.
Ni ddaeth y teimlad hwn fel neges gynnil na phell mwyach.
Ora gli uccelli parlavano di questa vita e gli scoiattoli chiacchieravano.
Nawr roedd yr adar yn siarad am y bywyd hwn, ac roedd gwiwerod yn sgwrsio amdano.
Persino la brezza sussurrava avvertimenti tra gli alberi silenziosi.
Hyd yn oed yr awel yn sibrwd rhybuddion trwy'r coed tawel.

Più volte si fermò ad annusare l'aria fresca del mattino.
Sawl gwaith fe stopiodd ac arogli awyr iach y bore.
Lì lesse un messaggio che lo fece fare un balzo in avanti più velocemente.
Darllenodd neges yno a barodd iddo neidio ymlaen yn gyflymach.
Fu pervaso da un forte senso di pericolo, come se qualcosa fosse andato storto.
Llenwodd teimlad trwm o berygl ef, fel pe bai rhywbeth wedi mynd o'i le.
Temeva che la calamità stesse per arrivare, o che fosse già arrivata.
Roedd yn ofni bod trychineb yn dod — neu ei fod eisoes wedi dod.
Superò l'ultima cresta ed entrò nella valle sottostante.
Croesodd y grib olaf ac aeth i mewn i'r dyffryn islaw.
Si muoveva più lentamente, attento e cauto a ogni passo.
Symudodd yn arafach, yn effro ac yn ofalus gyda phob cam.
Dopo tre miglia trovò una pista fresca che lo fece irrigidire.
Tair milltir allan daeth o hyd i lwybr ffres a'i gwnaeth yn stiff.
I peli sul collo si rizzarono e si rizzarono in segno di allarme.
Roedd y gwallt ar hyd ei wddf yn crychu ac yn gwrychog mewn braw.
Il sentiero portava dritto all'accampamento dove Thornton aspettava.
Roedd y llwybr yn arwain yn syth tuag at y gwersyll lle'r oedd Thornton yn aros.
Buck ora si muoveva più velocemente, con passi silenziosi e rapidi.
Symudodd Buck yn gyflymach nawr, ei gam yn dawel ac yn gyflym.
I suoi nervi si irrigidirono mentre leggeva segnali che altri non avrebbero notato.
Tynhaodd ei nerfau wrth iddo ddarllen arwyddion y byddai eraill yn eu methu.
Ogni dettaglio del percorso raccontava una storia, tranne l'ultimo pezzo.

Roedd pob manylyn yn y llwybr yn adrodd stori—ac eithrio'r darn olaf.

Il suo naso gli raccontò della vita che aveva trascorso lì.

Dywedodd ei drwyn wrtho am y bywyd a oedd wedi mynd heibio fel hyn.

L'odore gli fornì un'immagine mutevole mentre lo seguiva da vicino.

Rhoddodd yr arogl ddarlun newidiol iddo wrth iddo ddilyn yn agos ar ei ôl.

Ma la foresta stessa era diventata silenziosa, innaturalmente immobile.

Ond roedd y goedwig ei hun wedi mynd yn dawel; yn annaturiol o llonydd.

Gli uccelli erano scomparsi, gli scoiattoli erano nascosti, silenziosi e immobili.

Roedd adar wedi diflannu, roedd gwiwerod wedi cuddio, yn dawel ac yn llonydd.

Vide solo uno scoiattolo grigio, sdraiato su un albero morto.

Dim ond un wiwer lwyd a welodd, yn fflat ar goeden farw.

Lo scoiattolo si mimetizzava, rigido e immobile come una parte della foresta.

Ymgyfunodd y wiwer â'r lle, yn stiff ac yn llonydd fel rhan o'r goedwig.

Buck si muoveva come un'ombra, silenzioso e sicuro tra gli alberi.

Symudodd Buck fel cysgod, yn dawel ac yn sicr drwy'r coed.

Il suo naso si mosse di lato come se fosse stato tirato da una mano invisibile.

Ysgytiodd ei drwyn i'r ochr fel pe bai wedi'i dynnu gan law anweledig.

Si voltò e seguì il nuovo odore nel profondo di un boschetto.

Trodd a dilynodd yr arogl newydd yn ddwfn i mewn i ddryslwyn.

Lì trovò Nig, steso morto, trafitto da una freccia.

Yno daeth o hyd i Nig, yn gorwedd yn farw, wedi'i drywanu gan saeth.

La freccia gli attraversò il corpo, lasciando ancora visibili le piume.
Aeth y siafft yn glir trwy ei gorff, plu yn dal i ddangos.
Nig si era trascinato fin lì, ma era morto prima di riuscire a raggiungere i soccorsi.
Roedd Nig wedi llusgo ei hun yno, ond bu farw cyn cyrraedd cymorth.
Cento metri più avanti, Buck trovò un altro cane da slitta.
Can llath ymhellach ymlaen, daeth Buck o hyd i gi sled arall.
Era un cane che Thornton aveva comprato a Dawson City.
Ci oedd o yr oedd Thornton wedi'i brynu yn ôl yn Ninas Dawson.
Il cane lottava con tutte le sue forze, dimenandosi violentemente sul sentiero.
Roedd y ci mewn brwydr angheuol, yn curo'n galed ar y llwybr.
Buck gli passò accanto senza fermarsi, con gli occhi fissi davanti a sé.
Aeth Buck o'i gwmpas, heb stopio, ei lygaid wedi'u gosod ymlaen.
Dalla direzione dell'accampamento proveniva un canto lontano e ritmico.
O gyfeiriad y gwersyll daeth siant rhythmig, pell.
Le voci si alzavano e si abbassavano con un tono strano, inquietante, cantilenante.
Cododd a gostwngodd lleisiau mewn tôn ryfedd, brawychus, ganu.
Buck strisciò in silenzio fino al limite della radura.
Cropianodd Buck ymlaen at ymyl y llannerch mewn distawrwydd.
Lì vide Hans disteso a faccia in giù, trafitto da numerose frecce.
Yno gwelodd Hans yn gorwedd wyneb i lawr, wedi'i drywanu â llawer o saethau.
Il suo corpo sembrava quello di un porcospino, irto di penne.
Roedd ei gorff yn edrych fel draenog, yn llawn coesyn pluog.

Nello stesso momento, Buck guardò verso la capanna in rovina.
Ar yr un foment, edrychodd Buck tuag at y lltey adfeiliedig.
Quella vista gli fece rizzare i capelli sul collo e sulle spalle.
Gwnaeth y olygfa i'r gwallt godi'n stiff ar ei wddf a'i ysgwyddau.
Un'ondata di rabbia selvaggia travolse tutto il corpo di Buck.
Ysgubodd storm o gynddaredd gwyllt trwy gorff cyfan Buck.
Ringhiò forte, anche se non ne era consapevole.
Grwgnachodd yn uchel, er nad oedd yn gwybod ei fod wedi.
Il suono era crudo, pieno di una furia terrificante e selvaggia.
Roedd y sain yn amrwd, yn llawn cynddaredd dychrynllyd, gwyllt.
Per l'ultima volta nella sua vita, Buck perse la ragione a causa delle emozioni.
Am y tro olaf yn ei fywyd, collodd Buck reswm i emosiwn.
Fu l'amore per John Thornton a spezzare il suo attento controllo.
Cariad at John Thornton a dorrodd ei reolaeth ofalus.
Gli Yeehats ballavano attorno alla baita in legno di abete rosso distrutta.
Roedd y Yeehats yn dawnsio o amgylch y bwthyn sbriws wedi'i ddinistrio.
Poi si udì un ruggito e una bestia sconosciuta si lanciò verso di loro.
Yna daeth rhuo—a rhuthrodd bwystfil anhysbys tuag atynt.
Era Buck: una furia in movimento, una tempesta vivente di vendetta.
Buck ydoedd; cynddaredd ar waith; storm fyw o ddial.
Si gettò in mezzo a loro, folle di voglia di uccidere.
Taflodd ei hun i'w plith, yn wallgof gan yr angen i ladd.
Si lanciò contro il primo uomo, il capo Yeehat, e colpì nel segno.
Neidiodd at y dyn cyntaf, pennaeth Yeehat, a tharo'n wir.
La sua gola era squarciata e il sangue schizzava a fiotti.
Rhwygwyd ei wddf ar agor, a gwaed yn tywallt mewn nant.

Buck non si fermò, ma con un balzo squarciò la gola dell'uomo successivo.
Ni stopiodd Buck, ond rhwygodd wddf y dyn nesaf gydag un naid.
Era inarrestabile: squarciava, tagliava, non si fermava mai a riposare.
Roedd yn anorchfygol—yn rhwygo, yn torri, heb oedi i orffwys byth.
Si lanciò e balzò così velocemente che le loro frecce non riuscirono a toccarlo.
Saethodd a neidiodd mor gyflym fel na allai eu saethau ei gyffwrdd.
Gli Yeehats erano in preda al panico e alla confusione.
Roedd y Yeehats wedi'u dal yn eu panig a'u dryswch eu hunain.
Le loro frecce non colpirono Buck e si colpirono tra loro.
Methodd eu saethau â Buck a tharo ei gilydd yn lle hynny.
Un giovane scagliò una lancia contro Buck e colpì un altro uomo.
Taflodd un llanc waywffon at Buck a tharo dyn arall.
La lancia gli trapassò il petto e la punta gli trafisse la schiena.
Gyrrodd y waywffon trwy ei frest, y blaen yn dyrnu allan o'i gefn.
Il terrore travolse gli Yeehats, che si diedero alla ritirata.
Ysgubodd braw dros y Yeehats, a thorraist i encilio'n llwyr.
Urlarono allo Spirito Maligno e fuggirono nelle ombre della foresta.
Gwaeddasant am yr Ysbryd Drwg a ffoi i gysgodion y goedwig.
Buck era davvero come un demone mentre inseguiva gli Yeehats.
Yn wir, roedd Buck fel cythraul wrth iddo erlid yr Yeehats i lawr.
Li inseguì attraverso la foresta, abbattendoli come cervi.
Rhwygodd ar eu hôl drwy'r goedwig, gan eu dwyn i lawr fel ceirw.

Divenne un giorno di destino e terrore per gli spaventati Yeehats.
Daeth yn ddiwrnod o dynged ac arswyd i'r Yeehats ofnus.
Si dispersero sul territorio, fuggendo in ogni direzione.
Gwasgarasant ar draws y wlad, gan ffoi ymhell i bob cyfeiriad.
Passò un'intera settimana prima che gli ultimi sopravvissuti si incontrassero in una valle.
Aeth wythnos gyfan heibio cyn i'r goroeswyr olaf gyfarfod mewn dyffryn.
Solo allora contarono le perdite e raccontarono quanto accaduto.
Dim ond wedyn y gwnaethon nhw gyfrif eu colledion a siarad am yr hyn a ddigwyddodd.
Buck, stanco dell'inseguimento, ritornò all'accampamento in rovina.
Ar ôl blino ar yr helfa, dychwelodd Buck i'r gwersyll adfeiliedig.
Trovò Pete, ancora avvolto nelle coperte, ucciso nel primo attacco.
Daeth o hyd i Pete, yn dal yn ei flancedi, wedi'i ladd yn yr ymosodiad cyntaf.
I segni dell'ultima lotta di Thornton erano visibili nella terra lì vicino.
Roedd arwyddion o frwydr olaf Thornton i'w gweld yn y baw gerllaw.
Buck seguì ogni traccia, annusando ogni segno fino al punto finale.
Dilynodd Buck bob ôl, gan arogli pob marc hyd at bwynt terfynol.
Sul bordo di una profonda pozza trovò il fedele Skeet, immobile.
Ar ymyl pwll dwfn, daeth o hyd i Skeet ffyddlon, yn gorwedd yn llonydd.
La testa e le zampe anteriori di Skeet erano nell'acqua, immobili nella morte.

Roedd pen a phawennau blaen Skeet yn y dŵr, yn ddisymud yn farw.

La piscina era fangosa e contaminata dai liquidi di scarico delle chiuse.

Roedd y pwll yn fwdlyd ac wedi'i halogi â dŵr ffo o'r blychau llifddor.

La sua superficie torbida nascondeva ciò che si trovava sotto, ma Buck conosceva la verità.

Roedd ei wyneb cymylog yn cuddio'r hyn oedd oddi tano, ond roedd Buck yn gwybod y gwir.

Seguì l'odore di Thornton nella piscina, ma non lo portò da nessun'altra parte.

Dilynodd arogl Thornton i mewn i'r pwll—ond ni arweiniodd yr arogl i unman arall.

Non c'era alcun odore che provenisse, solo il silenzio dell'acqua profonda.

Nid oedd arogl yn arwain allan—dim ond tawelwch dŵr dwfn.

Buck rimase tutto il giorno vicino alla piscina, camminando avanti e indietro per l'accampamento, addolorato.

Arhosodd Buck ger y pwll drwy'r dydd, yn cerdded o gwmpas y gwersyll mewn galar.

Vagava irrequieto o sedeva immobile, immerso nei suoi pensieri.

Crwydrai'n aflonydd neu eisteddai mewn llonyddwch, ar goll mewn meddyliau trwm.

Conosceva la morte, la fine della vita, la scomparsa di ogni movimento.

Roedd yn gwybod marwolaeth; diwedd bywyd; diflaniad pob symudiad.

Capì che John Thornton se n'era andato e non sarebbe mai più tornato.

Deallodd fod John Thornton wedi mynd, na fyddai byth yn dychwelyd.

La perdita lasciò in lui un vuoto che pulsava come la fame.

Gadawodd y golled ofod gwag ynddo a oedd yn curo fel newyn.

Ma questa era una fame che il cibo non riusciva a placare, non importava quanto ne mangiasse.
Ond roedd hwn yn newyn na allai bwyd ei leddfu, ni waeth faint a fwytaodd.
A volte, mentre guardava i cadaveri di Yeehats, il dolore si attenuava.
Ar adegau, wrth iddo edrych ar y Yeehats marw, byddai'r boen yn pylu.
E poi dentro di lui nacque uno strano orgoglio, feroce e totale.
Ac yna cododd balchder rhyfedd ynddo, ffyrnig a chyflawn.
Aveva ucciso l'uomo, la preda più alta e pericolosa di tutte.
Roedd wedi lladd dyn, y gêm uchaf a mwyaf peryglus oll.
Aveva ucciso in violazione dell'antica legge del bastone e della zanna.
Roedd wedi lladd yn groes i'r gyfraith hynafol o glwb a phanc.
Buck annusò i loro corpi senza vita, curioso e pensieroso.
Snyffiodd Buck eu cyrff difywyd, yn chwilfrydig ac yn feddylgar.
Erano morti così facilmente, molto più facilmente di un husky in combattimento.
Roedden nhw wedi marw mor hawdd—llawer haws na husky mewn ymladd.
Senza le armi non avrebbero avuto vera forza né avrebbero rappresentato una minaccia.
Heb eu harfau, nid oedd ganddyn nhw unrhyw gryfder na bygythiad gwirioneddol.
Buck non avrebbe più avuto paura di loro, a meno che non fossero stati armati.
Ni fyddai Buck byth yn eu hofni eto, oni bai eu bod wedi'u harfogi.
Stava attento solo quando portavano clave, lance o frecce.
Dim ond pan fyddent yn cario clybiau, gwaywffyn, neu saethau y byddai'n ofalus.

Calò la notte e la luna piena spuntò alta sopra le cime degli alberi.

Syrthiodd y nos, a chododd lleuad lawn yn uchel uwchben copaon y coed.

La pallida luce della luna avvolgeva la terra in un tenue e spettrale chiarore, come se fosse giorno.

Ymdrochodd golau gwelw'r lleuad y tir mewn llewyrch meddal, ysbrydionol fel dydd.

Mentre la notte avanzava, Buck continuava a piangere presso la pozza silenziosa.

Wrth i'r nos ddyfnhau, roedd Buck yn dal i alaru wrth y pwll tawel.

Poi si accorse di un diverso movimento nella foresta.

Yna daeth yn ymwybodol o gynnwrf gwahanol yn y goedwig.

L'agitazione non proveniva dagli Yeehats, ma da qualcosa di più antico e profondo.

Nid gan y Yeehats y daeth y cyffro, ond gan rywbeth hŷn a dyfnach.

Si alzò in piedi, drizzò le orecchie e tastò con attenzione la brezza con il naso.

Safodd i fyny, ei glustiau wedi'u codi, ei drwyn yn profi'r awel yn ofalus.

Da lontano giunse un debole e acuto grido che squarciò il silenzio.

O bell daeth gweiddi gwan, miniog a drywanodd y distawrwydd.

Poi un coro di grida simili seguì subito dopo il primo.

Yna dilynodd côr o lefain tebyg yn agos ar ôl y cyntaf.

Il suono si avvicinava sempre di più, diventando sempre più forte con il passare dei minuti.

Daeth y sain yn agosach, gan fynd yn uwch gyda phob eiliad a basiodd.

Buck conosceva quel grido: proveniva da quell'altro mondo nella sua memoria.

Roedd Buck yn adnabod y gri hwn—roedd yn dod o'r byd arall hwnnw yn ei gof.

Si recò al centro dello spazio aperto e ascoltò attentamente.

Cerddodd i ganol y gofod agored a gwrando'n astud.

L'appello risuonò più forte che mai, più sentito e più potente che mai.
Canodd yr alwad allan, wedi'i nodi'n aml ac yn fwy pwerus nag erioed.
E ora, più che mai, Buck era pronto a rispondere alla sua chiamata.
Ac yn awr, yn fwy nag erioed o'r blaen, roedd Buck yn barod i ateb ei alwad.
John Thornton era morto e in lui non era rimasto alcun legame con l'uomo.
Roedd John Thornton wedi marw, ac nid oedd unrhyw gysylltiad â dyn yn aros ynddo.
L'uomo e tutte le pretese umane erano svaniti: era finalmente libero.
Roedd dyn a phob hawliad dynol wedi diflannu—roedd yn rhydd o'r diwedd.
Il branco di lupi era a caccia di carne, proprio come un tempo avevano fatto gli Yeehats.
Roedd y heid o fleiddiaid yn hela cig fel yr oedd y Yeehats wedi arfer.
Avevano seguito le alci mentre scendevano dalle terre boscose.
Roedden nhw wedi dilyn elc i lawr o'r tiroedd coediog.
Ora, selvaggi e affamati di prede, attraversarono la sua valle.
Nawr, yn wyllt ac yn llwglyd am ysglyfaeth, croesont i'w ddyffryn.
Giunsero nella radura illuminata dalla luna, scorrendo come acqua argentata.
I'r llannerch lleuad daethant, yn llifo fel dŵr arian.
Buck rimase immobile al centro, in attesa.
Safodd Buck yn llonydd yn y canol, yn ddisymud ac yn aros amdanynt.
La sua presenza calma e imponente lasciò il branco senza parole, tanto da farlo restare per un breve periodo in silenzio.
Syfrdanodd ei bresenoldeb tawel, mawr y pecyn i dawelwch byr.

Allora il lupo più audace gli saltò addosso senza esitazione.
Yna neidiodd y blaidd mwyaf beiddgar yn syth ato heb betruso.
Buck colpì rapidamente e spezzò il collo del lupo con un solo colpo.
Tarodd Buck yn gyflym a thorri gwddf y blaidd mewn un ergyd.
Rimase di nuovo immobile mentre il lupo morente si contorceva dietro di lui.
Safodd yn ddisymud eto wrth i'r blaidd marw droelli y tu ôl iddo.
Altri tre lupi attaccarono rapidamente, uno dopo l'altro.
Ymosododd tri blaidd arall yn gyflym, un ar ôl y llall.
Ognuno di loro si ritrasse sanguinante, con la gola o le spalle tagliate.
Ciliodd pob un yn gwaedu, eu gwddf neu eu hysgwyddau wedi'u torri.
Ciò fu sufficiente a scatenare una carica selvaggia da parte dell'intero branco.
Roedd hynny'n ddigon i sbarduno'r pecyn cyfan i ymgyrch wyllt.
Si precipitarono tutti insieme, troppo impazienti e troppo ammassati per colpire bene.
Rhuthron nhw i mewn gyda'i gilydd, yn rhy awyddus a gorlawn i daro'n dda.
La velocità e l'abilità di Buck gli permisero di anticipare l'attacco.
Roedd cyflymder a sgil Buck yn caniatáu iddo aros ar flaen yr ymosodiad.
Girò sulle zampe posteriori, schioccando i denti e colpendo in tutte le direzioni.
Trodd ar ei goesau ôl, gan snapio a tharo i bob cyfeiriad.
Ai lupi sembrò che la sua difesa non si fosse mai aperta o avesse vacillato.
I'r bleiddiaid, roedd hyn yn ymddangos fel pe na bai ei amddiffyniad erioed wedi agor nac wedi methu.

Si voltò e colpì così velocemente che non riuscirono a raggiungerlo alle spalle.
Trodd a saethodd mor gyflym na allent fynd y tu ôl iddo.
Ciononostante, il loro numero lo costrinse a cedere terreno e a ritirarsi.
Serch hynny, fe wnaeth eu niferoedd ei orfodi i ildio tir a chilio.
Superò la piscina e scese nel letto roccioso del torrente.
Symudodd heibio i'r pwll ac i lawr i wely'r nant greigiog.
Lì si imbatté in un ripido pendio di ghiaia e terra.
Yno daeth i fyny yn erbyn llethr serth o raean a phridd.
Si è infilato in un angolo scavato durante i vecchi scavi dei minatori.
Fe syrthiodd i gornel a dorrwyd yn ystod hen gloddio'r glowyr.
Ora, protetto su tre lati, Buck si trovava di fronte solo al lupo frontale.
Nawr, wedi'i amddiffyn ar dair ochr, dim ond y blaidd blaen a wynebodd Buck.
Lì rimase in attesa, pronto per la successiva ondata di assalto.
Yno, safodd yn ddiogel, yn barod am y don nesaf o ymosodiad.
Buck mantenne la posizione con tanta ferocia che i lupi indietreggiarono.
Daliodd Buck ei dir mor ffyrnig nes i'r bleiddiaid dynnu'n ôl.
Dopo mezz'ora erano sfiniti e visibilmente sconfitti.
Ar ôl hanner awr, roedden nhw wedi blino'n lân ac wedi cael eu trechu'n amlwg.
Le loro lingue pendevano fuori e le loro zanne bianche brillavano alla luce della luna.
Roedd eu tafodau'n hongian allan, eu dannedd gwyn yn disgleirio yng ngolau'r lleuad.
Alcuni lupi si sdraiano, con la testa alzata e le orecchie dritte verso Buck.
Gorweddodd rhai bleiddiaid i lawr, eu pennau wedi'u codi, eu clustiau wedi'u pigo tuag at Buck.

Altri rimasero immobili, attenti e osservarono ogni suo movimento.
Safodd eraill yn llonydd, yn effro ac yn gwylio pob symudiad a wnaeth.
Qualcuno si avvicinò alla piscina e bevve l'acqua fredda.
Crwydrodd rhai at y pwll a lapio dŵr oer.
Poi un lupo grigio, lungo e magro, si fece avanti furtivamente, con passo gentile.
Yna cropiodd un blaidd llwyd hir, main ymlaen mewn ffordd ysgafn.
Buck lo riconobbe: era il fratello selvaggio di prima.
Adnabu Buck ef—y brawd gwyllt o'r blaen ydoedd.
Il lupo grigio uggiolò dolcemente e Buck rispose con un guaito.
Cwynodd y blaidd llwyd yn ysgafn, ac atebodd Buck gyda chwyn.
Si toccarono il naso, silenziosamente, senza timore o minaccia.
Fe wnaethon nhw gyffwrdd â'i drwynau, yn dawel a heb fygythiad na ofn.
Poi venne un lupo più anziano, scarno e segnato dalle numerose battaglie.
Nesaf daeth blaidd hŷn, tenau a chreithiog o lawer o frwydrau.
Buck cominciò a ringhiare, ma si fermò e annusò il naso del vecchio lupo.
Dechreuodd Buck grwgnach, ond arhosodd a sniffian trwyn yr hen flaidd.
Il vecchio si sedette, alzò il naso e ululò alla luna.
Eisteddodd yr hen un i lawr, cododd ei drwyn, ac udodd ar y lleuad.
Il resto del branco si sedette e si unì al lungo ululato.
Eisteddodd gweddill y pecyn i lawr ac ymunodd yn yr udo hir.
E ora la chiamata giunse a Buck, inequivocabile e forte.
Ac yn awr daeth yr alwad at Buck, yn ddiamheuol ac yn gryf.
Si sedette, alzò la testa e ululò insieme agli altri.

Eisteddodd i lawr, cododd ei ben, ac udodd gyda'r lleill.
Quando l'ululato cessò, Buck uscì dal suo riparo roccioso.
Pan ddaeth yr udo i ben, camodd Buck allan o'i loches greigiog.
Il branco si strinse attorno a lui, annusando con gentilezza e cautela.
Caeodd y pedol o'i gwmpas, gan arogli'n garedig ac yn ofalus.
Allora i capi lanciarono un grido e si precipitarono nella foresta.
Yna rhoddodd yr arweinwyr y gweiddi a rhuthro i ffwrdd i'r goedwig.
Gli altri lupi li seguirono, guaendo in coro, selvaggi e veloci nella notte.
Dilynodd y bleiddiaid eraill, gan weiddi mewn côr, yn wyllt ac yn gyflym yn y nos.
Buck corse con loro, accanto al suo selvaggio fratello, ululando mentre correva.
Rhedodd Buck gyda nhw, wrth ymyl ei frawd gwyllt, gan udo wrth iddo redeg.

Qui la storia di Buck giunge al termine.
Yma, mae stori Buck yn gwneud yn dda i ddod i'w diwedd.
Negli anni a seguire, gli Yeehats notarono degli strani lupi.
Yn y blynyddoedd dilynol, sylwodd y teulu Yeehat ar fleiddiaid rhyfedd.
Alcuni avevano la testa e il muso marroni e il petto bianco.
Roedd gan rai frown ar eu pennau a'u trwynau, gwyn ar eu brest.
Ma ancora di più temevano la presenza di una figura spettrale tra i lupi.
Ond yn fwy fyth, roedden nhw'n ofni ffigur ysbrydion ymhlith y bleiddiaid.
Parlavano a bassa voce del Cane Fantasma, il capo del branco.
Siaradasant mewn sibrydion am y Ci Ysbrydion, arweinydd y pecyn.

Questo cane fantasma era più astuto del più audace cacciatore di Yeehat.
Roedd gan y Ci Ysbrydion hwn fwy o gyfrwystra na'r heliwr Yeehat mwyaf beiddgar.
Il cane fantasma rubava dagli accampamenti nel cuore dell'inverno e faceva a pezzi le loro trappole.
Lladrataodd y ci ysbrydion o wersylloedd yng nghanol y gaeaf a rhwygo eu trapiau ar wahân.
Il cane fantasma uccise i loro cani e sfuggì alle loro frecce senza lasciare traccia.
Lladdodd y ci ysbryd eu cŵn a dianc rhag eu saethau heb olion.
Perfino i guerrieri più coraggiosi avevano paura di affrontare questo spirito selvaggio.
Roedd hyd yn oed eu rhyfelwyr dewraf yn ofni wynebu'r ysbryd gwyllt hwn.
No, la storia diventa ancora più oscura con il passare degli anni trascorsi nella natura selvaggia.
Na, mae'r stori'n mynd yn dywyllach fyth, wrth i'r blynyddoedd fynd heibio yn y gwyllt.
Alcuni cacciatori scompaiono e non fanno più ritorno ai loro accampamenti lontani.
Mae rhai helwyr yn diflannu ac nid ydynt byth yn dychwelyd i'w gwersylloedd pell.
Altri vengono trovati con la gola squarciata, uccisi nella neve.
Mae eraill i'w cael gyda'u gyddfau wedi'u rhwygo ar agor, wedi'u lladd yn yr eira.
Intorno ai loro corpi ci sono delle impronte più grandi di quelle che un lupo potrebbe mai lasciare.
O amgylch eu cyrff mae olion—mwy nag y gallai unrhyw flaidd eu gwneud.
Ogni autunno, gli Yeehats seguono le tracce dell'alce.
Bob hydref, mae Yeehats yn dilyn llwybr yr elc.
Ma evitano una valle perché la paura è scolpita nel profondo del loro cuore.

Ond maen nhw'n osgoi un cwm gydag ofn wedi'i gerfio'n ddwfn yn eu calonnau.
Si dice che la valle sia stata scelta dallo Spirito Maligno come sua dimora.
Maen nhw'n dweud bod y dyffryn wedi'i ddewis gan yr Ysbryd Drwg ar gyfer ei gartref.
E quando la storia viene raccontata, alcune donne piangono accanto al fuoco.
A phan adroddir y stori, mae rhai menywod yn wylo wrth y tân.
Ma d'estate, c'è un visitatore che giunge in quella valle sacra e silenziosa.
Ond yn yr haf, mae un ymwelydd yn dod i'r dyffryn tawel, cysegredig hwnnw.
Gli Yeehats non lo conoscono e non potrebbero capirlo.
Nid yw'r Yeehats yn gwybod amdano, ac ni allent ddeall.
Il lupo è un animale grandioso, ricoperto di gloria, come nessun altro della sua specie.
Mae'r blaidd yn un gwych, wedi'i orchuddio â gogoniant, fel dim arall o'i fath.
Lui solo attraversa il bosco verde ed entra nella radura della foresta.
Mae'n croesi o'r coed gwyrdd ar ei ben ei hun ac yn mynd i mewn i lannerch y goedwig.
Lì, la polvere dorata contenuta nei sacchi di pelle d'alce si infiltra nel terreno.
Yno, mae llwch euraidd o sachau croen elc yn treiddio i'r pridd.
L'erba e le foglie vecchie hanno nascosto il giallo del sole.
Mae glaswellt a dail hen wedi cuddio'r melyn rhag yr haul.
Qui il lupo resta in silenzio, pensando e ricordando.
Yma, mae'r blaidd yn sefyll mewn distawrwydd, yn meddwl ac yn cofio.
Urla una volta sola, a lungo e lugubremente, prima di girarsi e andarsene.
Mae'n udo unwaith—yn hir ac yn galarus—cyn iddo droi i fynd.

Ma non è sempre solo nella terra del freddo e della neve.
Eto nid yw bob amser ar ei ben ei hun yng ngwlad yr oerfel a'r eira.
Quando le lunghe notti invernali scendono sulle valli più basse.
Pan fydd nosweithiau hir y gaeaf yn disgyn ar y dyffrynnoedd isaf.
Quando i lupi seguono la selvaggina attraverso il chiaro di luna e il gelo.
Pan fydd y bleiddiaid yn dilyn gêm trwy'r lleuad a rhew.
Poi corre in testa al gruppo, saltando in alto e in modo selvaggio.
Yna mae'n rhedeg ar flaen y pecyn, gan neidio'n uchel ac yn wyllt.
La sua figura svetta sulle altre, la sua gola risuona di canto.
Mae ei siâp yn tyrau uwchben y lleill, ei wddf yn fyw gyda chân.
È il canto del mondo più giovane, la voce del branco.
Cân y byd iau ydyw, llais y peidi.
Canta mentre corre: forte, libero e per sempre selvaggio.
Mae'n canu wrth iddo redeg—cryf, rhydd, ac yn wyllt am byth.

www.ingramcontent.com/pod-product-compliance
Lightning Source LLC
Chambersburg PA
CBHW010030040426
42333CB00048B/2780